Sie war intelligent, energisch, schön, charmant, gleichzeitig intolerant, stur, anti-intellektuell: Gewiss war Maria Theresia jedoch 1740 mit 23 nicht darauf vorbereitet, die Herrscherin des größten, aber auch fragilsten Reichs in Europa zu werden. Dennoch regierte sie die Habsburgermonarchie vierzig Jahre lang, war eine der mächtigsten Herrscherinnen Europas, dazu Mutter von 16 Kindern. In ihrer blendend geschriebenen Biographie eröffnet die aus Frankreich stammende feministische Historikerin Élisabeth Badinter eine neue Sicht auf die starke Frau Maria Theresia, die zu einem Symbol habsburgischer Politik wurde und wie kaum eine Frau die Geschichte Österreichs prägte.

Élisabeth Badinter war Professorin für Philosophie an der Pariser École Polytechnique. Zu ihren Arbeitsgebieten gehören die Epoche der Aufklärung und die Geschichte der Frauen. Ihre Bücher »Mutterliebe. Geschichte eines Gefühls« und »Ich bin du. Auf dem Weg in die androgyne Gesellschaft« waren auch in Deutschland Bestseller.

Élisabeth Badinter

Maria Theresia

Die Macht der Frau

Aus dem Französischen
von Horst Brühmann und Petra Willim

btb

Die Originalausgabe erschien 2016 unter dem Titel *Le Pouvoir au féminin. Marie-Thérèse d'Autriche (1717-1780), l'impératrice reine* im Verlag Flammarion, Paris.

Verlagsgruppe Random House FSC® N001967

1. Auflage
Genehmigte Taschenbuchausgabe Dezember 2018
btb Verlag in der Verlagsgruppe Random House GmbH,
Neumarkter Straße 28, 81673 München
Lizenzausgabe mit Genehmigung des Paul Zolnay Verlages Wien
© Editions Flammarion, 2016
Alle Rechte der deutschsprachigen Ausgabe
© Paul Zsolnay Verlag Wien 2017
Covergestaltung: Covergestaltung: semper smile, München
nach einem Entwurf von Anzinger und Rasp, München unter
Verwendung eines Fotos: © IAM/akg-images
Druck und Einband: GGP Media GmbH, Pößneck
SK · Herstellung: sc
Printed in Germany
ISBN 978-3-442-71734-7

www.btb-verlag.de
www.facebook.com/btbverlag

Für Alma

Inhalt

Vorbemerkung

Maria Theresia von Österreich (1717 bis 1780) mag zwar eine der großen Persönlichkeiten ihres Landes gewesen sein, den Franzosen ist die Mutter Marie Antoinettes jedoch wenig bekannt. Auch ich habe sie über den Briefwechsel mit ihrer Tochter entdeckt, und über jenen mit ihrer Schwiegertochter Isabella von Bourbon-Parma, der ersten Ehefrau ihres Sohnes Joseph II. Diese Briefe zeigen eine zärtliche und zugleich strenge Mutter, die auf alles, was ihre Kinder betrifft, ein Augenmerk hat. Aber diese Mutter ist nicht irgendeine Mutter, sie ist eine Frau mit absoluter Macht, die über weite Gebiete vom Norden bis in den Süden Europas herrscht.

Die Habsburger Erbin hatte drei Leben zu führen und drei unterschiedliche, zum Teil durchaus widersprüchliche Rollen zu verkörpern: als Gattin eines geliebten, jedoch flatterhaften Ehemannes, als Mutter von sechzehn Kindern sowie als Herrscherin über ein riesiges Reich – eine Herausforderung, mit der kein männlicher Herrscher und nur wenige Frauen je konfrontiert waren.

Es ist weder meine Absicht, eine geschichtliche Studie über das theresianische Österreich noch eine Herrscherinnenbiographie in der üblichen Form zu verfassen; vielmehr möchte ich versuchen zu begreifen, wie diese mächtige Frau ihre unterschiedlichen sozialen Rollen miteinander vereinbaren oder eben nicht vereinbaren konnte. Ich möchte ihre Stärken und Schwächen ausloten, ihre Siege und ihre Niederlagen aufzeigen. Ich habe mich also auf die Suche nach ihrer

Persönlichkeit gemacht, nach dem, was ihr wichtig war, und nach den unvermeidlichen Widersprüchen.

Der Forscherin, wenn sie der psychologischen Wahrheit einer historischen Persönlichkeit auf die Spur kommen möchte, steht kein besserer Wegweiser zur Verfügung als die veröffentlichte und unveröffentlichte Korrespondenz. Da die edierten Briefe häufig zensiert wurden, ist es unbedingt notwendig, die Originale heranzuziehen. Dank der in Wien und anderswo sowie in Privatsammlungen sorgfältig gepflegten Archive sind Tausende von Briefen erhalten, die Maria Theresia an ihre Familie, ihre Freunde und Mitarbeiter geschrieben hat, sowie deren Antworten – fast ausnahmslos auf Französisch verfasst. Da bei Hofe alle Augen auf die Herrscherin gerichtet waren, haben es einige der Höflinge auch nicht unterlassen, ihre Beobachtungen und Meinungen über die Kaiserin und ihr Handeln der Nachwelt zu hinterlassen.

Aber auch andere Quellen haben sich als überaus interessant erwiesen. Abgesehen von den Zeugnissen gelegentlicher Besucher und Reisender sind jene der ausländischen Gesandten in Wien besonders wichtig. In ihren nahezu täglichen Depeschen berichten sie nicht nur von Maria Theresias Politik, sondern lassen sich auch über ihre Persönlichkeit und ihre Umgebung aus. Auch wenn es manchen von ihnen an Scharfblick oder Objektivität mangelt und sie lediglich den Hofklatsch in Umlauf bringen, berichten diese Briefe doch auch von Tatsachen und Äußerungen, die man nirgendwo sonst findet, vor allem dank der Spione, die nicht selten enge Vertraute der Herrscherin waren.

Aus all diesen unterschiedlichen Quellen entsteht das Bild einer Frau, die zugleich nah und fern erscheint – nah, weil sie ihr Herz zu öffnen versteht und ihre Freude, ihren Ärger und ihre Kalamitäten auch wirklich zeigt; nah vor allem auch, weil sie sich Herausforderungen stellen musste, die Männern unbekannt, den Frauen des 21. Jahrhunderts jedoch sehr vertraut sind; aber auch fern, weil sie über eine Macht verfügte, die wir nicht kennen, und weil ihre Realität sich uns zu einem Teil entzieht. Dieses Porträt ist also nicht vollständig. Es bewahrt ein Geheimnis, das vielleicht andere eines Tages lüften werden.

Prolog

Die zwei Körper der Königin

Während der gesamten Epoche der Moderne steht die absolute Macht des abendländischen Monarchen im Maskulinum. Der Titel »Königin« verweist auf die Gattin des Königs und bezeichnet, im Gegensatz zu dem der »Regentin«, keinerlei spezifische Macht. Entsprechend kürte in der Mitte des 18. Jahrhunderts das Königreich Ungarn Maria Theresia zum »König«, nicht zur »Königin« von Ungarn.

Frauen, die an die absolute Macht gelangten, sind selten. Diejenigen, die dieses Privileg hatten, erhielten es – von den bemerkenswerten Ausnahmen Elisabeths I. von England und Katharinas II. von Russland abgesehen – zufällig beim Tode ihres Gatten oder vorübergehend bis zur Volljährigkeit des Erben. Viele dieser Regentinnen haben zudem diese Macht mit einem Rat geteilt oder an einen privilegierten Berater abgegeben. Blanka von Kastilien oder Katharina von Medici sind ebenfalls Ausnahmepersönlichkeiten. Gemeinhin jedoch regierten die Frauen lediglich mangels eines Besseren, das heißt eines Mannes, abgesehen vielleicht vom Russland des 18. Jahrhunderts. Maria Theresia bestätigt hier nur die Regel. Nur weil ein Stammhalter in der habsburgischen Nachkommenschaft ausblieb, entschloss sich ihr Vater schweren Herzens, ihr Zepter und Krone zu übergeben.

Um die vermeintliche Unschicklichkeit weiblicher Herrschaft zu ermessen, mag es nützlich sein, die Theorie der »zwei Körper des Königs« heranzuziehen, die der Geschichtswissenschaftler und Mediävist Ernst Kantorowicz entwickelt hat.[1] Jene mystische Phantasie, die von englischen Juristen des Elisabethanischen Zeitalters verbreitet wurde, zielt darauf zu erklären, warum die Hoheitsgewalt, das heißt die Verkörperung des politischen Gemeinwesens, niemals erlischt. Dieser Vorstellung nach ist der König mit zwei Körpern ausgestattet: einem natürlichen Körper, der Leidenschaften, Krankheiten und dem Tod unterworfen ist, und einem unsterblichen politischen Körper, der das Königtum verkörpert; anders ausgedrückt: einem Körper aus Fleisch und Blut und einem symbolischen und abstrakten Körper. Sobald der natürliche Körper stirbt, wird der politische Körper augenblicklich auf den natürlichen Körper seines Nachfolgers übertragen. »Der König ist tot! Es lebe der König!«

Festzuhalten ist nun, dass die Idee, die Frau könne den politischen Körper inkarnieren, über Jahrhunderte hinweg verworfen wurde. So hielt man es bis ins 19. Jahrhundert für essentiell, dass der Monarch persönlich seine Truppen in die Schlacht führt – was für eine Frau schlicht undenkbar schien. Aber auch über dieses Hindernis hinaus hielt man den weiblichen Körper, der so ganz mit der Reproduktion befasst und zu sehr in der Welt des Natürlichen und Sterblichen befangen ist, für ungeeignet, eine symbolische Funktion wie die Hoheitsgewalt zu übernehmen. *Tota mulier in utero.* Die Königin hat lediglich einen einzigen Körper, der der Weitergabe des unsterblichen Körpers des Königtums im Wege steht. Sie sorgt für Nachkommenschaft und gibt Leben weiter, aber nicht die Macht, die sie selbst nicht empfangen kann. Die Mutterschaft ist somit das größte Hindernis für die weibliche Herrschaft.

Während der natürliche Körper des Königs kaum Anlass zu Kommentaren gibt, zieht der der Königin, seiner Gemahlin, die Blicke

---

1 Vgl. Ernst Kantorowicz, *Die zwei Körper des Königs,* Stuttgart 1992; vgl. auch den Aufsatz von Patrick Boucheron, »Les Deux Corps du Roi d'Ernst Kantorowicz«, in: *L'Histoire,* Nr. 315, Dezember 2006, S. 98.

auf sich. Höflinge, Botschafter, Reisende, die sich ihr nähern können, beschreiben ihre physische Erscheinung, machen Bemerkungen über ihre Schönheit, ihre Anmut oder ihre Schönheitsfehler. Wenn sie jung ist, blicken alle Augen gebannt auf ihren Bauch, von dem die Erbfolge abhängt. Die einzige Frage von Gewicht lautet: Hat sie die Fähigkeit, Söhne zu gebären? Wenn sie unglücklicherweise nur mit Töchtern niederkommt oder das königliche Paar unfruchtbar ist, macht man sie dafür verantwortlich, und das Schlimmste ist zu befürchten: Verbannung, Ächtung, in bestimmten Fällen sogar Ermordung. Einem Sohn hingegen das Leben zu schenken verleiht der Mutter einen neuen Status und kann ihr einen Zuwachs an Einfluss einbringen, der allerdings nur ein kümmerlicher Ersatz für die wahre Hoheitsgewalt ist, denn hier handelt es sich um eine Macht aus zweiter Hand, eine illegitime und stets kritisierte Macht.

Das Jahrhundert der Aufklärung bot eine frappierende Widerlegung des Dogmas der weiblichen Unfähigkeit. Fünf Frauen bestiegen den Thron der beiden größten europäischen Reiche. In Russland regierte Katharina I.[1], Witwe Peters des Großen, für zwei Jahre; Anna Iwanowna[2] für zehn Jahre; Elisabeth I.[3] für zwanzig und Katharina II.[4] für vierunddreißig Jahre. Die fünfte ist Maria Theresia von Österreich, die vier Jahrzehnte lang ihr Land führte und wie niemand sonst zu seinem Sinnbild wurde.

Genau genommen verkörperte sie besser als ihre russischen Schwestern die weibliche Macht; im Hinblick auf sie lässt sich wirklich von den »zwei Körpern der Königin« sprechen. Als Gattin und Mutter hat sie musterhaft Weiblichkeit, Mütterlichkeit und Hoheitsgewalt in sich vereint. Der natürliche Körper war keineswegs ein

---

1 1725 bis 1727.
2 1730 bis 1740.
3 1741 bis 1762.
4 1762 bis 1796.

Hindernis, sondern erwies sich als wichtigster Trumpf, um ihre Macht zu festigen. Aus dieser Perspektive ist sie innerhalb ihres Jahrhunderts unvergleichlich und zugleich ein kostbarer Meilenstein in der Geschichte der Frauen.

Erstes Kapitel

Kindheit einer Chefin

Die Erzherzogin Maria Theresia war keineswegs dazu prädestiniert, das größte europäische Reich zu regieren[1]; nicht weil ein Fundamentalgesetz, wie etwa das Salische in Frankreich, dies verboten hätte oder weil das Haus Habsburg lediglich die Gemahlin des Souveräns anerkannte, sondern weil ihr Vater dies nicht wünschte. Bis ans Ende seiner Tage hielt Kaiser Karl VI.[2] an der Hoffnung fest, einen Sohn zu zeugen. Man kann sagen, dass bereits zu seinen Lebzeiten Maria Theresia, seine älteste Tochter, als Ersatz oder vielmehr als geringeres Übel galt. Eine zweite Wahl, notgedrungen, die wirklich ernsthaft in Erwägung zu ziehen er bewusst oder unbewusst ablehnte. Zudem betrachteten, vom Kaiser einmal abgesehen, weder der Wiener Hof noch die Erblande[3], noch die anderen Herrscher Europas die Thronbesteigung einer Frau mit Wohlwollen und Respekt. Gleichwohl, mit der Zeit wusste jeder, dass es um den Fortbestand des Hauses Habsburg ging, das seit fünf Jahrhunderten die österreichische Monarchie

---

1 Bis in die Mitte des 18. Jahrhunderts galt Russland als ein asiatisches Reich.

2 1. Oktober 1685 bis 20. Oktober 1740. Als König von Spanien unter dem Namen Karl III. (von 1703 bis 1714) wurde er am 12. Oktober 1711 in Frankfurt zum Kaiser des Heiligen Römischen Reiches Deutscher Nation gewählt und vereinigte damit auf seinem Haupt alle Besitztümer Karls V.

3 Die Erblande der Habsburger bestanden aus Nieder-Österreich, Ober-Österreich, der Steiermark, Kärnten, Krain und Tirol, zu denen im 17. Jahrhundert noch das Königreich Böhmen, Mähren und Schlesien hinzugekommen war.

regierte. Auch wenn der Kaiser und seine Untertanen wenig darüber sprachen – alle Welt dachte an nichts anderes.

Die obsessive Fixierung auf den Stammhalter

Diese Obsession beherrscht die Gemüter schon ein halbes Jahrhundert vor der Geburt Maria Theresias. Ihr Großvater, Leopold I. (1640 bis 1705), musste bis zu seinem achtunddreißigsten Lebensjahr und seiner dritten Ehe warten, um endlich einen Sohn zu bekommen, der auch das Erwachsenenalter erreichte, den zukünftigen Joseph I. Sieben Jahre später wurde ihm ein zweiter Sohn geboren, Karl, der spätere Vater Maria Theresias. Die Furcht vor dem Erlöschen des Mannesstamms muss wohl bereits vor seiner dritten Ehe von Leopold Besitz ergriffen haben, denn man munkelte in den Kanzleien, dass seine zweite Frau, die ihm lediglich zwei Töchter geschenkt hatte, welche schon in der Wiege starben, mit ihren dreiundzwanzig Jahren vielleicht auf nicht ganz natürliche Weise verschieden sei … Kurz vor seinem Tod muss ihn die Obsession erneut überkommen haben, als er feststellte, dass sein Erstgeborener Joseph bisher lediglich zwei Töchter hatte – trotz der diversen Heilmittel, die dessen Ehefrau[1] anwandte, um dem Gatten einen Stammhalter zu schenken. Im Jahr 1703 änderte Leopold I. das Erbfolgegesetz dahingehend ab, dass im Falle ausbleibender männlicher Nachkommen bei seinen beiden Söhnen die Erstgeborene Josephs den Thron besteigen könne. Anschließend mussten seine beiden Söhne einen Eid darauf schwören, dass sie seinen Willen respektieren würden. 1705 trat Joseph das Erbe seines Vaters an, starb aber sechs Jahre später an den Folgen

---

1 Wilhelmine Amalie von Braunschweig-Lüneburg (21. April 1673 bis 10. April 1742). Hier handelt es sich um eine wichtige Persönlichkeit im Leben Maria Theresias, auf deren Rolle später noch eingegangen wird.

einer Pockenepidemie. Selbstverständlich folgte ihm sein jüngerer Bruder unter dem Namen Karl VI. auf den Thron.

Die Stammhalter-Obsession spukte dennoch weiterhin in den Köpfen.

Zwei Monate vor Karls Hochzeit mit der jungen und hinreißenden Elisabeth Christine[1] – also zu einem Zeitpunkt, als sich Joseph noch bester Gesundheit erfreute und sich mit zweifelhaften Frauen herumtrieb – machten sich die Minister des Kaisers bereits um die mögliche »Unfruchtbarkeit«[2] der Verlobten und um das Schicksal der regierenden Kaiserin Amalie Gedanken. »Man stellt Überlegungen über die Sterilität der Kaiserin [Amalie] und die unseligen Folgen für das Haus Österreich an … [Man sagt], wenn die Prinzessin von Wolfenbüttel diesem Haus keine männlichen Erben schenken werde, bevor die Manneskraft des Kaisers [Joseph] erlösche, müsse man unzweifelhaft der Kaiserin [Amalie] den Rat geben, sich für den Rest ihrer Tage in ein Kloster zurückzuziehen, und beim Papst Dispens für eine weitere Heirat des Kaisers erwirken. Man einigte sich darauf, diesen Weg zu beschreiten oder sogar etwas Schlimmeres für die Kaiserin zu ersinnen.«[3]

---

1 Elisabeth Christine von Braunschweig-Wolfenbüttel (28. August 1691 bis 21. Dezember 1750) ist die Mutter Maria Theresias. Sie heiratete Karl am 22. April 1708 in Wien, bevor sie mit ihm in Katalonien zusammentraf. Die Trauung in Wien fand *per procurationem* statt: In Abwesenheit Karls, der seit 1704 damit beschäftigt war, das spanische Reich aus den Händen der Bourbonen zurückzuerobern, heiratete sie Kaiser Joseph I. im Namen seines Bruders. Diese Hochzeiten *per procurationem*, kraft Vollmacht, waren bei den Herrschern keine Seltenheit.

2 Wider alle Vernunft wandte man diesen Ausdruck auch auf Herrscherinnen an, die lediglich Töchter zur Welt brachten, und sogar auf solche wie Kaiserin Amalie, die schon einen Sohn hatte, der aber verstarb, bevor er das Erwachsenenalter erreichte. Deutlicher lässt sich die untergründige Verbindung von männlichem Geschlecht und Fruchtbarkeit kaum ausdrücken.

3 Wien, 14. Februar 1708. MAE *CP Autriche*, vol. 88, fol. 29 r–v. Zu den Abkürzungen siehe unten, S. 286.

Fünf Jahre später merkt derselbe französische Agent im Hinblick auf die neue, noch immer kinderlose Kaiserin Elisabeth Christine lakonisch an: »Im Falle, dass man sich noch einige weitere Jahre um diese Hoffnung gebracht sieht und die Überzeugung gewinnt, das Gebrechen gehe auf die [neue] Kaiserin[1] zurück, malen sich eine ganze Reihe von Leuten aus, dass man sie – auch wenn man vermutet, dass der Kaiser ihr viel zu sehr gewogen ist, um solches anzuordnen – gleichwohl an einer schleppenden Krankheit, von der niemand bemerken wird, dass sie nicht natürlichen Ursprungs ist, ohne sein [des Kaisers] Wissen zum Wohle des Staates wird sterben lassen.«[2]

Die unglückliche Mutter Maria Theresias wurde ihrerseits während des größten Teils ihres Frauenlebens von der Verpflichtung gequält, einen lebensfähigen Sohn auf die Welt zu bringen. Weniger als ein Jahr nach ihrer Hochzeit antwortet Elisabeth Christine ihrer bereits ungeduldig werdenden Mutter: »Was Eure Hoheit mir in Bezug darauf, dass ich noch nicht schwanger bin, zu verstehen gibt, werde ich auf jeden Fall befolgen und mir den Ratschlag, den Eure Hoheit mir erteilte, zu Herzen nehmen.« Ein wenig später äußert sie ihrem Vater gegenüber ihren »Kummer, noch immer nicht schwanger zu sein«.[3] In Wien spricht man im Jahr 1711 unablässig von »ihrer Regel, die im spanischen Klima ausgeblieben sein soll [...], und einem gewissen weißen Ausfluss, den man als Hindernis für die Fortpflan-

---

1 Die Witwe des Kaisers behielt ihren Titel der Kaiserin mit dem Zusatz »Witwe«. Zu dieser Zeit zählte man drei Kaiserinnen: die Witwe Leopolds, Eleonore, die Witwe Josephs, Amalie, und Elisabeth Christine, die manchmal als »regierende Kaiserin« bezeichnet wurde.

2 Pastor an Torcy, Wien, 20. Juni 1713. MAE *CP Autriche*, vol. 92, fol. 109 r–v. Pastor fügt hinzu: »Wie es heißt, hat man [...] die zweite Gattin des Kaisers Leopold ohne Wissen dieses Fürsten sterben lassen. Es ist sicher, dass die Kaiserin Amalie befürchtete, dieses Schicksal könne auch sie ereilen.«

3 Barcelona, 2. Juli 1709. NLA WO, 1 alt 24, Nr. 274, und 18. März 1710, Nr. 269.

zung ansieht. Doch man ist überzeugt, dass bei ihrer Rückkehr nach Österreich ihre Natur wieder in Ordnung kommen werde.«[1]

Bei ihrer Rückkehr nach Wien im Jahr 1713, nachdem sie zwei Jahre fern von ihrem Ehemann in Katalonien verbracht hat, um dort den spanischen Thron zu verteidigen, stellt sich die Frage brennender denn je. Als das österreichische Klima nicht die erhofften günstigen Wirkungen zu zeitigen scheint, trifft Karl VI. im Geheimen eine seltsame Entscheidung. In einem Moment, in dem er noch gar kein Kind hat, beschließt er, die von seinem Vater gewünschte Nachfolgeregelung zu verändern. Im Falle, dass er, wie sein Bruder, nur Töchter bekäme, sollte nicht mehr die älteste Tochter Josephs, sondern seine eigene den Thron erben.[2] Von nun an hätte die weibliche Nachkommenschaft Karls den Vorrang vor der seines Bruders. Diese Entscheidung, die er trifft, als seine Gattin erst zweiundzwanzig Jahre alt ist und man überhaupt noch nicht weiß, ob sie nicht doch Kinder bekommen kann, scheint ebenso unerwartet wie weitblickend.

Kindheit und Jugend

Die Geburt Maria Theresias am 13. Mai 1717 ist eine ungeheure Enttäuschung. Es ist ein Mädchen, und das Unglück wollte es, dass sie ein Jahr nach dem Tod eines kleinen Prinzen[3], der mit sieben Monaten starb, geboren wird. Diese erste, so lang ersehnte Geburt hatte die Eltern glücklich und stolz gemacht. Sie unterstrich Elisabeth Chris-

---

1 Wien, 1. November 1711. MAE *CP Autriche*, fol. 152 r.

2 Diese grundlegende Veränderung der Nachfolgeregelung wurde unter strengster Geheimhaltung von seinen Ministern am 19. September 1713 gebilligt. Dieser Erlass Karls VI., der unter dem Namen Pragmatische Sanktion bekannt ist, erlaubte es ihm, die Macht seiner ältesten Tochter zu übertragen. Vgl. Charles Ingrao, »Empress Wilhelmine Amalia and The Pragmatic Sanction«, in: *Mitteilungen des Österreichischen Staatsarchivs*, Horn 1981, Bd. 34, S. 333–341.

3 Leopold (13. April bis 4. November 1716).

tines Legitimität und trug ihr eine neue Autorität ein, und sie sicherte Karl VI. endlich die männliche Nachfolge. Am Wiener Hof fand eine Festlichkeit nach der anderen statt, auf die wenig später tiefe Betrübnis folgte. Der Repräsentant Frankreichs in Wien schreibt: »Der Kaiser trägt es mit der ihm eigenen Festigkeit, aber der Schmerz der Kaiserin ist so heftig, dass man um das Kind fürchtet, das sie austrägt.«[1] Man darf zu Recht annehmen, dass der natürliche Kummer der Mutter durch den Verdruss, nun die verlorengegangene Legitimität erneut zurückgewinnen zu müssen, noch verstärkt wurde. Das heißt: Alle, und sie ganz besonders, erwarteten, dass der Verlust durch die Geburt eines zweiten Sohnes wettgemacht würde.

Als Maria Theresia zur Welt kommt, finden – anders als für einen Erzherzog – keinerlei öffentliche Festlichkeiten statt. Der Kaiser schreibt an seine Schwiegermutter: »Meine Gattin ist nicht damit zufrieden, dieses Mal nur eine Tochter zu haben, aber ich sage, es ist immerhin ein Kind, und ich hoffe, dass noch Söhne und Töchter folgen werden.«[2] Vergebliche Hoffnungen, da nach Maria Theresia nur noch zwei Töchter geboren werden, Maria Anna und Maria Amalia.[3]

Über Maria Theresias frühe Kindheit wissen wir sehr wenig, außer dass bei ihr schon frühzeitig der religiöse Glauben geweckt wurde. Bald schon begleitete sie ihre Eltern bei deren Wallfahrten und zahlreichen Andachtsübungen. Sie wurde eher zu einer guten Katholikin und makellosen Prinzessin erzogen als zur zukünftigen Herrscherin über ein riesiges Reich. Kurz, man bemühte sich mehr darum, ihre persönlichen Tugenden – Aufrichtigkeit, Ehrlichkeit,

---

1 Wien, 7. November 1716. MAE *CP Autriche*, vol. 117, fol. 103 v.

2 Wien, 9. Juni 1717. Ebd., vol. 121, fol. 125 v.

3 Maria Anna (14. September 1718 bis 16. Dezember 1744); Maria Amalia (5. April 1724 bis 19. April 1730).

Großzügigkeit – zu kultivieren, als ihr die Kunst des Regierens und die Ausübung von Macht beizubringen.

Von Jesuiten unterrichtet, kannte sie sich in biblischer Geschichte wie auch der Geschichte der antiken Reiche gut aus, wusste aber kaum etwas über Diplomatie, Recht, Finanzen, zeitgenössische Geschichte und Geographie, also über all die Wissensgebiete, die für einen Souverän so unentbehrlich sind. Hingegen wurde der Unterricht in den Sprachen und den Künsten besonders sorgfältig betrieben. Sie sprach fließend Französisch[1] – manche sagen, besser als Deutsch, ihre Muttersprache –, recht gut Italienisch und ein wenig Spanisch. Man hat ihr auch Latein beigebracht, die offizielle Amtssprache in Ungarn. Auch wenn Maria Theresia nur selten ein Buch aufschlägt und wenig Interesse an philosophischen Ideen zeigt, so verbringt sie doch beachtlich viel Zeit damit, sich mit den Künsten vertraut zu machen. Mit fünf Jahren lernt sie unter der Anleitung der besten italienischen Meister zu zeichnen, zu malen und zu tanzen. Wie ihr Vater ist sie sehr musikalisch, spielt Cembalo wie eine Berufsmusikerin und singt wie ein Engel. Im Alter von sieben Jahren führt sie zu Ehren ihrer Eltern am Hof[2] eine kleine Oper auf, die ihr viel Beifall einbringt. Etwas später schreibt ein Reisender, der Gelegenheit hatte, bei einer solchen Aufführung anwesend zu sein, voller Überschwang: »Ich habe in meinem ganzen Leben niemals etwas so Schönes, so Rührendes und so Vollkommenes gesehen wie Ihre Königliche Hoheit, wenn sie singt und tanzt.«[3] Ausgezeichnet ist sie

---

1 Sie war es, die das Französische als Amtssprache am Wiener Hof einführte, während ihr Vater dessen Gebrauch in seiner Gegenwart untersagt hatte. Ihr Deutsch und ihr Französisch sind für die Ohren des modernen Lesers ungewohnt, und sie macht häufig Grammatikfehler.

2 Unter Karl VI. entstand eine Tradition, an der Maria Theresia festhielt: Die Kinder des Kaiserpaares gaben anlässlich eines Festes oder eines Geburtstages ihrer Eltern eine kleine Vorstellung, an der Mitglieder des Hofes teilnehmen durften.

3 Zitiert nach Margaret Goldsmith, *Maria Theresa of Austria*, London 1936, S. 32.

aber vor allem auf der Theaterbühne. Sie ist eine großartige Schauspielerin, die ihre sonst mit Komplimenten eher sparsame Mutter einfach als »phantastisch« bezeichnet.[1] Festzuhalten ist dieses Detail: Maria Theresia kann alle Rollen spielen, was ihr bei der Ausübung von Macht und in der Kunst der Diplomatie von großem Nutzen sein wird.

Als Jugendliche ist Maria Theresia ein fröhliches, manchmal sogar ausgelassenes junges Mädchen. Sie hat schöne blaue Augen, ein ebenmäßiges Gesicht und natürliche Grazie, die alle, die ihr begegnen, verblüfft. Gleichwohl ist sie wenig kokett, achtet nicht besonders auf ihre Kleidung, und sie ist so mager, dass ihre Eltern darüber beunruhigt sind.

Die Zwiespältigkeit des Vaters

Karl VI. wandte unglaubliche Energie darauf, dass die Pragmatische Sanktion, die die künftige Macht seiner Tochter legitimierte, von den übrigen Höfen anerkannt wurde. Er gab dafür eine Menge Geld aus und machte sogar territoriale Zugeständnisse, um sowohl die Kurfürsten des Heiligen Römischen Reiches Deutscher Nation davon zu überzeugen, als auch die Billigung ausländischer Mächte zu erwirken. Die Pragmatische Sanktion betraf sie alle, denn sie implizierte gleichzeitig das Prinzip der Unteilbarkeit seines Kaiserreiches. Indem sie sich einverstanden erklärten, ihre Unterschrift darunter zu setzen, verpflichteten sie sich – im Prinzip – auch dazu, die Grenzen des großen Reiches anzuerkennen.

Dieser liebende Vater hat trotz allem während dieser Jahre niemals die Hoffnung aufgegeben, einen Sohn zu bekommen, dem er die Regierungsmacht würde übergeben können. Daher die wider-

---

1 Brief Elisabeth Christines an ihren Neffen Ferdinand von Braunschweig,
14. September (1740). ÖStA HHStA *HausA* FKA 34-1-5, fol. 284 r.

sprüchlichen Signale, die er immer wieder seiner Tochter wie dem Hof gab. Einerseits ließ er sie im Alter von vierzehn Jahren an seinem Geheimen Rat teilnehmen[1], andererseits verlangte er von ihr, am Vorabend ihrer Hochzeit eine Erklärung zu unterzeichnen, in der sie im Falle der Geburt eines Sohnes auf die Krone verzichten würde. In Wahrheit hat er sie nie auf ihre Rolle als Herrscherin vorbereiten wollen, denn er konnte sich von der Idee einer männlichen Nachfolge nicht verabschieden.

Viele Jahre nach dem Tod ihres Vaters und nach schrecklichen Prüfungen wird Maria Theresia in einer an ihre Kinder gerichteten Denkschrift schreiben, dass sie sich beim Ableben Karls VI. unvorbereitet fühlte: »Da sich der unvermuthete betrübliche Todes-Fall meines Herrn Vatters Höchstseeligster Gedächtnüss ereignet und vor mich umb so viel mehr schmertzlich ware, weilen nicht allein selben verehret und geliebet als einen Vattern, sondern als wie die mindeste Vasallin als meinen Herrn angesehen, und also doppelten Verlust und Schmertzen empfunden, und damahlen die zu Beherrschung so weitschichtiger und vertheilter Länder erforderliche Erfahr- und Känntnüss umb so weniger besitzen können, als meinen Herrn Vattern niemals gefällig ware, mich zur Erledigung weder der auswärtigen- noch inneren Geschäften beyzuziehen, noch zu informiren; [...]«[2]

Es gibt mehrere mögliche Erklärungen für das seltsame Verhalten des Vaters. Die erste ist eine Furcht, die zweite ein uneingestandener Wunsch. Während der Pubertät treten bei Maria Theresia beunruhigende Symptome auf: Obwohl sie schon sechzehn ist, hat sie – trotz der Thermalbadkuren, die man ihr in Graz verordnet –

---

1 Während der Ratssitzungen, die über Stunden dauerten und in denen nicht viel entschieden wurde, harrte das junge Mädchen schweigend aus.

2 Alfred von Arneth (Hrsg.), »Zwei Denkschriften der Kaiserin Maria Theresia«, in: *Archiv für österreichische Geschichte*, Wien 1871, Bd. 47, S. 285.

noch immer nicht ihre Regel. Jahr für Jahr muss man die Ankündigung ihrer Hochzeit und damit die Möglichkeit einer Mutterschaft hinausschieben.[1] Ihr Vater könnte befürchtet haben, dass sie die Störung von Elisabeth Christine geerbt hat. Noch beunruhigender ist der Gesundheitszustand des jungen Mädchens zu dieser Zeit. Sie ist extrem schlank, ja mager, und man munkelt, sie leide an Schwindsucht.[2] Bussy merkt an: »Die ältere Erzherzogin ist von derart delikater Gesundheit, dass man jeden Moment um ihr Leben fürchten muss.«[3] Und er fügt in einer anderen Depesche hinzu: »Die Kaiserin [Elisabeth Christine] ist in ihrer ersten Leibesfülle versunken und gibt weniger denn je Anlass zur Hoffnung auf Nachkommenschaft.« Zumal sie die vierzig bereits überschritten hat.

Konfrontiert mit seiner Tochter, deren Tod er befürchtete, und seiner Frau, von der er nicht mehr viel zu erhoffen hatte, könnte Karl VI. von einer zweiten, fruchtbareren Ehe geträumt haben. Aber damit sein Traum hätte Wirklichkeit werden können, hätte seine Gemahlin sterben müssen. Er war einst sehr verliebt in seine schöne junge Frau gewesen und hegte noch immer zärtliche Empfindungen für sie. Die Ambivalenz der Gefühle erreichte ihren Höhepunkt und schuf für Elisabeth Christine und ihre älteste Tochter eine zumindest unangenehme Situation. Dies umso mehr, als der Hof und die ausländischen Botschafter regelmäßig über die Möglichkeit einer erneuten Heirat spekulierten und dafür sorgten, dass ein gegen die erste Ehefrau ge-

---

1 Diese Amenorrhoe der Thronfolgerin ist eine Staatsaffäre, mit der der französische Bevollmächtigte Bussy am Pariser Hof für Unterhaltung sorgt. Nicht weniger als etwa zehn Depeschen zwischen 1732 und 1733 schildern in sehr ungeschminkten Worten den Zustand Maria Theresias. Nebenbei teilt er mit, dass Maria Anna, die Jüngere, fast zwei Jahre früher heiratsfähig ist als die Ältere. Vgl. MAE *CP Autriche*, vol. 172, 173 und 176.

2 Eine Krankheit, die zu extremer Abmagerung führt.

3 Wien, 17. September und 4. Oktober 1732. MAE *CP Autriche*, vol. 173, fol. 136 r und 166 r.

richteter Todeswunsch über dem Hause schwebte – ein Wunsch, der von der chronisch schlechten Gesundheit Elisabeth Christines weiter genährt wurde, die durch die abwegigen Behandlungen[1], denen man sie aussetzte, um ihre Fruchtbarkeit zu befördern, inzwischen fettleibig geworden war und manchmal kaum mehr gehen konnte. Vielleicht also ein heimlicher Wunsch des Kaisers, dem man schon kurz nach seiner Heirat vorausgesagt hatte, dass die Kaiserin nicht lange leben werde.[2]

Von 1715 an wurde in den Kanzleien über den baldigen Tod Elisabeth Christines und eine erneute Heirat Karls gemunkelt. Zunächst war von der ältesten Tochter seines Bruders Joseph, Maria Josepha[3], die Rede, dann von der ältesten Tochter aus dem Hause Lothringen, Elisabeth Therese[4], später von deren jüngerer Schwester, Anna Charlotte, und schließlich, einige Wochen vor seinem unerwarteten Tod, von der Prinzessin von Modena.[5]

All dies hätte die Erzherzogin Maria Theresia vermuten lassen können, dass sie niemals regieren werde.

1 Man verschrieb ihr eine Diät aus starken Likören und reichhaltiger Nahrung, die sie nicht nur adipös werden ließ, sondern auch ihr Gesicht mit einer unansehnlichen Rötung überzog.

2 Bericht von Baron Mörmann an Kurfürst Max Emanuel II. von Bayern, o.O., o.J. [um 1720]. BayHStA GH *AK* 739.

3 8. August 1715. MAE *CP Lorraine*, vol. 92, fol. 37 v. Siehe auch den Bericht des Barons Mörmann in den Münchner Archiven.

4 Briefentwurf von Nicolas Jacquemin an Herzog Leopold von Lothringen, Wien, 21. März 1725. ÖStA HHStA *LHA* 79, fol. 21 v. Elisabeth Therese war die Schwester des zukünftigen Ehemannes von Maria Theresia.

5 Turin, 21. März 1739. MAE *CP Sardaigne*, vol. 196, fol. 122 v.

Der Motor des Imperiums

Wenn man in einer solchen Atmosphäre aufgewachsen ist, stellt sich die Frage, wie Maria Theresia Gefallen an der Macht finden konnte. Führt man sich die heutige Geschichte vor Augen, so erkennt man, dass Töchter, die ihren Vätern an die Macht folgten, sich häufig der Bewunderung, der Zuneigung oder des gegenseitigen Respekts erinnern, der sie miteinander verband.[1] Die Identifikation mit einem mächtigen Vater und dessen Gefühle für seine Tochter sorgten für das Übrige. Bei Maria Theresia liegt der Fall jedoch anders. Oft hat sie von Respekt vor ihrem Vater gesprochen – wie es die töchterliche Ehrerbietung verlangt –, aber niemals von Bewunderung für ihn. Sie hat den Kaiser, seine Entscheidungen und seine Art zu regieren sogar scharf verurteilt.

Ein Mann ohne Prestige, ein gescheiterter Herrscher

Als Vater liebevoll, als Freund treu und großzügig gegenüber seinen Angehörigen, erschien Karl allen anderen gegenüber jedoch herablassend und distanziert. Mittelgroß, mit braungebranntem Gesicht, langsam in seinen Bewegungen – sein äußeres Erscheinungsbild beindruckte nicht sonderlich. Die Beschreibungen, die die Diplomaten von ihm hinterließen, sind zwiespältig und bezüglich seines Charakters und seiner Fähigkeiten zumeist sehr harsch. Zwar gestand man ihm in seiner Jugend »ordentliche Sitten, einen gewissen Mut und lautere Absichten« zu, doch fügt derselbe Porträtist hinzu: »Er tut sein Bestes, um selbst zu regieren, aber sei es, dass die Natur ihm die dafür nötige Geistesschärfe versagt hat, sei es, dass das Vertrauen in seine Minister ihn dazu hinreißt, es scheint, als bewege er

---

1 Vgl. die Aussagen von Indira Gandhi, Benazir Bhutto oder Margaret Thatcher.

sich zumeist dorthin, wohin sie wollen.«[1] Ein anderer vorgebrachter Grund: »Die natürliche Abneigung, die er gegenüber der Arbeit hat.«[2] Selbst als er im Begriff war, den Vertrag für ein Verteidigungsbündnis mit dem König von England zu schließen, habe er »nicht die Zeit gefunden, diesen mit Aufmerksamkeit zu lesen«.[3]

Der wahre Grund für diese häufig erwähnte Trägheit dürfte seinem schwermütigen Wesen geschuldet gewesen sein, das sich lediglich durch Jagd und Musik ein wenig aufheitern ließ.

Bereits 1722 hebt ein Diplomat »die der Natur des Kaisers eigene Traurigkeit« hervor, »ein neuer Grundzug von Melancholie und sogar Lethargie, die sich nur zu deutlich auf seinem Gesicht und in seinem ganzen Verhalten zeigt«.[4] Die folgenden Jahre bestätigen die Diagnose.[5] Die Folgen für die Regierung des Reiches waren desaströs. Die österreichischen Länder benötigten dringend Finanz- und Verwaltungsreformen, die jedoch nicht durchgeführt wurden, und die Armee lag nach dem Tod Prinz Eugens[6] völlig darnieder. Zum Unheil seiner Völker begann Karl im Juli 1737, als er weder über die finanziellen noch über die militärischen Mittel verfügte, einen Krieg gegen die Türken. Das Resultat: Er musste auf demütigende Weise kapitulieren und einen Teil seines Territoriums abtreten. Der Marquis de Mirepoix, Gesandter Frankreichs, notiert mitten

---

1 *Mémoire sur la Cour de Vienne* von De Luc, 1. September 1715. MAE *CP Autriche*, vol. 103, fol. 49 v–50 r. Diese Ansicht wird von vielen Zeugen jener Zeit geteilt, die die Ineffizienz seiner Regierung unterstreichen; vgl. den Brief Nr. 199 von Mattias Johann von der Schulenberg an Leibniz, Wien, 19. Juni 1715, in: Gottfried Wilhelm Leibniz, *Sämtliche Schriften und Briefe. Transkriptionen des Briefwechsels 1715*, S. 276 f.

2 *Mémoire sur la Cour de Vienne* von Du Bourg, Wien, 24. März 1719. MAE *CP Autriche*, vol. 133, fol. 185 v.

3 Wien, 11. Juli 1716. Ebd., vol. 115, fol. 91 r.

4 *Mémoires de l'abbé Lenglet du Fresnoy* (Juli 1722). Ebd., vol. 140, fol. 332 r–v.

5 Ebd., vol. 172 und 173 (1732).

6 18. Oktober 1663 bis 21. April 1736.

im Krieg: »Der Kaiser ist in seiner Hauptstadt überhaupt nicht beliebt, und die Gefühle seiner Untertanen sind hinreichend bekannt.«[1] Entsprechend trauerten weder der Hof noch das Volk um ihn, als er zwei Jahre später starb.

Maria Theresia, der all dies nicht verborgen blieb, hat sich sicherlich nicht mit ihrem Vater identifiziert. Ihr Verlangen nach Macht dürfte sich eher auf die – von mächtigen Frauen geprägte – mütterliche Linie sowie auf ihre eigene Charakterstärke zurückführen lassen.

Eine ehrgeizige Großmutter

Christine Luise von Oettingen-Oettingen[2], die Mutter Elisabeth Christines, war mit dem etwas jüngeren Ludwig Rudolf[3] von Braunschweig-Wolfenbüttel verheiratet, der von seinem Vater dominiert und von seinem Bruder schlecht behandelt wurde. Liest man den Briefwechsel, den Elisabeth Christine mit ihrem Vater[4] unterhielt, begreift man, dass er ein schwacher Mann war. Kaum ist sie mit Karl verheiratet, verbringt jener seine Zeit damit, über seine Situation zu jammern und, Brief um Brief, um Geld und Posten zu betteln. Nichts dergleichen bei Christine Luise, die sich zuallererst für die Fruchtbarkeit ihrer Tochter interessiert. Ihr Ehrgeiz und ihr Stolz schlagen sich darin nieder, dass sie bedeutende Hochzeiten anbahnt. Sie selbst hat zwar nur drei Töchter, aber dank dieser kann sie sich als »die Großmutter Europas«[5] bezeichnen. Allerdings machen ihre Ambitionen dort nicht halt. Sie träumt von einer Vergrößerung ihres

---

1 Wien, 14. Juli 1738. Ebd., vol. 214, fol. 118 r.
2 30. März 1671 bis 12. November 1717. Sie wurde in Oettingen geboren.
3 22. Juli 1671 bis 1. März 1735.
4 NLA WO, 1 alt 24, Nr. 269 bis 271.
5 Dank der Anmut ihrer Töchter, Enkelkinder und Urenkel sah sie diese noch zu ihren Lebzeiten an der Spitze des Russischen Reiches, des Heiligen Römischen Reiches Deutscher Nation, Preußens, der Kurlande etc.

kleinen Herzogtums. Als der König von England einen Alliierten sucht, um den König von Frankreich aus Deutschland zu vertreiben, und als Belohnung eine Teilhabe an der Kriegsbeute verspricht, wendet man sich an sie, nicht an ihren Mann.[1]

In Wien, wo sie sich bei jeder Niederkunft ihrer Tochter aufhält, ist sie nicht gern gesehen. Man sagt ihr nach, »sehr ehrgeizig und intrigant« zu sein, sie versuche, »ihre Vorschläge bezüglich einer Vergrößerung ihres Hauses der Kaiserin und, über diese, dem Kaiser schmackhaft zu machen«.[2]

Intrigant oder nicht, diese Großmutter ist besonders scharfsinnig und intelligent. Während des Österreichischen Erbfolgekriegs unterhielt sie eine treffliche Korrespondenz politischen und militärischen Inhalts mit ihrem alten Freund General Seckendorff wie auch mit ihrer Enkeltochter Maria Theresia[3] – Briefwechsel, die beweisen, dass es sich um eine geistreiche und weitblickende Frau handelt. Obwohl die »Blutsbande [sie] mit allen Seiten verbinden«[4], ergreift sie aus freien Stücken Partei für ihre Enkelin und gegen ihren Schwiegerenkelsohn, den Preußen Friedrich II.

Eine kriegerische Mutter

Niemand ließ sich weniger in die Karten schauen als Elisabeth Christine. In den Augen der Zeitgenossen weist sie alle Merkmale einer traditionellen Ehefrau auf, die sich nicht in die Politik einmischt. Lediglich drei Themen haben die Aufmerksamkeit der Chronisten

---

1 1. April 1716. MAE *CP Autriche*, vol. 114, fol. 25 r. In derselben Depesche wird präzisiert, dass »er ein sehr schwacher Fürst ist, den sie beherrscht«; fol. 26 r.

2 Ebd. Wohlgemerkt: Eine ehrgeizige Frau wird stets als intrigant bezeichnet …

3 NLA WO, 1 alt 23, Nr. 376.

4 Brief von Christine Luise von Braunschweig an Friedrich Heinrich von Seckendorff vom 21. Januar 1741. ÖStA HHStA *Große Korrespondenz* 183–6.

auf sich gezogen: ihre – bereits erwähnte – Unfruchtbarkeit, ihre Schönheit und ihre Gesundheit.

Als Karl sie in Katalonien kennenlernt[1], ist er schlicht von ihr hingerissen – wie zuvor auch schon sein Bruder Joseph. Schon dieser hatte mitgeteilt: »Ich muss gestehen, dass ihre Jugend, ihre Schönheit, ihre Reize meine kühnsten Träume übersteigen.«[2] So erging es auch Karl, der einen Tag nach Elisabeths Ankunft an seinen Schwiegervater schreibt: »Jetzt, da ich sie vor mir sehe, empfinde ich alles, was man mir über sie erzählt hat, als bloßen Schatten im Vergleich zum Glanz der Sonne. Mir fehlen die Worte, um diese seltenen und kostbaren Vorzüge zu beschreiben, wie auch, um meiner Freude passenden Ausdruck zu verleihen.«[3]

Objektiver vielleicht, aber nicht weniger exaltiert ist das Bild, das Lady Montague bei ihrem Aufenthalt in Wien im Herbst 1716 zeichnet. Nach einer Privataudienz mit »der schönsten Fürstin auf dieser Erde« beschreibt sie jedes Detail ihres Gesichts, ihre wunderschönen Haare, ihre Figur und ihre vollendeten Formen, wie es der Verliebteste aller Männer getan hätte. Sie gesteht sogar: »Nichts kann die Schönheit ihres Halses und ihrer Hände übertreffen. Ehe ich diese mit eigenen Augen sah, hätte ich niemals geglaubt, dass eine solche Vollkommenheit auf der Welt anzutreffen ist, und ich bin schier untröstlich, dass mein Rang es mir hier nicht gestattet, diese [Hände] zu küssen.«[4]

Dreizehn Jahre später schildert ein anderer Reisender »ihre Güte, ihre Liebenswürdigkeit [...], den Hauch von Bescheidenheit, Sanft-

---

1 Sein Bruder hatte ihn bei der Trauung *per procurationem* in Wien vertreten.

2 Brief an den Großvater von Elisabeth Christine, den Herzog Ulrich von Braunschweig-Wolfenbüttel, undatiert (1707), zitiert nach Antoine de Villermont in: *Marie-Thérèse, 1717–1780*, Paris 1895, Bd. I, S. 3.

3 Ebd., S. 4.

4 *Letters of Lady Mary Wortley Montague, written during her travels* [...], Bordeaux 1805, 14. September 1716, S. 22, Brief IX, und 1. Dezember 1716, S. 44, Brief XVIII.

mut und Erhabenheit in allen ihren Handlungen«, aber von ihrer Schönheit spricht er in der Vergangenheitsform. Für die Gegenwart jedoch hebt er »die Rötungen im Gesicht und die Leibesfülle«[1] hervor; man spricht nur von ihren Krankheiten und von ihrer Wundrose[2], die sie ins Grab zu bringen drohen.

Alle wiederholen immer wieder, dass sie seit ihrer Rückkehr aus Barcelona nichts mehr zu sagen habe und sich in nichts einmische.[3] Dies ist zumindest der äußere Eindruck, den sie bei all jenen hinterlässt, die sie nicht kennen, und um dessentwillen in der Geschichtsschreibung lediglich ein blasses Bild von ihr erhalten blieb.

In Wirklichkeit handelt es sich bei Elisabeth Christine um eine wahrhaft machtbewusste Frau, die dem Krieg die Stirn geboten hat und sich leidenschaftlich für Politik interessiert. Man hat zu rasch vergessen, dass Karl, der zum Kaiser gewählt werden sollte, 1711 nach Wien zurückkehren musste und seine Frau zwei Jahre lang in Barcelona als Regentin und Statthalterin im Krieg gegen Philipp V. zurückließ. Selbstverständlich war sie von Ministern und Generälen umgeben, aber wenn man ihren Briefwechsel mit Karl liest, in dem sie über alles berichtet, stellt man fest, dass sie keineswegs die Rolle einer bloßen Galionsfigur abgegeben hat. Sie stellt sehr präzise Kenntnisse über die Stärke der kämpfenden Parteien und die Nachschubprobleme des Militärs unter Beweis. Sie versteht sich auf Strategie und Politik. Man könnte fast sagen, dass sie den Krieg liebt. Man

---

1 Wien, 30. November 1729. Karl Ludwig Pöllnitz, *Lettres et Mémoires du Baron de Pöllnitz*, Lüttich 1734, Bd. I, S. 280, Brief XII.

2 Erysipel oder Wundrose: »Durch Streptokokken hervorgerufene Entzündung von Haut und Unterhautzellgewebe mit scharf begrenzter Rötung, Schwellung sowie Schmerzen und Fieber; Blasenbildung und Gewebezerstörung sind möglich.« *Der Brockhaus*, 1999.

3 Wien, 1. September 1715. MAE *CP Autriche*, vol. 103, fol. 50 v. Bei Pöllnitz heißt es: »Sie nimmt von solchen Dingen keinerlei Notiz.« *Lettres et Mémoires du Baron de Pöllnitz*, a.a.O., S. 280.

spürt ihre Erregung, wenn sie ihrem Mann schreibt: »Wir dürfen unserem Feind keinen einzigen Augenblick der Ruhe gönnen. Wir wollen erneut über ihn triumphieren und deshalb werden wir den Herzog von Anjou gefangensetzen.«[1] Da die Briefe, die übrigens häufig vom Feind abgefangen wurden, Monate brauchten, bis sie Wien erreichten, war es in Wirklichkeit sie, die die Entscheidungen traf.

Zurück in Wien, wird die Kaiserin – ohne schwanger zu sein – gebeten zu schweigen. Hier oder dort jedoch nimmt man den Nachhall ihrer Unzufriedenheit wahr. Bereits 1715 merkt Du Luc in einer Depesche an: »Die regierende Kaiserin hat sich bisher in nichts eingemischt, doch seit ihrer Schwangerschaft beginnt sie, ihrem Herzen Luft zu machen [...]. Ich weiß aus guter Quelle, dass sie vor wenigen Tagen dem Kaiser gesagt hat: ›Ihr untersagt Eurer Gemahlin, mit Euch über Staatsgeschäfte zu sprechen, während Ihr der Badiani [einer intimen Freundin des Prinzen Eugen] erlaubt, über das Reich und alle Eure Kreaturen zu verfügen.‹«[2] Ein Jahr später schreibt Du Bourg nicht ohne Ironie: »Die Kaiserin, die sich in nichts einmischt, hat an ihre Mutter geschrieben und hält sie dazu an, vom König von England in Erfahrung zu bringen, was er über diesen Vertrag denkt und worauf der Kaiser seinerseits in Zukunft bauen kann.«[3]

Im Jahr 1738 bringt der Botschafter Mirepoix – dank der vertraulichen Mitteilung eines Günstlings des Kaisers und einer intimen Freundin der Kaiserin – in einer Note über den Wiener Hof ans Licht, dass sich Elisabeth Christine »seit drei Jahren in die Staats-

---

1 Brief aus Barcelona, 20. August 1710. ÖStA HHStA *HausA* SB 1, fol. 46 v. Herzog von Anjou ist der Titel Philipps V. vor 1716.

2 13. November 1715. MAE *CP Autriche*, vol. 104, fol. 53 v.

3 Wien, 19. November 1716. Ebd., vol. 117, fol. 203 r. Siehe auch aus demselben Jahr einen Brief von Ernst von Essig an den Grafen von Wilhelm, 23. Mai 1716, der den Einfluss Elisabeth Christines unterstreicht, BayHStA GH *AK* 741/1; oder eine weitere Depesche des Sondergesandten L'Estang, Wien, 27. Dezember 1735. MAE *CP Autriche*, vol. 183, fol. 129 v.

geschäfte einmischt [...]. Sie hat gegen den Marschall Königsegg, den sie früher protegiert hat, Partei ergriffen und gegen den Marschall Khevenhüller, der [daraufhin] von allen seinen Ämtern zurücktreten wollte. [Sie] haben mir versichert, dass sie ihren Mann regiere [...]. Sie nimmt so sehr an den Staatsgeschäften teil, dass sie den Ersten Schreiber Wöber, wenn es ihr gefällt, zum Vortrag kommen lässt, während er beim Hofkriegsratspräsidenten Graf von Harrach sein sollte.«[1]

Die französischen Diplomaten waren nicht die einzigen, die das wahre Gesicht der Kaiserin hinter der Maske der demütigen Gattin entdeckten. Nach dem Tod des Kaisers erklärt Otto Podewils, der Gesandte des preußischen Königs in Wien und ein scharfsinniger Porträtist: »Ehrgeiz ist ihre bevorzugte Leidenschaft und das Prinzip der meisten ihrer Handlungen [...]. Zu Lebzeiten des Kaisers Karl VI. hat sie sich an den Staatsgeschäften beteiligt und – scheinbar ohne sich einmischen zu wollen – diese häufig nach ihrem Gutdünken gelenkt.«[2] Äußerungen, die von Khevenhüller[3], einem wertvollen Augenzeugen des Hofes, bestätigt werden; einige Tage nach dem Tod Elisabeth Christines notiert er: »Sie hat die letzten Jahre fast gänzlich regiert, aber so unmerklich, dass Kayser Karl doch allein zu regieren glaubte, und für seine eigenen Gedanken hielt, was sie ihm geschickt beizubringen gewusst hatte.«[4]

1   MAE *Mémoires et Documents, Autriche*, 9 M.D., vol. 7.

2   Adam Wolf (Hrsg.), »Tableau de la Cour de Vienne en 1746, 1747, 1748. Relations diplomatiques du Comte de Podewils, ministre plénipotentiaire, au Roi de Prusse Frédéric II, lettres du Cabinet au Roi«, in: *Sitzungen der kaiserlichen Akademie der Wissenschaften. Philosophisch-historische Classe*, Sitzung vom 30. Oktober 1850, Bd. 5, Wien 1850, S. 502.

3   Der Diplomat Johann Josef Khevenhüller-Metsch (1706 bis 1776) war der Obersthofmeister Maria Theresias. Er führte von 1742 an bis zu seinem Tod ein Tagebuch.

4   Diese Äußerung findet sich nicht in dem später veröffentlichten *Tagebuch* Khevenhüllers, sondern im Mährischen Landesarchiv (MLA), Brünn, *Familien-*

Maria Theresia und ihre Mütter

Die leibliche Mutter

Alle Welt stimmt darin überein, dass Maria Theresia ihrer Mutter, als diese jung war[1], sehr ähnelt, wenn auch weniger vollkommen ist. Die gleichen Haare, der gleiche Teint, die gleichen Schultern, das gleiche Aussehen. Das eher runde Gesicht der Tochter ist aber nicht von einer solchen Ebenmäßigkeit wie das der Mutter. Eines ist sicher: Die beiden Frauen verfügen über außergewöhnliche Anmut und ebensolchen Charme. Im Gegensatz dazu sind ihre Gefühle füreinander ein unergründliches Geheimnis. Obwohl Maria Theresia zigtausend Briefe hinterlassen hat, darunter äußerst private, hat bis heute noch niemand einen Hinweis auf ein enges Verhältnis der beiden zueinander gefunden. Elisabeth Christine hinterließ in ihrem Briefwechsel mit ihrer Mutter lediglich zwei kurze Bemerkungen, die sich auf ihre noch kleinen Töchter beziehen. Die erste stammt von 1718, als Maria Theresia noch keine achtzehn Monate und ihre kleine Schwester lediglich ein paar Wochen alt war: »Ich fürchte, dass die Kleine nicht groß werden wird, Gott beschütze sie besonders. Die Ältere ist sehr lustig und beginnt mich mehr zu lieben, als ich das will, denn ich hätte gern, dass sie den Kaiser bevorzugte, der sie sehr liebt, und er bekennt, dass es ihm sehr angenehm ist, wenn sie den Kaiser mehr ins Herz schließt als mich.«[2] Die zweite Anspielung auf ihre Töchter aus dem folgenden Jahr ist so lapidar wie unbedeutend:

---

archiv Kaunitz, G 436, 438, Nr. 4054, fol. 12 v. Die Äußerung stammt vom 21. Dezember 1750.

1 Vgl. Karl Ludwig Pöllnitz, *Lettres et Mémoires du Baron de Pöllnitz*, a.a.O., Brief XII vom 30. November 1729, S. 281. Siehe auch Podewils, Depesche vom 22. März 1747, in: Adam Wolf (Hrsg.), »Tableau de la Cour de Vienne«, a.a.O., S. 501.

2 NLA WO, 1 alt 24, Nr. 271.

»Die eine [Maria Theresia] hat eine Erkältung und ist extrem mager, die andere ist lediglich zu dick.«[1] Nichts, was ihre mütterlichen Gefühle verraten würde.

Es bleiben lediglich in der politischen Korrespondenz einige wenige Hinweise auf Unstimmigkeiten zwischen den beiden erwachsenen Frauen – etwa der aus der Feder von Mirepoix aus dem Jahre 1738: »Die Öffentlichkeit wird häufig Zeuge vom Unfrieden zwischen ihr [Elisabeth Christine] und der Großherzogin [Maria Theresia].«[2] Hingegen wird beim Tode des Kaisers für alle klar, dass Maria Theresia ihre Mutter strikt von der Macht fernhält. Auch wenn die Kaiserinwitwe ihre luxuriösen Räumlichkeiten in der Hofburg behält, verbringt sie ihre Zeit doch hauptsächlich in Schloss Hetzendorf.[3] Maria Theresia, die sehr großen Wert auf Schicklichkeit legte, erwies, so heißt es, »ihrer Mutter großen Respekt, ohne sie auch nur im Geringsten an den Staatsangelegenheiten teilhaben zu lassen«.[4] Hätte die Mutter gegenüber der Macht stets nur Gleichgültigkeit an den Tag gelegt, wäre diese Äußerung überflüssig. Es heißt sogar, dass Karl in seinem Testament die Möglichkeit einer zeitweiligen gemeinsamen Regentschaft von Mutter und Tochter erwogen habe – aber dieser Vorschlag, wenn er denn je gemacht wurde, gelangte nie an die Öffentlichkeit.[5]

Vielleicht hatten die beiden Frauen keine zärtlichen Gefühle füreinander, mit Sicherheit jedoch waren sie einander sehr ähnlich. Für beide hätte es auf dem Thron nicht Platz gegeben.

---

1 Ebd.

2 MAE *Mémoires et Documents*, *Autriche*, 9 M.D., vol. 7.

3 Schloss Hetzendorf liegt außerhalb des Zentrums Wiens, unweit von Schönbrunn, wo sich Maria Theresia einen Großteil des Jahres aufhielt.

4 Podewils, Depesche vom 18. Januar 1747, in: Adam Wolf (Hrsg.), »Tableau de la Cour de Vienne«, a.a.O., S. 493.

5 Vgl. Margaret Goldsmith, *Maria Theresa of Austria*, a.a.O., S. 68.

Mami ist der Kosename, den Maria Theresia ihrer Gouvernante[1] gab, der Gräfin Charlotte von Fuchs[2]. Dem Hofkalender zufolge trat sie am 3. November 1728[3] in die Dienste der jungen Erzherzoginnen. Man weiß, dass sie zuvor eine sehr enge Beziehung zu Kaiserin Elisabeth unterhielt, die ihr zugetan war. Ganz selbstverständlich vertraute die Kaiserin ihr dann die Erziehung ihrer Töchter an. Geschätzt und respektiert bei Hof wegen ihres Feingefühls, ihrer Ausgeglichenheit und ihrer Fröhlichkeit, verstand Madame Fuchs es so gut, Maria Theresias Liebe zu gewinnen, dass die Kaiserin richtig eifersüchtig wurde. Im Herzen des kleinen Mädchens wurde »Mami« zur Mama. Aber Charlotte Fuchs, die man auch *die Füchsin* nannte, war nicht nur eine reizende, sondern auch eine machtbewusste Frau, die es verstand, großen Einfluss zu gewinnen, ohne diesen jemals einzufordern. Davon zeugen die Ratschläge des Grafen Friedrich August von Harrach im Jahr 1733 an seinen jüngeren Bruder auf die Frage, wie man sich bei Hofe beliebt macht: »Man kann«, so sagt er, »Madame Gräfin Fuchs, der Aya der Erzherzoginnen, gar nicht genügend Aufmerksamkeit zollen; denn abgesehen davon, dass sie in der höchsten Gunst des Kaisers und der Kaiserin steht, ist sie eine Frau von größten Verdiensten. Man muss die Augenblicke abpassen, in denen sie sich zeigt [...]. Anschließend muss man sich an den Rocksaum der beiden Mädchen heften [...].«[4]

---

1 Gemäß der spanischen Tradition nannte man die Gouvernante *Aya*.

2 Geboren als Karoline von Mollard (genannt Charlotte, 1681 bis 1754), aus einer alten, verarmten Adelsfamilie stammend, heiratete sie 1710 den Grafen von Fuchs, der neun Jahre später starb und ihr zwei Töchter hinterließ.

3 Handschriftliche Bemerkung in *Kayserlicher Hof- und Ehren-Kalender auf das Schalt-Jahr unsers Seeligmachers Jesu Christi Geburt. 1728*. HHStA Bibliothek Blau 38.

4 Brief Friedrich Augusts an Ferdinand Bonaventura von Harrach, 20. Januar 1733. ÖStA AVA *FA Harrach* 641.

Nach ihrer Thronbesteigung ernannte Maria Theresia Madame Fuchs zu ihrer Obersthofmeisterin. Als solche begleitete sie sie überallhin, sowohl bei der Wahrnehmung ihrer öffentlichen Aufgaben als auch im Alltagsleben. »Die Kaiserin«, so sagte man, »speist sehr oft mit ihrem ganzen Gefolge bei ihrer Aya zu Abend.«[1] Außerdem liebt die Kaiserin nichts so sehr, wie sich, mit oder ohne Ehemann, auf den Gütern der *Füchsin* in Sommerein oder in Schloss Mannersdorf aufzuhalten[2] – Domänen, die sie ihr zum Geschenk gemacht hat. Im Gegensatz dazu findet man nirgendwo eine Erwähnung, dass sich Maria Theresia, über ihre offiziellen Verpflichtungen hinaus, bei ihrer Mutter in Schloss Hetzendorf aufgehalten hätte.[3]

Es besteht kein Zweifel, dass Maria Theresia eine sehr viel engere und intimere Beziehung zu ihrer »Mami« hatte als zu ihrer Mutter. Dies beweist auch das unterschiedliche Verhalten beim Ableben der einen und der anderen. Als Elisabeth Christine am 21. Dezember 1750 als Erste stirbt, äußert die Tochter weder vor noch nach deren Tod irgendein besonderes Gefühl, sondern ergeht sich allenfalls in konventionellen Floskeln. Als jedoch Mami ab 1750 erkrankt, ist Maria Theresia äußerst besorgt. Unablässig bekundet sie ihre Angst, Mami zu verlieren, und fällt in tiefe Trauer, als diese am 27. April 1754 stirbt.[4] Um ihrer Dankbarkeit Ausdruck zu verleihen, organi-

---

1 Brief von Rosa von Harrach an ihren Vater, Friedrich August, Pressburg, 15. Oktober 1741. ÖStA AVA *FA Harrach* 534.

2 Wien, 12. September 1742. MAE *CP Autriche*, vol. 234, fol. 279 v. Siehe auch die beeindruckende Auflistung all der Reisen nach Mannersdorf, die Podewils zwischen 1746 und 1747 dorthin unternahm.

3 Die politische Korrespondenz aller ausländischen Diplomaten registrierte sehr aufmerksam den kleinsten Ortswechsel der kaiserlichen Familie.

4 Siehe Johann Josef Khevenhüller-Metsch, *Aus der Zeit Maria Theresias. Tagebuch des Fürsten Johann Josef Khevenhüller-Metsch, kaiserlichen Obersthofmeisters, 1742–1776*, Bd. 3, Wien 1910, S. 170 f. Die Chronik der Ängste und Sorgen Maria Theresias wurde von Emanuel Silva-Tarouca geführt, ihrem engsten Freund, dem sie sich anvertraute. Siehe ÖStA HHStA *LA Belgien* DD-B blau 1–2.

siert sie eine prächtige Bestattung, die der eines Mitglieds der kaiserlichen Familie würdig gewesen wäre und an der eine riesige Menschenmenge teilnahm. Als Zeichen ihrer außerordentlichen Gunst veranlasst sie, dass die sterblichen Überreste in der Familiengruft, der Kapuzinergruft, beigesetzt werden. Besser hätte sie die Stärke ihrer Zuneigung zu Mami nicht ausdrücken können.[1]

Schließlich hat eventuell noch eine weitere starke Frau als Vorbild für Maria Theresia gedient, auch wenn diese Bindung nicht so eng war wie die zuvor betrachteten. Es handelt sich um ihre Tante, die Kaiserinwitwe Amalie, Witwe Josephs I. Sie war die Mutter jener beiden Mädchen[2], die von Karl VI. von der Erbfolge ausgeschlossen worden waren, und beinahe so alt[3] wie Maria Theresias Großmutter. Sie lebte in Wien, war der Herrscherfamilie also sehr nahe und ihrer kleinen Nichte offenbar besonders gewogen. Sie »kommt die jungen Erzherzoginnen sehr häufig besuchen«[4] und gibt Neuigkeiten über diese in sehr herzlichem Ton weiter. Als die Jüngere Masern und ein Jahr später Pocken bekommt, ist es Kaiserin Amalie, die sich im Schloss Favorita um Maria Theresia kümmert. Man merkt an, dass »der Kaiser einen sehr zärtlichen Dankesbrief an die Kaiserin Amalie geschrieben hat wegen der Fürsorglichkeit, die sie den Erzherzoginnen, seinen Töchtern, angedeihen lässt«.[5]

---

1 Wien, 8. Mai 1754: »Die Kaiserin war vom Tod der Gräfin Füchsin so ergriffen, dass sie die Gemächer, die jene im Palais bewohnte, zerstören ließ, damit keinerlei Spur zurückbleibe, die ihren Schmerz hätte erneuern können.« MAE *CP Autriche*, vol. 253.

2 Die Ältere, Maria Josepha (8. Dezember 1699 bis 17. November 1757), war mit dem König von Polen, Kurfürst von Sachsen, vermählt. Die Zweite, Maria Amalia (22. Oktober 1701 bis 11. Dezember 1756), heiratete den Kurfürsten von Bayern.

3 21. April 1673 bis 10. April 1742.

4 Briefe an die Großmutter Maria Theresias, Christine Luise von Braunschweig, 24. Mai und 16. Juni 1721. NLA WO, 1 alt 24, Nr. 276.

5 Wien, 18. Juni 1731. MAE *CP Autriche*, vol. 170, fol. 130 r–v, sowie 18. Juni und 2. Juli 1732. Ebd., vol. 172, fol. 258 v und 284 r.

Amalie war nicht nur eine zärtliche Tante. Sie war charakterfest und machtbewusst, und sie verleugnete auch nicht, dass sie lieber als Mann geboren worden wäre. Die unterschiedlichen Charakterbilder, die von ihr gezeichnet wurden, beschreiben sie als eine intelligente[1], intellektuell versierte Frau – sie hat Leibniz protegiert. Mütterlicherseits sowie von ihrer Sprache und ihren Manieren her war sie Französin. Sie trat lebendig und herrisch auf, so dass sich ihr Mann scheute, sich ihr zu widersetzen.[2] Die Diplomaten betonen alle ihren Einfluss sowohl auf Joseph I. als auch auf ihren Schwager Karl VI., insbesondere zu Beginn von dessen Regentschaft. Als regierende Kaiserin hatte sie wesentlichen Einfluss auf die Staatsgeschäfte; als Kaiserinwitwe genoss sie weiterhin großes Ansehen[3], bis sie in ein Kloster zog. Aber selbst von dort, also noch nach ihrem Rückzug vom Hof, unterhielt sie enge Beziehungen zu Maria Theresia und zögerte nicht, im dramatischsten Augenblick des Erbfolgekriegs für sie – und gegen ihre eigene Tochter – Partei zu ergreifen.

Diese drei Maria Theresia nahestehenden Frauen haben zweifelsfrei starken Eindruck bei ihr hinterlassen. Keine von ihnen war mittelmäßig, vielmehr haben alle auf beispielhafte Weise Charakterstärke bewiesen – bei zweien von ihnen könnte man gar von einem »männlichen« Charakter sprechen. Die kleine Maria Theresia konnte in ihnen Identifikationsmodelle für das Streben nach Macht und die Kunst der Machtausübung finden.

1 Wien, 23. Juli 1706. Ebd., vol. 86, fol. 341–342 r. Und [Juli 1707]. Ebd., vol. 87, fol. 175 r–176 r.

2 23. Juli 1706. Ebd., vol. 86, fol. 326 r.

3 1. September 1715. Ebd., vol. 103, fol. 50 v: »Der Kaiser hört oft auf die Kaiserin Amalie, die eine Fürstin von enormen Fähigkeiten ist.« Du Luc wird noch präziser: »Er nimmt in den wichtigsten Staatsgeschäften ihren Ratschlag entgegen.«

Zweites Kapitel

Von der Gemahlin zur Königin

Das große Ereignis im Leben der jungen Maria Theresia war ihre Hochzeit mit Franz Stephan von Lothringen, ihrem Cousin zweiten Grades.[1] Schon in zartem Alter hatte sie sich in ihn verliebt, und der ganze Hof kannte ihre Gefühle für den jungen, neun Jahre älteren Mann. Diese romantische, immer aufs Neue erzählte Geschichte hat das Bild einer Frau geprägt, die von ihrem Mann so hingerissen und derart voller Bewunderung für ihn ist, dass sie niemals etwas anderes als die zweite Geige würde spielen können: eine charmante Ehefrau, die dem Ruhm ihres Gemahls gänzlich ergeben ist. Vor dem Tod ihres Vaters gingen alle davon aus, dass Maria Theresia, würde sie von Karl VI. den Titel erben, die Zügel der Macht ganz in die Hände Franz Stephans legte. Das schien so selbstverständlich, dass zu Beginn ihrer Regentschaft und entgegen allen Tatsachen manche österreichische Gesandte ihre Depeschen an Franz Stephan richteten und Maria Theresias Namen nicht einmal erwähnten.[2] Wahr ist, dass Maria Theresia dieses unzutreffende Erscheinungsbild selbst befördert hat. Nicht in dem Sinne, dass sie jemals hätte verlauten lassen, sie würde darauf verzichten, selbst zu regieren; aber indem sie von

---

1 Franz Stephan von Lothringen (8. Dezember 1708 bis 18. August 1765) war väterlicherseits der Enkel der Erzherzogin Eleonore (Maria Josefa) von Österreich.

2 Siehe zum Beispiel die Depeschen des Grafen von Pretlack, des österreichischen Gesandten in Sankt Petersburg, zwischen 1746 und 1748: HHStA *LHA* 137.

dem Moment ihrer Thronbesteigung an eine Mitregentschaft ihres Mannes einrichtete, machte sie ihren Wunsch einer Machtteilung deutlich. Auch wenn die Illusionen der Herrscherin nicht lange währten, die verliebte Ehefrau tat nach außen hin alles, um ihrem Gatten den Schein von Autorität und Prestige zu erhalten.

Franz Stephan war die große und einzige Liebe ihres Lebens. Solange er lebte, musste die Königin mit der Gattin Verhandlungen führen, um trotz aller Widrigkeiten nicht die Zuneigung ihres Gemahls zu verlieren.

Eine Liebe von Kindesbeinen an

Wie sie sich kennenlernten

Ihre Väter[1] sind Cousins und wuchsen zu jener Zeit gemeinsam in Wien heran, als Lothringen von Frankreich besetzt war. Leopold, der Vater von Franz, war nicht nur mit ganzem Herzen deutsch, sondern versuchte auch mit allen Mitteln, Gewicht und Bedeutung seines Herzogtums zu mehren. Er hatte deshalb schon bald erwogen, seinen erstgeborenen Sohn mit der Erstgeborenen der Erzherzoginnen zu vermählen.[2] Kaiser Karl VI., der den französischen Einfluss auf Lothringen fürchtete, sah seinerseits mit wohlwollendem Auge auf eine solche Verbindung, die Lothringen für die deutschen Interessen einspannte.

1 Leopold, Herzog von Lothringen (11. September 1679 bis 27. März 1729), hatte in der kaiserlichen Armee gekämpft, bevor er Elisabeth Charlotte de Bourbon-Orléans heiratete, die Schwester des Regenten, und sein Herzogtum wiedererhielt. Elisabeth Charlotte schenkte ihm dreizehn Kinder, von denen nur fünf überlebten.

2 Nancy, 15. Mai 1721. MAE *CP Lorraine*, vol. 110, fol. 71 r. Audiffret, der Gesandte Frankreichs, vermerkt, dass Herzog Leopold »diese Heirat leidenschaftlich wünscht«.

Leopold von Lothringen schlug vor, seinen Erstgeborenen im Alter von fünfzehn Jahren nach Wien zu schicken; dieser sollte dort seine Erziehung und Ausbildung unter Aufsicht Karls VI. vollenden. Aber der erstgeborene Sohn war nicht Franz Stephan. Er hieß Leopold Clemens und genoss bereits einen guten Ruf – auch jenseits der Grenzen von Lothringen. »Man kann die Tugend und die großen Vorzüge dieses Erbprinzen nicht genügend loben«, berichtet der französische Gesandte. »Er ist vollkommen wohlgestaltet, von vorteilhafter Größe, von eindrucksvollem und seiner Geburt würdigem Aussehen, von ungezwungenem und sehr anmutigem Auftreten, mit einem geradlinigen, gediegenen Geist und einer für sein Alter bemerkenswerten Umsicht; dabei liebt er alles, was ihn in der Kunst des Regierens belehren und ausbilden kann […]. Man kann, ohne fürchten zu müssen, dass man sich irrt, über ihn das Urteil fällen, dass er einer der weisesten Fürsten seiner Zeit werden wird.«[1]

Der Erbprinz, der sich so vielversprechend entwickelte, starb am 4. Juni 1723 an Pocken, als er im Begriff war, nach Prag zu reisen, um an der Krönung Karls VI. zum König von Böhmen teilzunehmen. Ohne Zeit zu verlieren, entschied Herzog Leopold, den Verstorbenen durch den Nächstgeborenen, den fünfzehnjährigen Franz Stephan zu ersetzen, von dem bisher nie die Rede war. Dieser verließ Nancy am 2. August als Überbringer prunkvoller Geschenke für den kaiserlichen Hof, aber die Edelleute in seinem Gefolge erhielten »unter Androhung dauerhaften Landesverweises das strikte Verbot, irgendeine Äußerung über die Heirat dieses Erbprinzen mit der erstgeborenen Erzherzogin fallen zu lassen oder gar über seine Hoffnungen, zum Römischen König gewählt zu werden«.[2] Als Franz Stephan neun Tage später in Prag eintraf, machte Karl VI. gute Miene zum

---

1 Nancy, 28. Juli 1722. Ebd., fol. 270 r–v. Erbprinz Leopold Clemens verstarb mit sechzehn Jahren.
2 Nancy, 4. August 1723. Ebd., vol. III, fol. 130 r–v.

gar nicht guten Spiel, ging auf ihn zu, »umarmte den jungen Prinzen äußerst liebevoll und sprach ihn mit ›mein Sohn‹ an«.[1] Er ließ seinen ganzen Hofstaat kommen, damit dieser dem Prinzen von Lothringen seine Aufwartung machte, und überreichte ihm bereits am nächsten Morgen den Orden vom Goldenen Vlies.

Unter diesen Umständen begegnete die damals sechsjährige Maria Theresia dem Prinzen, den man als ihren Verlobten feierte. Der Legende nach habe sie sich, noch bevor sie einander vorgestellt wurden, in den Fünfzehnjährigen verliebt. Karl VI. hingegen hatte zwar Franz in Prag äußerst herzlich begrüßt, bemühte sich jedoch keineswegs darum, ihn in Wien zu behalten, geschweige denn, ihm das angedeihen zu lassen, was er für dessen Bruder vorgesehen hatte. Dafür gibt es mehrere Gründe. Erstens war Elisabeth Christine höchst offiziell schwanger, und Karl VI. konnte endlich auf einen männlichen Erben hoffen. Insofern bestand keine Eile mehr, sich mit dem ehelichen Geschick Maria Theresias zu befassen. Zudem sah der Wiener Hof die Verehelichung der erstgeborenen Erzherzogin mit einem lothringischen Prinzen, der dem Kaiserreich fremd war, nicht gerne. Und schließlich hatte Franz Stephans Ankunft in Prag beim polnischen König wie beim Kurfürsten von Bayern enorme Eifersucht geweckt, da sie beide darauf hofften, ihre Söhne mit der habsburgischen Erbin zu vermählen. Entsprechend groß war die Enttäuschung am Lothringer Hof, als man erfuhr, dass der Plan, Franz den Winter in Wien verbringen zu lassen, nicht mehr zur Debatte stand und dass er stattdessen Anfang November wieder nach Nancy zurückkehren sollte.[2]

Es bedurfte mehrwöchiger Verhandlungen und einer offiziellen Bitte des Herzogs Leopold an seinen Cousin – dieser möge Franz in

---

1 Nancy, 20. August 1723. Ebd., fol. 142 r.
2 Nancy, 7. September 1723. Ebd., fol. 165 r.

Wien behalten, und man trete »alle Macht und Autorität«[1] über Franz an ihn ab –, bis der Kaiser letztlich einwilligte. Man wird aber gewiss nicht behaupten können, man habe ihn dazu gezwungen. Tatsächlich war Franz ein fröhlicher junger Mann, lebendig, freundlich und vor allem ein trefflicher Gefährte bei der Jagd – *der* Leidenschaft Karls VI.

Dagegen war keine Rede mehr von vorbereitenden Maßnahmen zur Verehelichung seiner Tochter. Dies war der Beginn einer Vielzahl von Kursänderungen und Hinhaltemanövern, denn zahlreiche Fürsten – spanische, bayerische, polnische – drängten darauf, die Hand der kleinen Maria Theresia für ihren jeweiligen Sohn zu erbitten, ohne dass sich der Kaiser jemals entscheiden konnte. Dieses Taktieren dauerte jahrelang und rief sowohl am Lothringer Hof wie auch bei dem verliebten Mädchen Angst und Verzweiflung hervor.

Ein Porträt Franz Stephans

Franz Stephan ist ein attraktiver junger Mann mit blauen Augen und sportlicher Erscheinung. Sprach- und weltgewandt, geradlinig, ein guter Tänzer und Fechter und ein besonders begabter Jäger. Andererseits handelt es sich bei ihm um einen zerstreuten Schüler, dessen Bildung nicht weit vom Nullpunkt entfernt ist. Er kann kaum lesen, das heißt nur laut und stockend, und er schreibt nur phonetisch, so dass man seine Briefe laut lesen muss, um sie zu verstehen. Der Unterricht in Geschichte und Recht, den man ihm auf Anordnung des Kaisers erteilt, langweilt ihn. Er ist äußerst unaufmerksam, lernt kaum und entmutigt seine Lehrer. Außerdem weist der Repräsentant Leopolds in Wien, der bemüht ist, Franz zu entschuldigen, darauf hin, »dass der Prinz, außerhalb seiner Studienzeiten,

---

1 Die Briefe vom 4., 5., 9. und 14. September 1723 von Nicolas Jacquemin an Herzog Leopold. HHStA *LHA* 79.

kaum gebührend beschäftigt ist«.[1] Anfang Februar 1725 erwägt man die Möglichkeit, ihn zur Fortsetzung seiner Studien nach Siena zu schicken, statt ihn in Wien zu lassen, wo er zu zerstreut sei, um sich Mühe geben zu können.[2]

Es scheint, als habe die Drohung ihre Wirkung nicht verfehlt, denn der nämliche Korrespondent schreibt einige Monate später: »Der Kaiser hat mich über den königlichen Prinzen in Kenntnis gesetzt; er drückte mir seine Zufriedenheit aus über den Eifer, mit dem dieser seine Studien betreibe, über sein ganzes Benehmen.«[3] Allerdings war das nur ein kurzer Lichtblick, denn ein Jahr später zieht man ein weiteres Mal Franz' Abreise in Erwägung. Es bedurfte erneut einer dringlichen Intervention Leopolds, damit man seinen Sohn am Hof von Wien behielt.[4]

Während dieser ganzen Zeit lebt Franz in einem Seitentrakt der Hofburg – am anderen Ende des Flügels der Erzherzoginnen –, wo er die Gemächer der verstorbenen Mutter des Kaisers bewohnt. Während er mit achtzehn oder zwanzig Jahren der Zehn- oder Zwölfjährigen kaum Beachtung schenkt, lässt sich Maria Theresia, die ihn bei zahlreichen Hofzeremonien zu Gesicht bekommt, nicht das Geringste entgehen. Madame Fuchs und ihre Mutter sind ins Vertrauen gezogen und wissen, dass sie an nichts anderes als an Franz denkt und nur von ihm träumt. Beim Tod seines Vaters, des Herzogs Leopold[5], muss er Wien verlassen, um die Regentschaft seiner

---

1 Brief aus Wien vom 13. August 1724. Ebd.
2 Wien, 23. Februar 1725. MAE *CP Autriche*, fol. 47 v.
3 Brief vom 18. August 1725. HHStA *LHA* 79, fol. 59 v.
4 Brief von Jacquemin an Leopold, 10. November 1726, sowie die Briefe von Herzog Leopold an Jacquemin, 19. Oktober und 10. November 1726. Ebd., 108.
5 Der Herzog von Lothringen stirbt am 27. März 1729 und hinterlässt das Herzogtum Lothringen Franz Stephan als Erbe. Man mag verblüfft darüber sein, dass dieser mehr als sieben Monate verstreichen lässt, bevor er wieder nach Nancy zurückkehrt, um seine Angelegenheiten zu ordnen und seine Familie wiederzusehen.

Mutter Elisabeth Charlotte zu organisieren. Die Heranwachsende von zwölfeinhalb Jahren überreicht ihm ihr mit Diamanten bestücktes Porträt.[1] Damit drückt sie ihm gegenüber ihren Wunsch aus, er möge sie nicht vergessen.

Am 9. November 1729 reist er aus Wien ab; er wird das junge Mädchen so schnell nicht wiedersehen. Auch wenn der Kaiser und die Kaiserin beim Abschied offenbar ein paar Tränen vergießen[2], so ist es ihnen keineswegs eilig, ihn wieder in Empfang zu nehmen. Mit seinen inzwischen einundzwanzig Jahren erfreut sich der Prinz keiner beneidenswerten Reputation. Der Geschäftsträger Bussy beschreibt ihn folgendermaßen: »In dem Maße, in dem dieser Prinz der Mündigkeit entgegengeht, entfaltet sich sein Geist schrittweise, doch es gelingt ihm offenbar nicht, sich einen Namen zu machen. Ihn zeichnen eine gewisse Hartherzigkeit, ein eher gleißender als solider Geist, eine große Spottlust, deutliche Anzeichen von Geiz, Hochnäsigkeit, generell maßloser Ehrgeiz, Heuchelei und List aus.«[3]

Das ist vielleicht der Grund, weshalb der Kaiser für ihn nach seinem Aufenthalt in Lothringen, der länger als ein Jahr dauern wird, eine lange Ausbildungsreise – die große Kavaliersreise – vorgesehen hat, die Franz in die österreichischen Niederlande, nach Holland, dann nach England und Preußen führen wird. Insgesamt handelt es sich um eine Abwesenheit von zweieinhalb Jahren. Als er in Nancy eintrifft, im Gefolge zahlreiche Lothringer, aber vor allem auch Österreicher, die den Auftrag haben, ihn zu beaufsichtigen, erkennen seine Familie und seine Angehörigen den jungen Mann, der sechs Jahre zuvor fortgegangen war, kaum wieder. Der Gesandte Audiffret berichtet: »Ich habe ihn stark verändert angetroffen. Die Schönheit seines Gesichts ist sehr gewelkt und seine Gemütsart

---

1 Wien, 12. November 1729. MAE *CP Autriche*, vol. 164, fol. 91 v.
2 Ebd.
3 Wien, 10. Oktober 1729. Ebd., fol. 23 r.

recht verändert. Er ist sehr ernst geworden, während er, bevor er nach Wien ging, lebendig und heiter war. Er ist vollkommen verwandelt und in seinen Manieren deutsch [...]. Es scheint, als wolle er die Lebensweise des Kaisers nachahmen, indem er sich sehr selten in der Öffentlichkeit zeigt und sich noch weniger mit den Höflingen abgibt, die er anscheinend in großer Unterwürfigkeit halten möchte, denn er hat bisher noch niemandem eine Audienz gewährt, obwohl mehrere schon darum gebeten haben [...]. Was dazu führt, dass man dem Herzog, seinem Vater, heftig nachtrauert – dessen Güte, Zugänglichkeit und Freundlichkeit ihm alle Herzen zugetragen haben.«[1]

Seinem Bruder Karl und seiner Schwester Elisabeth Therese gegenüber legt er eine unerträgliche Kälte und Herablassung an den Tag, und lediglich gegenüber Anna Charlotte, seiner kleinen Lieblingsschwester, macht er eine Ausnahme. Offensichtlich zieht er die Gesellschaft seiner Kammerdiener und seiner Musiker vor.

Nachdem er mit eiserner Hand die miserablen Finanzen des Herzogtums neu geordnet und Möbel und Gemälde aus seinen Schlössern entfernt hat, um sie nach Wien expedieren zu lassen, verlässt Franz am 25. April 1731 Lothringen, um nie mehr wieder dorthin zurückzukehren. Er überlässt die Regentschaft seiner Mutter und lehnt es hartnäckig ab, sie seinem Bruder zu übergeben, der im Land sehr beliebt ist – trotz der inständigen Bitten seiner Mutter, die sich für zu alt hält und bei schwacher Gesundheit ist. Man vermutet bereits, dass Karl demnächst ebenfalls nach Wien gehen soll, denn der Kaiser, so sagt man, wolle ihn mit der zweiten Erzherzogin vermählen, nach der Hochzeit der älteren.

Als Franz mit drei deutschen Offizieren in Brüssel ankommt, zeigt er ein völlig anderes Gesicht. Dort wird er als liebenswürdig, char-

---

1 Nancy, 5. Dezember 1729. MAE *CP Lorraine*, vol. 121, fol. 270 v–271 r. Siehe ebenfalls die Depeschen vom 24. Dezember 1729 sowie vom 25. Februar, 5. Mai, 3. Juni, 29. Juni, 12. Juli und 7. August 1730.

mant und durchaus leutselig beschrieben. Man betont seine Höflichkeit und seine Beliebtheit.[1] Und so wird es auch in Den Haag, London und Berlin sein, wo er als der künftige Schwiegersohn des Kaisers empfangen wird. Allerdings macht Franz diese Tour nur, um den Wünschen Karls VI. zu entsprechen; »und wenn es nur von ihm abhinge, so würde er lieber in seine Länder zurückkehren«.[2] Mehrfach gibt er zu verstehen, der Kaiser sähe ihn lieber fern von Wien.[3] Im Verlauf seiner Reise kommt es zu drei Begegnungen, die für Franz' zukünftige politische Orientierung von großer Bedeutung sind. In Holland führt ihn Lord Chesterfield in die Freimaurerei ein und nimmt ihn zunächst als Lehrling, später als Gesellen auf. In Österreich wurden die Freimaurer verfolgt, konnten aber später stets auf seine Protektion rechnen. In London, wo er sich fast drei Monate aufhält, lässt er sich zum »Meister« befördern und teilt dieses Geheimnis mit König Georg II. In Berlin schließlich nimmt er an der Verlobung des zukünftigen Friedrich II. teil, der ebenfalls initiiert ist. Zwischen den beiden jungen Männern entwickelt sich wahrhafte Sympathie, insbesondere von Franz' Seite aus. Trotz der beiden Kriege, die sie zu Gegnern machen werden, hat Franz stets eine – nur schwer erklärliche – Form der Freundschaft Friedrich gegenüber beibehalten.

Auf seiner Rückreise erfährt er, dass der Kaiser ihn zum Statthalter von Ungarn ernannt hat, mit einem Gehalt von dreitausend Gulden und einer Residenz in Pressburg, wo er verpflichtet ist zu

---

1 Brüssel, 1. und 4. Mai 1731. MAE *CP Pays-Bas,* vol. 114. In London merkt Broglie an: »Er hat alle Welt mit seinem Charme bezaubert, die einen mit seiner Höflichkeit und seinem Geist, die anderen mit seiner Großzügigkeit.« London, 26. November 1731. MAE *CP Angleterre,* vol. 347, fol. 185 v.

2 14. Juni 1731. Ebd.

3 Vgl. den Brief von Franz an den Prinzen Eugen, April 1731. HHStA *HausA* FKA 25-2. An den Baron Jacquemin schreibt er am 1. Mai 1731: »Ich sehe, welchen Widerwillen man hat, mich einige Zeit in Wien aufzunehmen – was ich nicht begreifen kann.«

wohnen. Am 16. April 1732 trifft Franz in Wien ein und hält sich dort einige Wochen auf – so lange, bis sein Pressburger Hof Gestalt angenommen hat. Er begegnet einer Maria Theresia, die inzwischen zu einer jungen Frau gereift, aber noch nicht heiratsfähig ist. Dennoch wartet man mit der Eheschließung nicht ab, bis sie ihre Regel bekommt. Maria Theresia ist immer noch heftig in ihren Prinzen verliebt. Madame Fuchs teilt vertraulich mit, dass man alles erreiche, was man von ihr wolle, wenn man ihr von Franz erzählt, und dass sie »sich in allen Dingen so geschickt anstellt, dass sie mit Gewissheit die Glückseligkeit [ihres] Ehemannes ausmachen wird«.[1] Ganz anders Franz, der, kaum angekommen, sich in ein Abenteuer stürzt. »Es scheint so«, notiert Bussy, »dass der Herzog von Lothringen Tag für Tag die kaiserliche Unzufriedenheit nährt. Man spricht von einer gewissen Herzensangelegenheit, bei der der Herzog keine andere Rivalin hat als die Öffentlichkeit. Was die Sache selbst anbetrifft, so bewertet man sie bei Hofe als vorweggenommene Untreue gegenüber der Erzherzogin Theresia. Dieses Verhalten könnte auf Dauer für die Hoffnungen des Herzogs von Lothringen gefährliche Folgen zeitigen.«[2]

Übrigens hat der Kaiser noch ganz andere Gründe für seine Unzufriedenheit. Als janusköpfige Erscheinung hat Franz zu seinem Gesicht von einst zurückgefunden. Er ist so unaufmerksam und kess, dass General Neipperg, der seit Jahren über ihn wacht, mit Demission droht. In Ungarn macht er sich schon nach wenigen Monaten wegen seines Hochmuts, seines mangelnden Fleißes und seiner Übellaunigkeit verhasst.[3]

---

1 Brief von Jacquemin an Franz, Wien, 18.–22. Oktober 1730. HHStA *LHA* 45, fol. 60 r.

2 Wien, 5. Juli 1732. MAE *CP Autriche*, vol. 172, fol. 294 r–v. Leider erwähnt der Geschäftsträger nicht den Namen der Schönen.

3 4. und 29. Oktober 1732. Ebd., vol. 173. Alles dies erklärt die umlaufenden Ge-

Aber all das entmutigt Maria Theresia nicht, die in diesem Mann von jetzt vierundzwanzig Jahren einen Helden sieht. Sie findet ihn schön und bewundert seine Welterfahrenheit. So berichtet der englische Gesandte Robinson seinem Minister: »Trotz ihres würdigen Auftretens bei Tage seufzt sie und sehnt sich die ganze Nacht nach ihrem Herzog von Lothringen. Wenn sie schläft, träumt sie nur von ihm; wenn sie erwacht, spricht sie mit ihrer Gesellschafterin nur von ihm.«[1]

Einige Tage vor der Hochzeit scheinen beide dann ein Herz und eine Seele zu sein. Die Lektüre der erhalten gebliebenen Briefchen[2] offenbart, freilich in der Wortwahl und den Redewendungen der damaligen Zeit, die Ungeduld der Liebenden. Er versichert zuerst, dass »das kein bräutigamb in der weld mit mehrerer ergebenheith und respect seyn kann als Ew. Lbd. meiner Englischen braut«.[3] Am selben Tag antwortet sie ihm: »Ich bin Ihnen unendlich zu Dank verpflichtet, dass Sie mir Neuigkeiten schreiben, denn ich litt bereits wie eine arme Hündin [...]. Adieu, Mäusl, ich umarme Sie von ganzem Herzen.« Am nächsten Tag gibt er zu: »das mir die Tage unerträglich sehnt, wo ich die freüd nicht habe meiner allerliebsten braut mich zu füssen zu legen. Von welchem mich nicht consoliren könnte, wann

---

rüchte, deren Echo Bussy ist: »Der Kaiser, so sagt man, hat ihm keine andere Würde zugedacht als die eines Zuchthengstes für das Haus Österreich. Das dürfte ihn nicht sonderlich reizen geschweige denn dazu anspornen, sich den unendlichen Mühen zu unterziehen, um seinen Schwiegervater zufriedenzustellen.« 26. November 1732. Ebd., fol. 273 *bis*.

1 Brief von Thomas Robinson an William Stanhope Harrington, 5. Juli 1735. Zitiert nach William Coxe, *History of the House of Austria, from the Foundation of the Monarchy by Rhodolph of Hapsburgh, to the Death of Leopold the Second: 1218 to 1792*, Bd. 3, London 1873, S. 189.

2 Während der paar Tage, die die Verlobung andauerte, musste Franz nach Pressburg zurückkehren und dort bis auf den Tag der Hochzeit warten, den 12. Februar 1736.

3 Brief vom 8. Februar 1736 sowie die folgenden in: Alfred von Arneth, *Geschichte Maria Theresia's*, Bd. 1, Wien 1863, S. 356 f.

nicht beständig dahin gedenckete, das ich die gnad haben werde, sonntags bey denen Augustinern[1] einander näher und in Vollkommenheit meines Vergnügens zu sehen.«

Zwei Tage später wurde die Ehe in der Hochzeitsnacht vollzogen. Es scheint, dass die Entdeckung der Sexualität für das neunzehnjährige Mädchen in den Armen Franz Stephans eine große Offenbarung war, deren sie niemals überdrüssig wurde. Im Gegensatz zu den damaligen Usancen schliefen sie, bis zum Tode des Kaisers, im gemeinsamen Bett.

Der gedemütigte Held

Das große Glück der Hochzeit war lediglich ein Intermezzo in einem für das junge Paar und insbesondere für Franz bedrückenden Zeitraum. Von 1734 bis hin zum Tod Karls VI. im Jahr 1740 folgt eine öffentliche Demütigung der anderen, die allesamt ein verheerendes Bild des Prinzen hinterlassen. Die liebende Gemahlin muss wegen der Reputation ihres Mannes, die sie mit ihm teilt, tausend Tode gestorben sein. Indem sie Franz schlecht behandelten, verletzten der Kaiser und seine Minister Maria Theresia bis ins Mark. Sie steckt die Schläge zunächst schweigend weg, wird aber zu gegebener Zeit nicht ruhen, um die aus ihrer Sicht begangenen Ungerechtigkeiten wiedergutzumachen und dem geliebten Mann wieder zu Ansehen und Stolz zu verhelfen. Es bestand schon damals kein Zweifel daran, wie sehr der Wunsch nach Wiedergutmachung über viele Jahre auf ihrer Politik lasten würde – manches Mal bis hin zu einem Punkt, an dem sie wissentlich schlechte Entscheidungen treffen wird, um ihren Ehemann nicht zu kränken.

1 Augustinerkirche.

Franz war das Kollateralopfer des Polnischen Erbfolgekriegs[1], obwohl er auf den ersten Blick mit diesem Konflikt gar nichts zu tun hatte. Von September 1734 an verbreiten sich Gerüchte, die seine Mutter, die Regentin Elisabeth Charlotte, alarmieren. Sie schreibt an ihren Sohn: »Man arbeitet derzeit am Frieden, aber man verbirgt dies vor Seiner Königlichen Hoheit, man betrügt Sie.«[2] Tatsächlich ist man bei den Friedensverhandlungen, die im August 1735 in Wien zwischen Franzosen und Österreichern eröffnet werden, im Begriff, die Interessen des Hauses Lothringen zu opfern, ohne dem betroffenen Prinzen überhaupt nur ein Wort davon zu sagen. Der Präliminarfrieden wurde im Oktober 1735 geschlossen, aber nun musste man den Herzog von Lothringen dazu bringen, sich seines Landes zugunsten Frankreichs berauben zu lassen. Damit er diese Kröte schluckte, sahen die Vereinbarungen vor, ihm das Großherzogtum Toskana beim Tode des alten, kinderlos gebliebenen Herrschers Gian Gastone

---

1 Beim Tode Augusts II. im Jahr 1733 machten sich sein Sohn, August III., und Stanislaus Leszczyński, der 1709 abgesetzte alte König von Polen, den Thron streitig. Der Erste wurde von Österreich und Russland, der Zweite, Stiefvater Ludwigs XV., von Frankreich, Spanien und Bayern unterstützt. Ludwig XV. erklärte Kaiser Karl VI. im September 1733 den Krieg und fiel in Lothringen ein. Daraus erwuchs ein europäischer Krieg, der in Polen, im Rheinland und in Italien ausgetragen wurde. 1735 wurden die Kriegshandlungen ausgesetzt und machten der Diplomatie Platz. Stanislaus verzichtete auf den polnischen Thron und wurde bis zu seinem Tod Herzog von Lothringen und Bar. Anschließend sollten die beiden Herzogtümer an Frankreich zurückfallen.

2 Brief vom 5. September 1734. Zitiert von Francine Roze in: »Les relations entre Elisabeth-Charlotte d'Orléans, régente de Lorraine, et son fils le duc François III, entre 1729 et 1737. Remarques d'après quelques documents de leur correspondance«, in: Renate Zedinger und Wolfgang Schmale (Hrsg.), *Franz Stephan von Lothringen und sein Kreis*. Jahrbuch der Österreichischen Gesellschaft zur Erforschung des achtzehnten Jahrhunderts, Bd. 23, Bochum 2009, S. 69.

de' Medici zu überlassen.[1] Außerdem verpflichtete sich Frankreich, die Pragmatische Sanktion anzuerkennen, die die Erbfolge Maria Theresias und damit ihre zukünftige Macht juristisch festlegte.

Der unglückselige Franz war »in eine verhängnisvolle Zwickmühle geraten, von der er wusste, dass er sich ihr nicht würde entwinden können. Vom Kaiser unter Druck gesetzt zu unterzeichnen, von seiner Mutter bedrängt, nichts dergleichen zu tun, durchlebte er sehr schmerzvolle Momente des Zweifels.«[2] Sein Bruder und seine lothringischen Freunde baten ihn ebenfalls inständig, sich dem Kaiser zu widersetzen. Als der Termin für seine Hochzeit – zwei Monate später – bereits angesetzt war, wurde der Druck noch stärker. Bartenstein wurde vom Kaiser zu ihm gesandt, um es ein für alle Mal klarzumachen: »Kein Verzicht, keine Erzherzogin.«[3] Er hatte also die Wahl: Entweder er verriet sein Vaterland und die Seinen, oder er verzichtete auf Maria Theresia und das Heilige Römische Reich Deutscher Nation. In Wahrheit hatte er keine Wahl: Widersetzte er sich weiter, würde man sein fehlendes Einverständnis ignorieren, und er verlöre alles.

Die Hochzeit fand in unheilschwangerer Atmosphäre statt, obwohl Franz niemals seine Zustimmung zur Abtretung von Lothringen gegeben hat. Die Lothringer, die Franz in Wien umgeben, sprachen von seiner »starken Neurasthenie«[4], die noch zusätzlich durch

---

1 Solange er auf den Tod des letzten Medici warten musste, verfügte Franz Stephan über keinerlei Hoheitsrechte. Zudem wäre Maria Theresia, wenn Karl VI. noch einen Sohn bekommen hätte, vom Thron ausgeschlossen worden. Er hätte alles verloren.

2 Francine Roze, »Les relations entre Elisabeth-Charlotte d'Orléans […]«, a.a.O., S. 69.

3 William Coxe, *History of the House of Austria*, a.a.O., Bd. 3, S. 195. – Johann Bartenstein siehe S. 96.

4 Hubert Collin, »Cas de conscience dynastique, ambition personelle et raison d'État: pourquoi le duc François III dut se laisser arracher la Lorraine et l'échanger contre

die Ankunft eines gewissen Bourcier gesteigert wurde, den seine Mutter geschickt hatte, um ihrem Sohn ein letztes Mal ins Gewissen zu reden, dass er ohne die Garantie von Hoheitsrechten nichts unterzeichnen solle. Der lothringische Clan strebte eine letzte Verhandlung mit den Ministern des Kaisers an, um faktische Hoheitsrechte etwa über die Niederlande oder Mailand zu erhalten, also österreichische Erblande, solange man darauf wartete, Herr von Toskana zu werden. Aber die Pragmatische Sanktion verbot jegliche Abtretung von Hoheitsrechten über habsburgische Güter, und das junge Paar hatte einen Eid darauf geleistet, dieses Edikt zu achten. Karl VI., des Widerstands von Franz überdrüssig, entschied sich dafür, seinen Schwiegersohn gänzlich zu übergehen, und unterzeichnete am 13. April 1736 den Friedensvertrag, der die Herzogtümer Lothringen und Bar an Ludwig XV. abtrat. Bourciers Worten zufolge wirkte Franz, als er von diesem Verrat erfuhr, »trotz aller Anstrengungen, sich zu beherrschen, wie ein Mann, der außer sich war und in einer derart grauenvollen Lage, dass uns sein heftiger Schmerz das Herz zerriss«.[1] Du Theil, der französische Bevollmächtigte, Unterhändler bei den Vereinbarungen, spricht von einer dramatischen Szene, die sich abgespielt habe, als man Franz Stephan die Konvention über die Abtretung seiner lothringischen Herzogtümer vorlegte. Franz sei, so merkt er an, in einer »beängstigenden Niedergeschlagenheit«.[2]

In diesen so schwierigen Monaten verhält sich Maria Theresia beispielhaft. Während ihre Eltern alle möglichen Formen des Drucks auf sie ausüben, sie möge Franz davon überzeugen, dass er den Ver-

---

la Toscane«, in: Alessandra Contini und Maria Grazia Parr (Hrsg.), *Il Granducato di Toscana e di Lorena nel secolo XVIII*, Biblioteca Storica Toscana, Nr. 26, Florenz 1999, S. 50.

1 Bourciers Berichte von diesen zwei Monaten der schwierigen Verhandlungen sind veröffentlicht bei Hubert Collin, »Cas de conscience dynastique, ambition personelle et raison d'État [...]«, a.a.O., S. 51f.

2 Wien, 13. und 21. April 1736. MAE *CP Autriche*, vol. 189.

trag unterzeichnet, weigert sie sich hartnäckig, sich von ihm zu distanzieren. Der venezianische Gesandte bezeugt: »Einzigartig und von verschiedenen Quellen bestätigt ist, dass die Erzherzogin nicht nur sich weigert, dahingehend ihre Schuldigkeit zu tun und entsprechend auf ihren Gemahl einzuwirken, sondern dass sie sich seine Interessen zur gemeinsamen Herzensangelegenheit macht und ihrem Vater die fatalen Folgen aufzeigt, in denen er sich nach einigen Missgeschicken wiederfinden kann.«[1]

Um die Wogen des Familienkonflikts zu glätten, verpflichtet sich Karl am 4. Mai, dem jungen Paar die Statthalterschaft über die österreichischen Niederlande zu übertragen und ihm so lange zu überlassen, bis es endlich den Besitz des Großherzogtums Toskana antreten kann. Abgesehen davon, dass es sich dabei nicht um faktische Hoheitsrechte handelte, werden die Ernennungsurkunden für die Statthalterschaft noch mehr als ein Jahr auf sich warten lassen; während dieser Zeit stirbt Gian Gastone de' Medici.[2] Trotz der besänftigenden Geste vonseiten ihres Vaters hegte Maria Theresia weiterhin einen tiefsitzenden Groll gegen ihn. Die Erniedrigung ihres Gatten war für sie unerträglich, und um die Atmosphäre innerhalb der Familie war es 1737, folgt man einer Depesche Du Theils, nicht gut bestellt: »Man spricht viel darüber, dass der Herzog von Lothringen abreisen könnte, um die Statthalterschaft über die Niederlande zu übernehmen [...], dass er mit der Erzherzogin abreisen könnte [...] und sogar mit Genugtuung [...]; man nimmt sogar an und sagt, dass der Kaiser und die Kaiserin auf der einen Seite, der Herzog und die Herzogin von Lothringen auf der anderen über eine solche Trennung

---

1 Dieser Brief des Botschafters Erizzo an den Dogen von Venedig, datiert vom 23. April 1736, findet sich unter MAE *CP Autriche*, ebd., fol. 251 v.

2 Die Patente für die Statthalterschaft werden im Juni 1737 veröffentlicht, Gian Gastone de' Medici stirbt am 9. Juli 1737 und überlässt die Toskana Franz Stephan. Das Versprechen Karls VI. ist damit hinfällig.

nicht sonderlich betrübt wären; dass die jungen Eheleute nicht ärgerlich wären, ein wenig mehr ihrem Alter gemäß und als erste Repräsentanten zu leben; dass andererseits Ihre Kaiserlichen Hoheiten ein wenig in ihrer Zärtlichkeit zu ihrer Tochter abgekühlt seien wegen jenes Drängens, das diese so häufig wiederholt hat, damit etwas zugunsten des Herzogs, ihres Gemahls, unternommen werde, und wegen der schlechten Laune, die sie häufig an den Tag gelegt habe, wenn es um jene Verträge ging, die die Abtretung Lothringens bestätigten. Man behauptet, der Kaiser habe geschrien: ›Wer hätte jemals auf die Launen dieser kleinen Theresia gehört?‹«[1]

Doch »die kleine Theresia« ist nicht mehr das Mädchen, das ihr Vater offenbar im Sinn hat. Er selbst ist weniger scharfsichtig als die ausländischen Beobachter. Schon 1735 lobt der englische Gesandte Robinson »ihren äußerst erhabenen Geist« und ihre Fähigkeit zu argumentieren. Er fügt hinzu: »Sie ist so gut zum Regieren geeignet, dass man jetzt schon sieht, dass sie [ihren Vater] lediglich als Verwalter jener Länder sieht, die ihr gehören [...]. Man kann sich sicher sein, dass sie niemals weder auf die Regierung noch auf ihren Ehemann, den sie für sich geschaffen glaubt, verzichten wird und dass sie niemals demjenigen verzeihen würde, der es zu verantworten hätte, wenn sie beider verlustig ginge.«[2]

Die gleichen Töne schlägt der venezianische Gesandte Foscarini an: »Was meines Erachtens an dieser Prinzessin am bemerkenswertesten ist, ist die Erhabenheit ihres Geistes, gepaart mit einer gewissen Männlichkeit der Seele, die sie auf bewundernswerte Weise befähigt, die Staatsgeschäfte zu führen.«[3]

1 Wien, 18. Februar 1737. MAE *CP Autriche*, vol. 205, fol. 252 v–254 r.

2 William Coxe, *History of the House of Austria*, a.a.O., Bd. 3, S. 189 ff.

3 1735. Der Text findet sich auf Italienisch bei Alfred von Arneth, *Geschichte Maria Theresia's*, a.a.O., Bd. 1, S. 356. Foscarini war zwischen 1732 und 1735 der Gesandte Venedigs in Wien.

Anders gesagt: Maria Theresia hat einen verehrungswürdigen Charakter, der nicht mit den Launen eines jungen Mädchens zu verwechseln ist. Aber dieser Charakter einer Herrscherin wird in den folgenden Jahren harten Proben ausgesetzt sein. Die Niederlagen und Demütigungen Franz Stephans haben noch kein Ende.

Militärische Enttäuschungen und »Exil«

Im Juli 1737 erklärt Karl VI. den Türken den Krieg und ignoriert dabei den beklagenswerten Zustand seiner Armee wie auch seiner Finanzen.[1] Sofort meldete sich der Herzog von Lothringen – der noch nie gekämpft hatte – gemeinsam mit seinem Bruder Karl freiwillig zum Dienst in der Armee. Am ersten Feldzug im Sommer 1737 nimmt er ohne Machtbefugnisse an den Rückzügen der österreichischen Armee teil, ohne im Geringsten einzugreifen. Krank kehrt er Anfang September nach Wien zurück. Der Kaiser erhebt ihn zum Feldmarschall und verkündet seine Absicht, ihm beim nächsten Feldzug gegen die Türken den Oberbefehl über die Armee zu übertragen. Franz konzentriert sich im Winter 1737/38 ganz auf die Reorganisation der Armee und glaubt, »die Hoffnung nähren zu können, die Ehre der Truppen wiederherstellen und, mit Hilfe seiner militärischen Erfolge, sich selbst in eine Position bringen zu können, die ihm in Österreich Ehre einbringen wird«.[2]

Beim Feldzug im Sommer 1738 stellt man ihm den Grafen von Königsegg zur Seite, einen erfahrenen Kriegsherrn und zugleich Präsident des Hofkriegsrates. Die allerersten Anfänge des Feldzuges verlaufen vielversprechend. Der Herzog von Lothringen besteht seine

---

1 Österreich war mit Russland über einen im Jahr 1726 geschlossenen Bündnisvertrag liiert, weshalb es sich 1737 an dem von Russland begonnenen Krieg gegen die Türken teilzunehmen verpflichtet sah.

2 Antoine de Villermont, *Marie-Thérèse*, a.a.O., Bd. I, S. 45.

erste Schlacht am 4. Juli 1738 bei Kornia. Er schlägt die Türken und drängt sie über die Donau zurück. In Wien lobt man ihn so über den grünen Klee, dass er sich umgehend in eine zweite Schlacht stürzt.[1] Aber kaum hatte man Zeit, sich zu freuen, hörte man schon, dass die Armee in völliger Auflösung begriffen sei. Es handelt sich um einen jämmerlichen Rückzug. Von einem heftigen Fieberanfall ergriffen, zieht sich Franz Stephan nach Buda zurück, um sich dort pflegen zu lassen, und trifft, noch immer krank, schließlich am 30. Juli in Wien ein. Im September kehrt er zur Armee zurück, mit allen Vollmachten ausgestattet, um mit den Türken Frieden zu schließen; nachdem er in Verhandlungen mit dem Großwesir eingetreten ist, erkrankt er erneut und reist zurück nach Wien. Dieses Mal wird er weniger freundlich empfangen. Man macht ihn gemeinsam mit Königsegg für die Niederlage verantwortlich, und die Abneigung der Wiener gegen Franz schlägt sich in verächtlichen, bissig-ironischen, ja sogar aggressiven Reden nieder. Der Gipfel des Unglücks ist, dass Maria Theresia am 6. Oktober mit einem zweiten Mädchen[2] niederkommt; entsprechend wird über die doppelte Unfähigkeit von Franz gespöttelt – im Ehebett wie auf dem Schlachtfeld.

Das ist eine Ohrfeige für die ganze kaiserliche Familie. Der Kaiser ist ernsthaft verärgert über das Verhalten seines Schwiegersohns, wie Mirepoix berichtet: »Der Großherzog [von Toskana][3] hat die Armee ohne Befehl verlassen […]. Ich weiß, dass der Kaiser den übereilten Schritt dieses Prinzen missbilligt. Das gute Einvernehmen zwischen Schwiegervater und Schwiegersohn ist ein wenig be-

---

1 In Wien behaupten böse Zungen, es habe sich lediglich um ein paar Scharmützel gehandelt, und die Türken seien kampflos geflüchtet.

2 Erzherzogin Maria Anna (6. Oktober 1738 bis 19. November 1789), ein Kind von sehr schwacher Gesundheit.

3 Nach dem Tod des letzten Medici spricht man Maria Theresia und Franz mit ihren neuen Titeln an: Großherzog und Großherzogin von Toskana. Aber es kommt immer noch häufig vor, dass man Franz als Herzog von Lothringen tituliert.

einträchtigt. Der Großherzog erlaubt sich seit einiger Zeit, etwas zu unbefangen mit dem Kaiser über den schlechten Zustand seiner Staatsgeschäfte und die Unordnung zu sprechen, die in allen getroffenen Anordnungen steckt. Der Kaiser leidet innerlich sehr ungeduldig unter der Vertraulichkeit, die dieser Prinz sich ihm gegenüber anmaßt, aber er wagt es nicht, ihn zu unterdrücken.«[1] Karl VI. trifft schließlich die Entscheidung, das Paar fortzukomplementieren – unter dem exzellenten Vorwand, es solle das Großherzogtum Toskana, dessen Gebieter Franz seit anderthalb Jahren ist, persönlich in Besitz nehmen. »Man kann annehmen«, fügt Mirepoix hinzu, »dass der Kaiser, wenn sein Schwiegersohn erst einmal dort sein wird, diesen für lange Zeit nicht wieder zurückkehren lassen wird.«

In Begleitung des Prinzen Karl von Lothringen verlassen Maria Theresia und Franz am 15. Dezember Wien und erreichen Florenz erst am 20. Januar 1739. Die Berichterstatter erzählen, dass sie mit Kanonendonner und Beifallsbekundungen des Volkes empfangen wurden – dem Dank für die Gaben, die man zur Ankunft verteilt hatte. Man hatte dafür gesorgt, dass Brot, Wein und Geld verteilt und einige Verbrecher begnadigt wurden, um die Abneigung der Öffentlichkeit gegenüber der neuen Regierung in Liebe zum Souverän umzumünzen.[2] Trotz dieses herzlichen Empfangs hatten der Großherzog und die Großherzogin das peinliche Gefühl, in der Verbannung zu sein – ein Datum zur Rückkehr stand nicht fest. Während der Großherzog in der Verwaltung die Zügel in die Hand nimmt und in das Finanzwesen des Großherzogtums Ordnung bringt, äußert Prinz

---

1 Wien, 2. Oktober 1738. MAE *CP Autriche*, vol. 215, fol. 90 r–v. Er fügt hinzu: »Dieser Prinz ist davon überzeugt, dass er, nachdem er die Erzherzogin geheiratet hat, hier den Erzherzog spielen sollte und dass er nach dem Ableben des Kaisers die Erbschaft des Hauses Österreich mit der gleichen Leichtigkeit und Bequemlichkeit erhalten werde, als wäre er selbst der Sohn des Kaisers.« Vgl. fol. 91 r.

2 24. Januar 1739. MAE *CP Toscane*, vol. 90, fol. 34 r–v.

Karl offen, dass er sich langweilt. Natürlich gibt es die Jagd, die Oper, Bälle, das Theater, aber Florenz wirkt im Vergleich zu Wien äußerst provinziell. Die selbstbewusste Maria Theresia, stets sehr anmutig, unterhält zweimal die Woche einen Salon und vergnügt sich »mit einem gewissen Ballspiel, das der Adel dieser Stadt zu spielen pflegt«.[1]

In Wahrheit brennen die Neuankömmlinge darauf, nach Wien zurückzukehren – weniger aus Langeweile denn aus Stolz. Franz will unbedingt den Feldzug von 1739 anführen und dabei zeigen, wozu er fähig ist. Dafür müsste er den Kaiser davon überzeugen, ihm das tatsächliche Kommando über die Armee zu überantworten, und ihm vor allem zuerst die Rückkehr zu erlauben. »Dieser Prinz hat vor einiger Zeit einen Boten entsandt, um Ihre Kaiserliche Majestät darüber zu informieren, dass er ab dem 20. [April] abzureisen bereit sei, und um [den Kaiser] darum zu bitten, er möge den Tag der Abreise anordnen, die der Prinz nicht ohne seinen Befehl in die Wege leiten werde. Der Kaiser hat ihm dazu nur unbestimmt geantwortet und ihm die Freiheit zur Abreise gelassen, wann er wolle.« Und Mirepoix fügt hinzu: »Ich denke, es ist sehr wohl entschieden, dass der Prinz während dieses Feldzugs nicht zur Armee gehen wird, und es gilt als gewiss, dass Marschall Wallis während seiner Urlaubsaudienz dem Kaiser erklärt hat, er werde die Armee verlassen, falls der Großherzog käme.«[2]

Bei seiner Rückkehr nach Wien Ende Mai sagt man bei Hof, »der Großherzog habe während seiner Abwesenheit weder sein Ansehen beim Kaiser noch dessen Vertrauen in irgendeiner Weise zurückgewonnen, und er hätte seine Rückkehr lange hinausschieben und verzögern können, ohne Ihrer Kaiserlichen Majestät zu missfallen«.[3]

---

1 Florenz, 31. Januar 1739. Ebd., fol. 48 v.
2 Wien, 29. April 1739. MAE *CP Autriche*, vol. 221, fol. 138 v.
3 27. Mai 1739. Ebd., fol. 176 v.

Einige Tage später erfährt man, dass Franz Stephans Hoffnungen, die Armee zu kommandieren, zerschlagen sind. Er erhält nicht die Befugnis zur Abreise und reagiert darauf sehr verärgert. Um seinen Schwiegersohn und seine Tochter nicht gänzlich vor den Kopf zu stoßen, greift Karl VI. auf einen sehr originellen Vorwand zurück: »Die Großherzogin ist schwanger [...]. [Er] hat ihm dargelegt, dass in diesem Zustand, in dem sich diese Prinzessin befindet, die geringste Erschütterung gefährliche Folgen für sie haben könnte; dass die Zärtlichkeit, die diese Prinzessin [ihrem Gemahl] entgegenbringe, sie während dieses Feldzuges in heftige Unruhe versetzen würde [...], insbesondere dann, wenn die Pest eine Absperrung der Kommunikation zwischen der Armee und der Stadt Wien nötig mache; dass der Großherzog, sollte er in der Armee erkranken, unter diesen Umständen nicht nach Wien zurückkehren könne, ohne sich einer Quarantäne zu unterziehen [...]. Solcher und anderer Scheinargumente bediente sich der Kaiser, um vor dem Großherzog den von ihm gefassten, unwiderruflichen Beschluss zu verschleiern, dass er [den Großherzog] dieses Jahr nicht nach Ungarn zu entsenden gedenkt und dem Marschall Wallis freie Hand bei seinen Operationen lassen werde.«[1]

Trotz der Form, in die das Verbot, am Feldzug teilzunehmen, gekleidet ist, ist die Demütigung nicht aus der Welt geschafft, und das Ansehen des Fürsten leidet mehr und mehr darunter – so sehr, dass der Kurfürst von Bayern, der niemals seine Ansprüche auf die Nachfolge Karls VI. verborgen hat, im nämlichen Augenblick eine Werbe-

---

1 8. Juni 1739. Ebd., fol. 181 r–v. Während dieses Feldzuges wird Österreich erneut von den Türken geschlagen. Wegen des dramatischen Mangels an Geld wie an kampffähigen Soldaten sieht Österreich sich am 18. September 1739 dazu gezwungen, in Belgrad einen Separatfrieden (ohne Russland) zu unterzeichnen. Österreich überlässt dem Wesir des Ottomanischen Reiches nicht weniger als die westliche Walachei, den Norden Serbiens und Belgrad.

kampagne eröffnet, um die österreichischen Völker für sich einzunehmen. Als Vorwand für seine Reise nutzt er einen Besuch bei seiner Schwiegermutter, der Kaiserinwitwe Amalie. Karl Albrecht, der mit seiner Gattin anreist, ist ein liebenswürdiger und charmanter Mann. Sein Aufenthalt, der fast zwei Monate dauert, ist den Aussagen Mirepoix' zufolge ein Triumph: »Der Kurfürst war in diesem Land persönlich sehr erfolgreich [...]. Dieser Fürst hat keine Gelegenheit ausgelassen, alle Personen, die ihm hier ihre Aufwartung machten, mit Höflichkeiten und Aufmerksamkeiten zu überhäufen. Er hat zudem sehr viele Präsente gemacht, was hier mit noch viel mehr Wohlwollen aufgenommen wird als bloße Höflichkeiten [...]. Bei seiner Rückreise in seine Länder strömten die Menschen von Ober- und Niederösterreich bei seiner Durchfahrt zusammen, und überall erschallten Lobeshymnen auf ihn. Das ist vielleicht das erste Mal seit Jahrhunderten, dass die Österreicher so viel Lebendigkeit und Eifer an den Tag gelegt haben. Wahr ist, dass sich diese Demonstrationen von Anhänglichkeit gegenüber dem Kurfürsten von Bayern dem Hass verdanken, den man gegenüber dem Großherzog empfindet. Nichts kommt der Art und Weise gleich, in der man hier über letztgenannten Fürsten denkt und auch öffentlich und vernehmlich redet. Er ist Gegenstand der Ablehnung und der allgemeinen Verachtung in der gesamten Öffentlichkeit.«[1]

Diese Depesche des französischen Gesandten ist mit Vorsicht zu genießen. Nicht nur weil Bayern traditioneller Bündnispartner Frankreichs war; darüber hinaus macht Mirepoix aus seiner Verachtung für den Wiener Hof und all jene, die ihm angehören, kein Hehl. Das nachfolgende Porträt von Franz Stephan lässt an seiner Objektivität zweifeln.

»Gemäß dem Ansehen in der Öffentlichkeit und den Berichten der Leute, die ihn aus der Nähe sehen, ist dieser Fürst nicht nur einer

---

1 Wien, 16. Juli 1739. Ebd., fol. 20 r–v.

der mittelmäßigsten, sondern auch einer der schlechtesten Subjekte, die seit Langem in Europa hervorgetreten sind. Unfähig, faul, der geborene Feind der ehrbaren Leute oder all jener, die sich durch ihre Talente herausheben können, empfängt er nur junge Leute ohne Meriten und ohne Ansehen und schenkt sein Vertrauen lediglich Leuten, die zum Abschaum des Volkes gehören. Die Geisteshaltung, die die Toren und jene, die begierig darauf sind, den Fürsten zu applaudieren, bei ihm antreffen können, ist nur üble Spottsucht, ebenso niedrig wie beleidigend für alle, die sich ihm nähern. Er geht den oberflächlichsten und kindischsten Vergnügungen nach. Er ist äußerst eigennützig, geizig und aufbrausend bis hin zur gemeinen Brutalität [...]. Er ist sehr flatterhaft und schwach. Er ist falsch und hält es für ein Verdienst, es zu sein; und man kann sich auf die Zusagen dieses Fürsten niemals verlassen. Er wird hier nirgends respektiert, er wird vom Volk, vom Adel und von den Kriegsleuten gleichermaßen verachtet und gehasst. Die Kaiserin denkt nicht besser über ihn und hält sich nicht einmal zurück, dies zu äußern. Er schmeichelt sich damit, in der Gunst des Kaisers etwas besser dazustehen, aber dieser Fürst, der [seinen Schwiegersohn] sieht, wie er ist, gestattet diesem lediglich aufgrund seiner natürlichen Nachsichtigkeit, sich bezüglich der Ansichten des Kaisers etwas vorzumachen [...]. Nach der Unterredung, die der Kaiser und die Kaiserin mit dem Kurfürsten von Bayern hatten, haben sie vor dem Großherzog sehr viel Gutes über diesen Fürsten verlautbaren lassen und ihn wegen seiner edlen Haltung und seiner persönlichen Qualitäten gelobt. Diese Lobeshymnen kränkten die Eitelkeit des Großherzogs, der [...] sich nicht zurückhalten konnte, seinen Groll durch ein Schmollen zu bekunden, das etwa drei Tage anhielt. Solche Zeiten des Schmollens sind recht häufig.«[1]

1 26. November 1739. Ebd., fol. 209 r–211 v.

Dieser karikaturistische Angriff kommt weniger einem Porträt als einer Exekution gleich. Nichts an Franz findet Mirepoix' Gnade, obgleich dieser später große menschliche Qualitäten an den Tag legen wird. Verblendet aufgrund seiner Gefühle und Vorurteile, verrät dieser Gesandte Frankreichs seine Mission und seine Pflicht zur Neutralität. Freilich muss man eingestehen, dass die von den ausländischen Gesandten angefertigten Porträts des Großherzogs selten zu Überschwang neigen, aber sie bessern sich mit der Zeit.

Übrigens nimmt der Marquis de Mirepoix in den drei Jahren, die er in Wien verbringt[1], von Maria Theresia kaum mehr wahr, als dass sie existiert. Kein Wort über den Charakter und die Persönlichkeit der Großherzogin. Er beschränkt sich darauf, ihre Schwangerschaften und Geburten zu vermelden.[2] Ganz offensichtlich sieht er nicht, welche entscheidende Rolle sie nach dem Tod ihres Vaters spielt. Sehr richtig bemerkt er einige Tage nach dem Ableben Karls VI., dass sie »sehr viel mehr Talent als der Großherzog«[3] habe, sie diesen aber aus Liebe regieren lassen werde: ein zweiter Irrtum des Gesandten, der von der Persönlichkeit Maria Theresias nichts begriffen hat. Tatsache ist, dass nur wenige Leute zu dieser Zeit sich vorstellen konnten, dass diese junge, verliebte Frau mit dem fruchtbaren Leib über eine unbeugsame Seele verfügt und eine unbändige Lust an der Macht hat.

---

1 Vom 14. Januar 1738 bis zum 10. Dezember 1740.
2 Die Geburt von Maria Anna am 6. Oktober 1738 und die von Maria Karolina am 12. Januar 1740.
3 Wien, 26. Oktober 1740. MAE *CP Autriche*, fol. 72 r.

Die Übernahme der Macht und
die erste Mitregentschaft

Der Tod Karls VI. am 20. Oktober 1740 aufgrund einer Pilzvergiftung[1] lässt allen den Atem stocken – außer vielleicht Maria Theresia. Trotz ihres Kummers hält sie sich sorgfältig an das Protokoll. Einige Stunden nach dem Ableben ihres Vaters[2] empfängt sie im Schloss Favorita die Minister der Geheimen Konferenz und die Präsidenten aller Räte: »Sie stand aufrecht, stützte sich mit dem Rücken gegen den Tisch. Der Herzog war zu ihrer Linken, zwei, drei Schritte von ihr entfernt, an der Ecke des Tisches. Der Obersthofmeister überbrachte im Namen aller die Beileidsbezeigung und wünschte der neuen Königin eine glückliche Regentschaft. Woraufhin sie antwortete, von Trauer niedergeschlagen und von Schluchzern unterbrochen.«[3] Sie bestätigte alle in ihren Ämtern und Stellungen für die nächsten sechs Wochen. Schon am 23. Oktober war an den Hauswänden Wiens die Meldung vom Tod Karls VI. sowie von der Nachfolge seiner erstgeborenen Tochter als »Regentin über alle Königreiche« angeschlagen.

Die Beisetzungsprozession am 24. Oktober liefert den Beweis dafür, in welch ungewöhnlich chaotischen Zuständen sich der Hof befindet. Die anwesenden Gesandten bezeugen dies mit den nämlichen Worten. Weder Tränen noch Kummer, so sagt einer von ihnen: »[…] der gute Kaiser war am übernächsten Tag nach seinem Tod

1 Der Kaiser verschlang beeindruckende Quantitäten von Nahrung, die heftige Verdauungsstörungen hervorriefen, was zum Gegenstand von Kommentaren an anderen europäischen Höfen wurde.
2 Auf Wunsch Karls VI. war sie an seinem Sterbelager nicht zugegen. Maria Theresia war seit drei Monaten schwanger (mit dem zukünftigen Joseph II.), und er fürchtete, die Aufregung könnte eine Fehlgeburt bewirken. Aus dem gleichen Grund nahm sie nicht an seiner Beerdigung teil.
3 Brief von Graf Ferdinand Bonaventura II. von Harrach an seinen Bruder, Graf Friedrich August, Wien, 20. Oktober 1740. ÖStA AVA *FA Harrach* 528.

bereits vergessen.«[1] »Dem Kaiser trauern nicht viele nach«, sagt ein anderer, »außer ein paar Privatleuten, die aus dem Zugang zum Fürsten enorme Summen gezogen haben.«[2] Augenscheinlich ist der Gesandte Frankreichs weniger gut informiert als derjenige Friedrichs II., denn er bemerkt nur: »Es ist alles ruhig«, während Borcke hinzufügt: »Der Pöbel bekundet nicht nur keinerlei Bedauern, er beging auch einige Ungehörigkeiten, als er sah, dass sein Herr bestattet wurde. Man hat zu seinem Tod Beifall geklatscht.«[3]

Einstweilen hält sich Maria Theresia strikt an drei Prinzipien, die sie sich auferlegt hat: regelmäßige Anwesenheit, Demut und Standhaftigkeit. Sie wohnt täglich endlosen Sitzungen bei und nimmt vom bankrotten Zustand ihres Landes Kenntnis. Vom 26. Oktober an verkündet man, dass sie sich im Januar in Pressburg[4] zur Königin von Ungarn und nach ihrer für den März vorgesehenen Niederkunft zur Königin von Böhmen krönen lassen werde. Man munkelt bereits, dass sie schon vorher den Herzog, ihren Gemahl, *in consortium regni*, das heißt in die Mitregentschaft aufnehmen wird – ein Gefühl, das eine Woche später bestätigt wird, als sie für ihn mit der Etikette bricht.

Tatsächlich wird der Herzog bei ihrem ersten öffentlichen Diner neben sie zu ihrer Linken gesetzt, was eine Reihe von Kommenta-

---

1 Brief von Kaspar W. von Borcke an Friedrich II., Wien, 26. Oktober 1740. GStaPK *I. HA Rep. 81 GW*, Nr. 14, fol. 36 v.

2 Brief von Mirepoix an Amelot, Wien, 26. Oktober 1740. MAE *CP Autriche*, vol. 225, fol. 69 v.

3 In einem zweiten Brief vom 26. Oktober beschreibt Borcke die Ungehörigkeiten der Bauern, die bis hin zur Aufführung einer Komödie gehen, die sich über den verstorbenen Kaiser lustig macht: »Diese Aufwiegler«, sagt er, »behaupten, in *statu naturali* zu sein und keinen Herrn mehr zu haben.« GStaPK *I. HA Rep. 81 GW*, Nr. 14, fol. 44 v.

4 Pressburg, sechzig Kilometer von Wien entfernt, war von 1536 bis 1783 Hauptstadt des Königreichs Ungarn. Heute ist die Stadt Bratislava Hauptstadt der Slowakischen Republik.

ren hervorruft. »Die Minister haben der Königin starke Vorhaltungen gemacht wegen der Anweisung, wo sie den Großherzog öffentlich mit sich speisen lassen will. Die Fürstin hat ihnen den Mund gestopft, indem sie erklärte, sie wolle es unbedingt so.« Von dort bis hin zu der Vorstellung, dass sie ihm den Titel des Königs von Ungarn überlassen werde, ist es nur ein kleiner Schritt – was Mirepoix hinzufügen lässt: »Die Königin kann sehr wohl einen Befehlston anschlagen [...], die Fürstin gilt hier als sehr entschieden und in ihren Beschlüssen sehr bestimmt.«[1] Aber derselbe täuscht sich, wenn er behauptet: »Sie ist dem Willen des Großherzogs völlig unterworfen und wiederholt ihm gegenüber in jedem Augenblick, wie sehr es sie betrübt, dass sie ihm ihre Rechte und ihre Macht nicht unmittelbar übertragen kann.«[2]

Der wohlwollende Emanuel Silva-Tarouca kommt der Wahrheit näher, wenn er behauptet: »Die Königin und der Großherzog sind ganz ein Herz und eine Seele.«[3] Sie ziehen mit Beharrlichkeit an einem Strang und legen gegenüber »allen Ministern und Dienern eine Milde und Aufmerksamkeit an den Tag, als würden sie gut bedient werden und befänden sich auf dem Gipfel des Wohlergehens«.[4]

Die Doppeldeutigkeit der Mitregentschaft

Die Pragmatische Sanktion sah eine solche Art des Regierens nicht vor. Im Gegenteil, sie ging von der Unteilbarkeit der Hoheitsrechte aus, ebenso wie von der Unteilbarkeit der zur Monarchie gehörenden Länder. Um das konstitutionelle Hindernis zu umgehen, beruft

1 Wien, 2. November 1740. MAE *CP Autriche*, vol. 225, fol. 94 v.
2 12. November 1749. Ebd., fol. 118 r.
3 Brief von Emanuel Silva-Tarouca an Friedrich August von Harrach, Wien, 2. November 1740. ÖStA AVA *FA Harrach* 598.
4 14. Dezember 1740. Ebd.

sich Maria Theresia auf ihre Doppelrolle als Frau und Mutter. In dem Dokument, das Franz zum Mitregenten macht, bestätigt sie ihre vollständigen und unantastbaren Rechte auf die Staatshoheit, fügt aber hinzu, dass »sie aufgrund ihres Geschlechts beim Regieren auf seine Hilfe angewiesen sei«.[1] Als Frau könne sie nicht ihre Truppen zum Kampf führen; als Mutter könnten sie ihre Schwangerschaften und Niederkünfte vorübergehend am Regieren hindern. Am 22. November 1740 jedoch, am Tag der offiziellen Erklärung der Mitregentschaft vor den österreichischen Ständen, die gekommen sind, um sie ihrer Ergebenheit und Treue zu versichern, verkündet Maria Theresia, dass sie ihre Völker »als Mutter des Vaterlandes« regieren wird. Aus der »weiblichen Schwäche« macht sie das oberste Prinzip ihres Regierens. »Die Königin ergriff das Wort und hielt mit unendlicher Anmut eine schöne, feierliche Rede [...]. Sie erklärte ihren Ständen, dass sie aus der mütterlichen Liebe heraus, die sie für ihre Völker empfinde, und aus Zuneigung zum Großherzog, dem Vater ihrer Kinder – dies sind ihre eigenen Worte –, den Fürsten zum Mitregenten ernenne und dass es ihre Absicht sei, dass er in dieser Eigenschaft von allen Ländern und Besitztümern anerkannt werde; dass er an aller Macht und allen Rechten teilhaben werde, die sie ihm übertragen kann, ohne die Pragmatische Sanktion zu verletzen.«[2]

Diese erste offizielle Verlautbarung an dem Tage, an dem sie ihren Eid geleistet hat, birgt bereits alle Doppeldeutigkeiten der Mitregentschaft in sich und enthüllt die widersprüchlichen Wünsche Maria Theresias. Sich als Mutter ihrer Untertanen zu präsentieren

1 Derek Beales, »Love and the Empire: Maria Theresa and her co-regents«, in: R. Oresko, G. C. Gibbs, H. M. Scott (Hrsg.), *Royal and Republican Sovereignty in Early Modern Europe*, Cambridge 1997, S. 486.

2 Borcke an Friedrich II., 23. November 1740. GStaPK *I. HA Rep. 81 GW*, Nr. 14, fol. 168 r; sowie Mirepoix an Amelot, 23. November 1740. MAE *CP Autriche*, vol. 225, fol. 205 r.

ist hier weder eine Banalität[1] noch das schlichte Versprechen, wohlwollend zu regieren. Es ist vielmehr ihr erstes Gesetz – im privaten[2] wie politischen Leben. Bis zu ihrem Tod wird sie sich als Mutter der Nation sehen und auch so angesehen werden. Aber außerdem rechtfertigt sie die Mitregentschaft, indem sie »den Vater ihrer Kinder« inthronisiert und dabei mit der Analogie von Untertanen und Kindern spielt. Nun war aber der Vater stets anerkannter Inhaber der Macht in der Familie. Die Schlussformulierung – »ohne gegen die Pragmatische Sanktion zu verstoßen« – mag dieser Macht Grenzen setzen, doch die Begriffe bleiben hinreichend vage und abstrakt, dass man sich darin täuschen kann. Tatsächlich bedeutet diese Formulierung, dass er der Erste *nach* ihr ist.

Es scheint, als sei Franz Stephan, ebenso wie das Volk, darauf hereingefallen. Schon vor der Deklaration der Mitregentschaft führt sich der Gemahl Maria Theresias wie der Herrscher auf. Er hält sich, so sagt man, für den verstorbenen Kaiser. Man merkt ironisch an, dass er bei der Bestattung des Letzteren »als Großmeister vom Goldenen Vlies« erschien »und dass er diesen Titel führt, ohne dass ein Ordenskapitel einberufen worden wäre, noch dass es irgendeine Zeremonie bei seiner Ernennung gegeben hätte«.[3] Man hebt seine Arroganz und seine Großspurigkeit hervor, insbesondere nach der Geburt seines Sohnes Joseph im Jahr 1741. »Der Großherzog, vom selben Gefolge begleitet wie der verstorbene Kaiser, wenn er in die Öffentlichkeit ging, begab sich in die Jesuitenkirche, um sich dort eine Predigt anzuhören. Ihm wurden die gleichen Ehren zuteil wie dem verstorbenen Kaiser [...], und er nahm Platz auf der Empore Seiner Kaiserlichen Majestät. Man sagt, die hohen Offiziere des

---

1 Die Zarinnen Elisabeth I. und Katharina II. definierten sich ebenso, obwohl Mütterlichkeit in ihrem Privatleben eine geringe oder gar keine Rolle spielte.
2 Sie ist damals im fünften Monat schwanger.
3 29. Oktober 1740. MAE *CP Autriche*, vol. 225, fol. 79 r.

Hauses der Königin, der Großmarschall, der Oberststallmeister und die beiden Hauptmänner der Garde, hätten einige Schwierigkeiten gemacht, zu Pferde der Kutsche Seiner Königlichen Hoheit zu folgen, doch wurden sie zu gehorchen gezwungen. Alle Welt ist erstaunt, dass der Großherzog mit solchem Pomp in der Öffentlichkeit auftritt, und das gibt Anlass zu vielem für ihn wenig schmeichelhaften Gerede. Seit der Geburt des jungen Erzherzogs wird er jeden Tag stolzer, und man behauptet, ihm sei letztens, als er über die Untertanen der Königin sprach, die Formulierung ›unsere Vasallen‹ herausgeschlüpft.«[1]

Maria Theresia beklagt sich nicht und lässt es kommentarlos zu, dass sie sich manchmal zur Linken ihres Gatten, bei offiziellen Zeremonien sogar hinter ihm befindet. In der Bevölkerung Wiens wie unter den Bauern sieht es allerdings anders aus – man hasst ihn. Für sie ist es ausgemacht, dass er der eigentliche Herr im Haus ist. Von dem Abend an, an dem Franz inthronisiert wurde, »begeht der zügellose Pöbel Unverschämtheiten. Man zerschlägt die Scheiben der vorbeifahrenden Kutschen. Das Volk ist gegen das Haus des Kriegskanzlers Sturm gelaufen [...] und hat ihm alle Fenster eingeschlagen. Man respektierte nicht einmal das Porträt der Königin auf dem Balkon, es wurde mit Dreck beworfen. Jemand unterstand sich, einige Hände voll [bayerischer] Münzen unter den Pöbel zu werfen, und es gab Leute, die sogar vor dem Volk feierliche Ansprachen zugunsten des Kurfürsten von Bayern hielten, ihres wahren und legitimen Herrn, und das Volk ließ ihn öffentlich hochleben.«[2]

Dieser Abscheu des Volkes gründet sich nicht nur auf das ungeschickte Benehmen Franz Stephans, auch nicht nur auf seine – wie auch der Königin – Illegitimität in den Augen der Parteigänger des

---

1 22. März 1741. Ebd., vol. 227, fol. 288 r–289 r.
2 Borcke an Friedrich II., 23. November 1740. GStaPK *I. HA Rep. 81 GW*, Nr. 14, fol. 169 r.

Bayern. In all diesen feindseligen Demonstrationen leuchtet eine Art Hass gegen den Eindringling, den Fremden auf, den der venezianische Gesandte Zeno sehr deutlich wahrnimmt: »Das Haus Lothringen ist *persona non grata* im Reich, denn es scheint fremdländisch und halb französisch zu sein [...]. Das ganze Reich empfindet es, erduldet es bestenfalls mit Gleichmut, während die Königin danach strebt, ihm diesen fremdländischen Fürsten, den man nicht kennt und der sich kaum als dem gleichen Schoße entsprungen bezeichnen kann, aufzuzwingen. Zumal er keinen anderen Titel besitzt, der es ihm erlauben würde, an den Versammlungen des Reiches teilzunehmen, außer dem, der ihm von einem kleinen schlesischen Fürstentum her zukommt [Teschen].«[1] Wenn man hierzu noch die Arroganz und die Überheblichkeit der lothringischen Kamarilla hinzufügt, seiner Leibgarde, die er mit seiner Gunst überhäuft, hat man alle Ingredienzien beisammen, die die tiefe Ablehnung gegen den seines Herzogtums beraubten Prinzen erklären.

Maria Theresia, die das alles sehr wohl weiß, gibt keinen Fingerbreit nach. Sie hat dafür solide politische und zwingende private Gründe.

Gründe und Triebfedern für die Mitregentschaft

Der wesentliche politische Grund ist die Würde des Kaisers des Heiligen Römischen Reiches Deutscher Nation, zu der laut Reichsverfassung Frauen keinen Zugang hatten. Da aber dieser Titel seit 1438 allen Vorgängern Maria Theresias als Herrschern der Habsburgermonarchie zugehörte, schien es undenkbar, auf diesen glanzvollen Status zu verzichten. »Der Verzicht auf diese Krone«, heißt es bei Derek Beales, »galt in Wien als äußerst blamabel sowohl für die

---

1 Depeschen vom 26. November 1740 und vom 7. Januar 1741, in: Alfred von Arneth, *Geschichte Maria Theresia's*, a.a.O., Bd. 1, S. 388.

Dynastie als auch für die Monarchie.«[1] Dieser Titel war nicht erblich, sondern das Resultat einer Wahl durch die »deutschen« Kurfürsten, zu jener Zeit neun an der Zahl. Die einzige Möglichkeit, diese Würde im Schoße Habsburgs zu behalten, bestand darin, Franz Stephan küren zu lassen. Da dieser aber fast kein Territorium im Reich besaß, lediglich das bescheidene Großherzogtum Toskana, konnte er nur darauf hoffen, wenn sein Status und seine Funktionen aufgewertet würden.

Der Titel des Mitregenten verlieh ihm ein bedeutendes Gewicht im Herzen des Reichs und erlaubte es ihm zudem, gegebenenfalls anstelle Maria Theresias zu votieren, insbesondere in Böhmen, wo die Stimme einer Frau bei den Kaiserwahlen nicht anerkannt wurde. Diese kleinen Arrangements mit der Tradition gefielen den Mächtigen des Reiches kaum, Maria Theresia war aber entschlossen, sie durchzusetzen.

Wenn sie sich so viel Mühe gab, ihren Gemahl zum Kaiser krönen zu lassen, dann nicht deshalb, weil sie als Kaiserin daran teilhaben wollte, nicht einmal weil sie ihm eine tatsächliche Macht zuschanzen wollte, denn »die Kaiserkrone [war] ja schließlich nur ›eine leere Würde‹«.[2] Außer den angeführten politischen Gründen wollte sie die Demütigung, die mit dem Verlust Lothringens verbunden war und wofür sie sich mitverantwortlich fühlte, tilgen und ihm öffentliches Ansehen und Anerkennung verschaffen – worüber er weder als Person noch als Herrscher über Toskana verfügte. Diese schmerzliche Situation musste für sie, die ihn leidenschaftlich liebte, bewunderte und ihm vollkommen vertraute, unbegreiflich sein – was der vene-

1 Derek Beales, »Maria Theresa and her co-regents«, a.a.O., S. 487.
2 Victor Tapié, *Maria Theresia. Die Kaiserin und ihr Reich*, Wien 1980, S. 82. Ohne finanzielle Mittel, ohne ein wirkliches Heer, ausgestattet mit einem Hofrat, der nur in Frankfurt tätig wurde, bestand der Wert des Kaisers lediglich in seinem glanzvollen Titel.

zianische Gesandte in einem Schreiben an den Dogen sehr klar gesehen hat: »Die Erzherzogin liebt ihn zärtlich und versucht auf ihre Weise dafür zu sorgen, dass die Begeisterung, die sie ihm entgegenbringt, vom Reich ebenfalls geteilt werde.«[1] Das hat auch Rosa von Harrach begriffen, eine ihrer Hofdamen, der es nicht an Scharfblick fehlt; sie berichtet von dem »großen Kummer der Königin« über den Hass und die Verachtung, die man ihrem Gemahl entgegenbringt, »die sich wünschte, dass alle Welt von ihm so dächte wie von ihr, denn sie versucht bei jeder Gelegenheit, ihn auszuzeichnen«.[2]

Und selbst als Friedrich II. ohne Kriegserklärung in ihr geliebtes Schlesien einfällt und sich der Krieg in Europa ausbreitet, teilt ihre getreue Madame Fuchs vertraulich mit: »Kein gegenwärtiger Zustand der Staatsgeschäfte trifft die Königin so empfindlich, wie wenn man den Herzog nicht mag.«[3]

Trotz all ihrer Bemühungen, im Januar 1742 ihren Mann zum Kaiser küren zu lassen, ist es zunächst der verachtete Rivale, der Kurfürst von Bayern[4], der diesen Titel tragen wird – bis zu seinem vorzeitigen Tod im Jahre 1745. Erst dann wird ihr Vorhaben Wirklichkeit werden. Zwar hat die Mitregentschaft am Tag nach dem Tod Karls VI. begonnen und wird offiziell erst vierundzwanzig Jahre später mit dem Tod Franz Stephans enden. Konnte aber Maria Theresia, trotz ihrer Liebe zu ihm und trotz ihres guten Willens, wirklich die Macht mit ihm teilen?

1 Brief vom 29. Oktober 1740. Alfred von Arneth, *Geschichte Maria Theresia's,* a.a.O., Bd. 1, S. 371.

2 Brief von Rosa von Harrach an ihren Vater, Graf Friedrich August, Wien, 17. Mai 1741. ÖStA AVA *FA Harrach* 534.

3 Ebd.

4 Kurfürst Karl Albrecht von Bayern (6. August 1697 bis 20. Januar 1745) wurde am 24. Januar 1742 unter dem Namen Karl VII. zum Kaiser gewählt. Mit Frankreich verbündet und von Frankreich abhängig, erklärte er Österreich den Krieg, auf das er bis zu seinem Tod Ansprüche erhob.

Drittes Kapitel

Die entblößte Königin

Kaum ist ihr Vater tot, sieht sich Maria Theresia allen möglichen Ansprüchen ausgesetzt, zunächst im Inneren des Reiches, dann aber sehr rasch auch von außen. Friedrich II., den sie für »ihren besten Freund« hielt, bemächtigt sich ohne vorherige Kriegserklärung und binnen weniger Tage ihres reichsten Landes, Schlesien. Der Kurfürst von Bayern bestreitet laut und vernehmlich ihre Legitimität und erhebt Anspruch auf ihr Erbe. Bald wird Frankreich sich einmischen und seine Truppen zur Unterstützung der bayerischen Forderungen entsenden. Es ist der Beginn des Österreichischen Erbfolgekriegs, an dem sich sämtliche Großmächte direkt oder indirekt beteiligen werden und der die Länder Mittel- und Südeuropas verwüsten wird. Ohne Geld, ohne eine Armee, die diesen Namen verdiente, muss Maria Theresia mit Wut im Bauch der Zerschlagung ihrer Länder zusehen. Kein Zweifel: Bei diesem Tumult spielt auch ihr Geschlecht eine Rolle. Zwar kennt jeder den Schwächezustand, in dem Karl VI. Österreich hinterlassen hat, doch der Umstand, dass sein Nachfolger eine Frau ist, fügt dieser Schwäche eine gewisse Wehrlosigkeit hinzu. Eine junge, ständig schwangere Königin ohne Erfahrung mit der Macht und ohne militärische Kenntnisse kann nichts anderes als eine politisch schwache Herrscherin sein. Das war zumindest die Meinung ihrer Zeitgenossen.

Die Herausforderungen, die auf diese Frau einstürmten, waren immens. Während dieses ersten, sieben Jahre dauernden Kriegs war

Maria Theresia mehrfach mit Situationen konfrontiert, die fast aussichtslos schienen. Sie zeigte bei diesen Gelegenheiten einen Widerstandsgeist und einen außergewöhnlichen Mut, der die Bewunderung selbst ihrer ärgsten Feinde wecken sollte. Sie bewies dabei aber auch, dass ihre Weiblichkeit der Machtausübung nicht nur nicht entgegenstand, sondern eine Trumpfkarte war, die sie grandios auszuspielen wusste.

Persönliche Handikaps
und persönliche Trümpfe

Das erste Handikap Maria Theresias besteht darin, dass sie dem weiblichen Geschlecht angehört. Seit dem Tage ihrer Thronbesteigung wird laut dagegen protestiert, dass eine Frau an der Spitze des Landes steht. Man behauptet, es sei »unvereinbar mit der Würde des Reiches, von einer Frau regiert zu werden«.[1] Anders gesagt, dem weiblichen Körper und der weiblichen Persönlichkeit fehlt es an imposanter Größe. Als Frau nimmt man sie nicht ernst. Viele wollen glauben, dass sie als »gehorsame Tochter und willfährige Gattin«[2] ebenso schnell in den Schatten zurücktreten werde, wie sie ins Licht trat. »Sie nennen unsere Regentin ›die Winterkönigin, die mit dem Frühling dahinschmelzen wird‹.«[3]

1 Brief des venezianischen Botschafters Zeno, 20. Oktober 1740. Alfred von Arneth, *Geschichte Maria Theresia's*, a.a.O., Bd. 1, S. 370.

2 Formulierungen Taroucas in einem Brief an Maria Theresia, undatiert (Anfang der 1750er Jahre). Soll heißen, dass sie in den Schatten ihres Mannes zurücktreten wird. ÖStA HHStA *LA Belgien* DD-B blau 1–2, fol. 98 r.

3 Rosa von Harrach an ihren Vater Friedrich August, 22. Oktober 1740. ÖStA AVA *FA Harrach* 534. Soll heißen, dass sie dem bayerischen Kurfürsten weichen wird.

Nach Borcke, dem preußischen Botschafter, betrachtet selbst die Altherrenriege ihrer Minister, die sie von ihrem Vater übernommen und zu Beginn ihrer Regierung im Amt belassen hat, sie ohne sonderlichen Respekt. Dass sie mit ihren dreiundzwanzig Jahren eine hübsche und anmutige Frau ist, macht es ihr nicht leichter, wie die folgenden Äußerungen zeigen: »Die neue Königin war kürzlich zur Probe vier Stunden ohne Unterbrechung in der Geheimen Konferenz. Beim Verlassen dieser Sitzung sagte der Oberthofmeister in großer Runde: ›Wirklich, unsere Königin ist zu schön, um an einer Konferenzsitzung teilzunehmen.‹ Diese Bemerkung, die Schönheit der Königin könne Unaufmerksamkeit bei ihren achtzigjährigen Ministern hervorrufen, weckte allgemeine Heiterkeit.«[1]

Ihr zweites Handikap ist ihre Unerfahrenheit. Glaubt man den Worten diesmal des englischen Botschafters Thomas Robinson, maßen sich die Minister zu Beginn ihrer Herrschaft auf empörende Weise an, der Königin ihre Meinungen vorzuschreiben.[2] Im Bewusstsein ihrer Unkenntnis, insbesondere in der Außenpolitik, hält sie es für klug, ihren Ratschlägen zu folgen, und wird es später manchmal bedauern. Mitten im Krieg, einige Monate nach ihrem Machtantritt, gesteht sie dem Botschafter von Venedig, dass sie anders als ihre Minister stets eine Abneigung gegen das Bündnis mit England hatte, »doch da sie eine Frau war und wenig erfahren, hatte sie geglaubt, sich auf das Gefühl von vier Personen verlassen zu müssen, die seit so langer Zeit mit den Staatsgeschäften vertraut waren«.[3]

Ihre anfängliche Demut ist nicht vorgetäuscht, doch wird ihr rasch klar, dass ihre Minister nicht auf der Höhe einer ebenso komplexen wie gefährlichen Situation sind. Seit Juni 1741 hält sie Distanz zu der

---

1 Brief Borckes an Friedrich II., Wien, 26. Oktober 1740. GStaPK *I. HA Rep. 81 GW*, Nr. 14, fol. 38 r.

2 William Coxe, *History of the House of Austria*, a.a.O., Bd. 3, S. 257.

3 20. September 1741. MAE *CP Autriche*, vol. 229, fol. 93 v–94 r.

alten Garde ihres Vaters. Trotz aller diplomatischen Vorsicht, die sie walten lässt, beklagen sich die Minister häufig und machen ihr unausgesprochen ihre Jugend zum Vorwurf: »Man liebt es nicht, Wahrheiten anzuhören und den Rat derer anzunehmen, die Erfahrung haben.«[1] Gewiss, Maria Theresia umgibt sich mit einem jüngeren Hofstaat, setzt sich über das rigide spanische Hofprotokoll hinweg und versteht es, sich zu amüsieren, wenn es Gelegenheit dazu gibt. Alles Dinge, die ihr von den Dienern des verstorbenen Kaisers vorgeworfen werden.

Das dritte Handikap Maria Theresias ist die Verachtung, die man ihrem Mann gegenüber hegt und die auf sie zurückschlägt. Seit dem Tod ihres Vaters, stellt Mirepoix fest, »wird die Großherzogin gar nicht geliebt, und ein Teil des Hasses und des Widerwillens, den man dem Großherzog entgegenbringt, fällt auf sie zurück. Alle Wünsche richten sich auf den bayerischen Kurfürsten.«[2] Man wirft ihr vor, mehr um das Schicksal ihres Mannes besorgt zu sein als um das Schicksal Schlesiens. Während die Kassen für die Finanzierung des Kriegs leer sind, suche sie überall nach Geld, um ihn zum Kaiser wählen zu lassen.[3] Was sie auch tut und lässt, bietet Stoff für Kritik. Wollen sie für ein paar Tage abwesend sein, grollen die Minister; man findet es skandalös. Rosa von Harrach bestätigt: »All die Geschichten, die das Volk gegen die Königin und mehr noch gegen den Großherzog erfindet, sind unglaubwürdig.«[4]

Um diese schweren Handikaps zu überwinden, fehlt es Maria Theresia nicht an Waffen, und paradoxerweise sind es die weiblichen.

1 Brief des Grafen Aloys von Harrach (1669 bis 1742) an seinen Sohn Friedrich August, Pressburg, 19. Juni 1741. ÖStA AVA *FA Harrach* 526.

2 22. Oktober 1740. MAE *CP Autriche*, vol. 225, fol. 54 r.

3 Rosa von Harrach an ihren Vater Friedrich August, 24. Dezember 1740. ÖStA AVA *FA Harrach* 534.

4 26. August 1741. Ebd.

Alle, die sie aus der Nähe erleben, sprechen von nichts anderem als ihrem Charme und ihrer Anmut. Die Botschafter preisen einmütig ihren verführerischen Zauber. Es heißt sogar, Robinson habe sich in sie verliebt. Sie verführt Männer und Frauen gleichermaßen virtuos. »Sie ist schön wie der helle Tag«, betont Rosa von Harrach, die ihr ziemlich kritisch gegenübersteht, bevor sie sie kennenlernt. »Sie gewinnt alle Herzen.«[1] Ein paar Monate später ist auch Rosa von Harrach hingerissen und kommt zu dem Schluss: »Sie ist wirklich charmant. Ich glaube, wenn ihre Feinde sie kennen würden wie wir, würden sie bald zu ihren Freunden. Alles, was man von ihr sagen kann, ist nichts im Vergleich mit dem, was man bei ihrem Anblick empfindet. Was mich angeht, würde ich ihr meine Güter und mein Leben von ganzem Herzen hingeben.«[2] Ähnlich Tarouca: »Sie verbindet eine reizende Anmut mit ebensolcher Entschlossenheit […]. Es ist ein Vergnügen zu sehen, wie unsere Frauen, die jungen wie die alten, sämtlich in diese junge Königin verliebt und von Respekt vor ihr erfüllt sind.«[3]

Maria Theresia hat das Talent, sich beliebt zu machen. Sie pflegt es mit vollendetem psychologischen Gespür und guter politischer Intuition. Im Gegensatz zu ihrem Vater, der seinen Untertanen strenge Distanz aufnötigte und kalt erschien, gleichsam verhärtet durch das spanische Protokoll, fördert sie Nähe und Schlichtheit. Das ist eine wahre Revolution am Wiener Hof. Den ersten protokollarischen Fehltritt begeht die Königin damit, dass sie sich auf der Straße zeigt: »Ich habe sie gestern zu Fuß auf den Straßen Wiens gesehen«, sagt Tarouca, »als sie die Kirchen zu den Jubelfeiern besuchte. Ich kann mich nicht enthalten, Ihnen zu sagen, dass ich mit Vergnügen be-

1 5. April und 5. Juli 1741. Ebd.
2 13. Dezember 1741. Ebd.
3 Emanuel Tarouca an die Herzogin von Arenberg, Wien, 25. Juli 1742. MLA
   FA Silva-Tarouca, G 445, 12, Nr. 82 23-A-1, fol. 258 r–v.

obachtet habe, wie unsere braven kühlen Bürger sie alle mit aufgerissenen Augen ansahen. Man könnte gar nicht allgemeiner beliebt sein.«[1]

Sie öffnet die Tore der Hofburg und gewährt jede Woche Privatpersonen Audienz, die darum bitten. Sie hört zu und rät mit Liebenswürdigkeit, und jeder, der sie verlässt, ist von ihr eingenommen. Sie lockert das Protokoll, indem sie die Kleidungsvorschriften vereinfacht, an den Tischen ihrer Ehrendamen diniert und an jede von ihnen das Wort richtet. Kurz, sie unternimmt ringsum eine Charmeoffensive, von der man nicht genau weiß, ob sie völlig spontan oder wohlüberlegt ist. Zeno neigt eher zu der zweiten Vermutung: »Die Königin zeigt eine wahrhaft königliche Großmut. Sie lässt es nicht an Mühe und Aufmerksamkeit fehlen, um ihre Untertanen zufriedenzustellen und sie ihr geneigt zu machen. Mit ähnlicher Sorgfalt kümmert sie sich um das Innere des Landes, wann immer es notwendig und ihr selbst von Nutzen ist, und mit huldvoller Milde schafft sich die Herrscherin günstige Aussichten auf die Fortdauer ihrer Herrschaft.«[2]

Im Übrigen weiß Maria Theresia sehr wohl, dass Verführung nicht ausreicht, um zu regieren. Zu Beginn ihrer Herrschaft zeigt sie eine erstaunliche Klarheit über sich und ihre Lage, wie sie vielen männlichen Souveränen in vergleichbarer Situation unbekannt ist. Den Beweis dafür liefert die eigentümliche Beziehung, die sie mit einem um zwanzig Jahre älteren Mann unterhält, dem Grafen Emanuel Silva-Tarouca.[3] Manchem Klatsch zum Trotz entspinnt

1 Tarouca an Friedrich August von Harrach, Wien, 22. Februar 1741. ÖStA AVA FA Harrach 598, fol. 78 v.

2 Alfred von Arneth, *Geschichte Maria Theresia's*, a.a.O., Bd. 1, S. 371.

3 Emanuel Silva-Tarouca (17. September 1696 bis 8. März 1771) ist der Sohn eines portugiesischen Botschafters, der vor der Geburt Maria Theresias nach Wien kam. Er diente im Heer Karls VI. und blieb in den Diensten der Habsburgermonarchie. 1740 heiratete er eine Prinzessin von Schleswig-Holstein-Sonderburg-

sich zwischen ihnen ein vertrauensvolles Verhältnis. Der Pakt, der beide verbindet, beruht auf einer wechselseitigen Offenheit, für die es wenige Beispiele gibt und die nur möglich ist, weil er ein Mann von Diskretion ist.[1] Ihm vertraut sie ihre Schwächen, Enttäuschungen und Gewissensbisse an. Ihn bittet sie um Rat zu allen Dingen, die sie persönlich betreffen, von den prosaischsten bis zu den moralischsten. So schreibt er ihr für jede Stunde des Tages und jeden Tag der Woche einen Stundenplan vor. Erstaunlicher noch, sie »befiehlt ihm als Königin, ihr ohne Unterlass zu sagen, worin sie fehle, die Mängel ihres Charakters zu erforschen und ihr offen mitzuteilen, wie einer einfachen Privatperson«, und sie »geruht, Vorhaltungen zu dulden, die einem Tadel ähneln«.[2] In den Briefen nennt sie ihn »alten Lehrmeister«, »kleinlichen Erzieher«, »Grantler«, ihren »guten Alten«. Man bezeichnet ihn auch als engsten Vertrauten, graue Eminenz oder ganz einfach als *l'ami*.[3]

Beck, die er anbetete. Im Dezember desselben Jahres wurde er zum Präsidenten des Niederländischen Rates ernannt, ein Amt, das er von Wien aus versah.

1 Man weiß das Folgende nur aus einer reichhaltigen Korrespondenz, die sowohl im Wiener Staatsarchiv als auch im Mährischen Landesarchiv Brünn erhalten geblieben ist.

2 Auszüge aus zwei langen Briefen Taroucas an Maria Theresia, undatiert (1740er Jahre), in: Theodor Georg von Karajan, *Maria Theresia und Graf Sylva-Tarouca.* Ein Vortrag gehalten in der feierlichen Sitzung der kaiserlichen Akademie der Wissenschaften am 30. Mai 1859, Wien 1859, S. 3–9.

3 Johann Josef Khevenhüller-Metsch, *Aus der Zeit Maria Theresias. Tagebuch,* 8. Mai 1753, a.a.O., Bd. 3, S. 105: »Der Duca […] de Sylva-Tarouca, dessen Credit sich allein geminderet, sondern so weit nun gestigen, dass mann ihn in der That als *ami de l'Impératrice* ansehen kann; wie ich dann aus seinen mir in eigenen Vertrauen vorgezeigten Original-Billet […] selbsten ein und andere Passage herausgelesen, welche mich ganz deutlich überwisen, dass die Kaiserin ihn in die Stelle der alten und täglich mehr abnehmenden Gräffin Füchsin surrogieret, mithin als den vertrautesten Freund angenohmen und declariret habe, welchem sie das innerste ihres Herzens entdecket und hingegen auch erlaubet, ja sogar (wie er

Sieht man von dem realen Gewicht seines politischen Einflusses ab, so lässt die beständige Präsenz dieses Mentors und Beichtvaters an ihrer Seite an eine gewisse Bedrängnis der jungen Königin denken. Sie bedeutet, dass sie an sich selbst zweifelt und nach Wegen sucht, sich als eine gute Herrscherin zu behaupten. Mit den Jahren wird sie sich von dem »alten Grantler« emanzipieren, doch er wird eine Freimütigkeit ohnegleichen behalten und einer der wenigen sein, die es wagen, ihr gehörig die Meinung zu sagen. Diese Demut wird Maria Theresia sehr nützen. Selbst wenn sie mit zunehmendem Alter eine manchmal absurde Sturheit an den Tag legen wird, eine starre und autoritäre Gesinnung, bewahrt sie bis zum Schluss eine gewisse Fähigkeit zur Selbstkritik, die Fähigkeit, ihre Fehler, zumal die politischen, zu erkennen.

Doch die Bescheidenheit der jungen Königin darf nicht ihren größten Trumpf vergessen lassen, den der venezianische Botschafter schon Mitte der dreißiger Jahre entdeckt hatte: »eine gewisse Männlichkeit der Seele«, die sie auf bewundernswerte Weise befähige, die Staatsgeschäfte zu führen.[1] Den Beweis dafür wird sie schon in ihrem ersten Regierungsjahr antreten.

mir in Geheimm eröffnet) sub juramento aufgetragen, alles zu ihrem Dienst Vorfallende oder sonsten beliebige offenherzig zu melden.«

1 Depesche von Foscarini, undatiert (Juli 1735). Alfred von Arneth, *Geschichte Maria Theresia's*, a.a.O., Bd. 1, S. 356.

Allein gegen alle

Der bayerische Kurfürst hatte nicht erst den Tod Karls VI. abgewartet, um seinen Erbfolgeanspruch zu bekräftigen. Nicht nur hatte er sich stets geweigert, die Pragmatische Sanktion anzuerkennen, sondern er hatte schon im Juli 1740 dem Kaiser »freundschaftlichst« geschrieben, um den Verzicht des Hauses Bayern auf sein Sukzessionsrecht zu bestreiten.[1] Niemand war also erstaunt, als der Gesandte Bayerns in Wien am Tag nach dem Begräbnis Karls VI. mehrfach Schritte bei Ministern der Regierung und ausländischen Botschaftern unternahm, um das legitime Recht seines Herrn zu beweisen[2], insbesondere das, sich zum Kaiser wählen zu lassen. Doch niemand schien sich über die Prätentionen eines Kurfürsten ohne ernstzunehmendes Heer und ohne Geld zu beunruhigen. Darüber hinaus hatte Frankreich, der historische Verbündete Bayerns, die Pragmatische Sanktion gebilligt, und Ludwig XV. hatte in seinem Kondolenzbrief Maria Theresia seiner Loyalität versichert.

Der Donnerschlag kam aus dem Norden und nicht aus dem Westen, von dort, wo ihn niemand erwartete.

Der Überraschungsangriff Friedrichs II.

Die Überraschung in Wien war so groß, dass Maria Theresia, ihr Gatte und die meisten Minister mehrere Wochen lang in eine Art Realitätsverleugnung verfielen. Wie sollte man auf die Idee kommen, dass derjenige, der sich Freund und Beschützer des neuen Herr-

---

1 6. Juli 1740. MAE *CP Bavière,* vol. 90, fol. 19 r–20 v. Karl hatte erst am 30. September geruht, mit einem sehr ausführlichen Schreiben zu antworten, welches das Gegenteil demonstrierte. Ebd., fol. 41 r–49 v.

2 Brief von La Pérouse an den Grafen von Törring, Wien, 27. Oktober 1740. Ebd., fol. 53 v.

scherpaares nannte, sich im selben Augenblick darauf vorbereitete, in ihr Land einzufallen? Die Freundschaft des Wiener Hofes für den von seinem Vater bedrängten jungen Friedrich datierte nicht erst von gestern. Gerade Karl VI. war es, der sich zehn Jahre zuvor bei Friedrichs Vater Friedrich Wilhelm für ihn verwendet hatte, um sein Los zu mildern[1], und der ihm durch seinen Gesandten ein wenig Geld hatte zukommen lassen. Man unterstellte ein gewisses freundschaftliches Einverständnis zwischen Friedrich und Franz Stephan, die sich in Berlin bei Friedrichs Verlobung kennengelernt hatten.

Beide waren entgegen dem Willen ihrer Umgebung Freimaurer, und Friedrich zögerte nicht, Franz Stephan Briefe voller Freundschaftsbekundungen zu schreiben. Sobald er Kenntnis vom Tod Karls VI. erhalten hatte, beeilte sich der neue König von Preußen, dem Großherzog und Maria Theresia zu versichern, dass er ihre neue königliche Würde anerkenne und sich beim König von Polen dafür einsetzen wolle, seinem Beispiel zu folgen. Kurz, er wiederholte die Versicherung seiner Freundschaft und seiner Unterstützung. Doch zur selben Zeit schrieb er an Voltaire: »Der Kaiser ist tot. [...] Dieser Todesfall zerstört alle meine friedlichen Gedanken [an Kunst und Literatur]. Ich glaube, im Juni wird es mehr auf Pulver, Soldaten und Schützengräben hinauslaufen als auf Schauspielerinnen, Ballett und Theater. [...] Jetzt ist die Zeit gekommen, in der das alte politische System eine gänzliche Änderung erleiden muss.«[2]

---

1 Mit achtzehn Jahren hatte Friedrich (24. Januar 1712 bis 17. August 1786) versucht, mit einem sehr teuren Freund, Hans Hermann von Katte, nach England zu fliehen, um der entwürdigenden Behandlung, die er von seinem Vater erfuhr, zu entgehen. Sie wurden verhaftet, ins Kreuzverhör genommen, des Hochverrats bezichtigt, dann ins Gefängnis geworfen, zum Tode verurteilt. Friedrich musste der Hinrichtung seines Freundes von seiner Zelle aus beiwohnen.

2 Friedrich II. an Voltaire, 26. Oktober 1740. Voltaire, *Correspondence and Related Documents*, hrsg. von Theodore Besterman, Genf 1970, Bd. 92, D 2352.

Tatsächlich spricht alles dafür, dass Friedrich seine Pläne bereits vor dem unerwarteten Tod des Kaisers gefasst hatte. Sobald er die Neuigkeit erfahren hat, schließt er sich mit Otto Podewils, nunmehr Minister für Auswärtiges, und Feldmarschall Schwerin täglich für sieben oder acht Stunden in Rheinsberg ein. Sofort verbreitet sich das Gerücht eines bevorstehenden preußischen Angriffs, zumal Baron Pöllnitz, zu dieser Zeit in Rheinsberg, nach Berlin schreibt: »Alles riecht hier nach Krieg.«[1] Wenn der französische Gesandte diese Nachricht nach Paris weitergibt, wie soll man sich vorstellen, dass sie seinem österreichischen Kollegen unbekannt geblieben wäre? Mitte November bestätigt Valory gegenüber Kardinal de Fleury, dass Schlesien das Ziel des preußischen Königs sei.[2] Am 15. November sendet Friedrich seine Instruktionen an Borcke, seinen Gesandten in Wien, um ihm seinen Entschluss zu verkünden, seine Truppen in Schlesien einmarschieren zu lassen unter dem Vorwand, das Haus Österreich vor dem Ruin zu bewahren. Er zeichnet die Argumentationslinie vor, der Borcke genauestens folgen soll. In Anbetracht seiner fatalen Situation habe Österreich

»kein anderes Mittel, als die verzweifelte Wahl zu treffen, sich in die Arme Frankreichs [seines großen Rivalen] zu werfen, oder mir zu vertrauen [...]. Wofür ich zum Wohle der Königin von Ungarn und Böhmen und dem Herzog von Lothringen, ihrem Gatten, mich erbiete, ist dies:

1. Ich bin bereit, mit allen meinen Kräften alle Staaten, die das Haus Österreich in Deutschland besitzt, gegen jeden, wen auch immer, der in sie einfallen möchte, zu garantieren.

2. Ich werde dazu in ein enges Bündnis mit dem Wiener Hof, mit dem russischen Hof und den Seemächten eintreten.

---

1 Briefe von Valory an Kardinal de Fleury, 1. und 5. November 1740. MAE *CP Prusse*, vol. 112, fol. 76 v und 85 v.
2 14. November 1740. Ebd., fol. 118 v–119 r.

3. Ich werde mich mit meinem ganzen Einfluss dafür einsetzen, dass dem Herzog von Lothringen die kaiserliche Würde zukommen wird [...]. Ich sehe mich wohl in der Lage, dies mit Erfolg zu tun.

4. Um den Wiener Hof zu einer angemessenen Verteidigung in den Stand und die Lage zu versetzen, werde ich ihm zwei Millionen Gulden in barer Münze liefern [...].

Sie werden gewiss einsehen, dass mir für so wesentliche Dienste [...] eine angemessene Rekompensation zukommen muss [...]. Mit einem Wort, die vollständige und totale Abtretung ganz Schlesiens [...] als Preis für die Gefahren, denen ich mich im Dienst für das Hause Österreich aussetze [...]. Will man nicht einfach dem nachkommen, was ich fordere, so wasche ich meine Hände in Unschuld [...], und wir werden sehen, wie sich der Wiener Hof aus der Affäre ziehen wird [...]. Wenn er die verzweifelte Wahl trifft, sich in die Arme Frankreichs zu werfen [...], kann er versichert sein, dass es bereits einen fertigen Plan gibt, um ihn daran auf eine Weise zu hindern, die zu seiner völligen Vernichtung führen könnte.«[1]

Diese Erpressung, die man nicht als Verhandlungsangebot bezeichnen kann, folgt bloß einer Politik der vollendeten Tatsachen. Friedrich weist seinen Gesandten sogar an, er solle diesen Plan dem Herzog von Lothringen – und nicht der Königin – erst dann vorlegen, wenn er erfahren hat, dass die preußischen Truppen bereits in Schlesien eingefallen sind. Bis dahin sei vollständigste Geheimhaltung erforderlich.[2]

---

1 Berlin, 15. November 1740. *Politische Correspondenz Friedrich's des Großen*, hrsg. von Johann Gustav Droysen, Bd. 1, Berlin 1879, S. 103–106, Brief 159.
2 Am Ende seines Briefes erwähnt Friedrich die Möglichkeit, dass seine Absichten von Wien bereits geahnt würden, bevor der Schlag ausgeführt worden sei: »Sie müssen nur vorgeben, davon nicht die mindeste Kenntnis zu haben, und sich

Am folgenden Tag, dem 16. November, als der Brief Friedrichs II. offenkundig in Wien noch nicht eingetroffen ist, wird Borcke von der Königin empfangen, um ihm ihre neuen Huldigungsschreiben zu zeigen. Er berichtet davon in folgenden Worten: »Ihre Majestät [Maria Theresia] musste bekennen, dass Ihre Majestät auf die galanteste Weise der Welt ihr gegenüber handele, mit der ganzen Liebenswürdigkeit eines wirklichen Kavaliers gegenüber einer Dame.«[1] Am 17. November ist wieder Franz Stephan an der Reihe, sich in Dankesbezeugungen zu ergehen: »Der König handelt wirklich wie ein Vater gegenüber der Königin und mir, und niemals werden wir uns all der Schuld entledigen können, in der wir Ihrer Majestät gegenüberstehen.«[2]

Man muss bis zum 26. November warten, bis Borcke seinen Herrn warnt, dass »man hier schon Lunte riecht, man ahnt seit einigen Tagen etwas, und es wird öffentlich laut darüber gesprochen: Es kann sogar sein, dass man bereits einige Maßnahmen ergriffen hat.«[3]

Seltsam: Während alle Kanzleien von nichts anderem reden und der Wiener Hof von so vielen Gefahren bedroht ist, beklagt sich der Gesandte Englands, des Verbündeten Österreichs, bei Borcke über »die unvorstellbare Nonchalance, die hier sichtlich herrscht«.[4] Einstweilen beschränkt man sich darauf, den Marchese Botta d'Adorno, den österreichischen Botschafter in Russland, nach Berlin zu entsenden, um aus dem Mund Friedrichs mehr zu erfahren. Der Diplomat musste acht Tage warten, bis er empfangen wurde, um von Friedrich zu hören, dass er »in Schlesien als guter Freund einmar-

---

dagegen verwahren [...]; dass Sie von meinen guten Absichten für den Wiener Hof wüssten, nicht aber, auf welchen Wegen ich ihnen zum Ausdruck verhelfen würde.«

1 GStaPK *I. HA Rep. 81 GW*, Nr. 14, fol. 153 r.
2 Ebd., fol. 157 r.
3 Ebd., fol. 190 r.
4 30. November 1740. Ebd., fol. 195 r.

schiere, weniger um irgendwelche Rechte geltend zu machen, die ich vielleicht habe, als um die Erbrechte der Königin gegen all ihre Feinde zu verteidigen, insbesondere gegen Sachsen und Bayern«. Als Botta einwandte, dass »weder Sachsen noch Bayern Anstalten machen, uns anzugreifen [...], und meine Herrscherin gezwungen [sei], sich zu verteidigen«, versetzte der König: »Meine Truppen sind gut, und Sie werden es merken.«[1] Dann bricht er die Unterredung abrupt ab.

Am nächsten Tag, dem 6. Dezember, hatte der König von Preußen die Kühnheit, der Königin von Ungarn die folgenden Worte zu schreiben: »Ich habe meinem Minister von Borcke die notwendigen Befehle erteilt, Ihre Majestät von der Reinheit meiner Absichten in Kenntnis zu setzen. Ich schmeichle mir, dass Sie mit meiner Handlungsweise zufrieden sein und dass Sie daraus ersehen wird, dass es mir ein wirkliches Vergnügen sein wird, in Ihre Absichten einzutreten, in der Hoffnung, dass dies umgekehrt auch von Ihrer Seite aus geschähe.«[2] Die Botschaft Friedrichs ist so uneindeutig, und die Dementis von Borcke sind so überzeugend, dass dieser noch am 10. Dezember bekräftigen kann, der Herzog von Lothringen und der englische Botschafter Robinson seien im gleichen »Unglauben« über den »angeblichen« Einmarsch Preußens. Das gilt vielleicht weniger für Maria Theresia, die Prälaten und Klerus zusammenruft, um von ihnen eine freiwillige Kriegsanleihe zu fordern, und Maßnahmen trifft, um sich zu wappnen. Am 12. Dezember ruft Franz Stephan, von Zweifeln erfüllt, Borcke zu sich: »Sagen Sie mir«, sagt er zu ihm, »was mit dem Einmarsch der Truppen des Königs von Preußen in

---

1 Zitiert nach Graf Albert de Broglie, »Études diplomatiques – La première lutte de Frédéric II et de Marie-Thérèse d'après des documents nouveaux«, in: *Revue des Deux Mondes*, Bd. 48, 1. Dezember 1881, S. 490.

2 Friedrich II. an Maria Theresia, 6. Dezember 1740. *Politische Correspondenz Friedrich's des Großen*, a.a.O., Bd. 1, S. 123, Brief 184.

Schlesien ist. Ich war der Letzte, der dem hat Glauben schenken wollen, und ich habe stets alle getadelt, die mich davor warnen wollten, und sie für böswillig gehalten, als wollten sie nur Zwietracht und Misstrauen zwischen den beiden Höfen säen [...]. Ich gestehe Ihnen als Ehrenmann, dass es mich zutiefst betrübt, dass dieser Hof gezwungen ist, sich mit Ihrem Herrn zu entzweien, und dass er der Erste ist, der uns bekriegen will [...], er, der mir, wenn ich das sagen darf, als der einzige wahre Freund galt, den ich auf der Welt habe.«[1] Zum letzten Mal konnte Borcke jede feindselige Absicht seines Herrn leugnen; denn am folgenden Tag, dem 13. Dezember, verließ der König von Preußen Berlin, um sich an die Spitze seiner Truppen zu setzen und ohne jedwede vorherige Kriegserklärung in Schlesien einzumarschieren.[2]

Nach vollendeter Tatsache empfing der Großherzog Borcke, der sich zum ersten Mal über den Plan Friedrichs äußerte. Worauf Franz Stephan antwortete: »Er will die Besitztümer der Königin in Deutschland garantieren, und er will ihr die beste Provinz, die ihr bleibt, entreißen. Die Königin wird niemals, nie und nimmer, ein Handbreit ihrer Erblande aufgeben, und würde sie auch mit allem untergehen, was ihr geblieben ist. Nein, die Ungerechtigkeit ist gar zu groß. Sachsen wird Böhmen fordern, Bayern Österreich; Frankreich die Niederlande; Spanien Italien und die Türken Ungarn. Deren Rechte wären die gleichen und vielleicht besser begründet.«[3] Borcke

---

1 Brief von Borcke an Friedrich II., Wien, 12. Dezember 1740. GStaPK I. HA Rep. 81 GW, Nr. 14a, fol. 35 r.
2 Die europäischen Höfe zeigten sich sehr schockiert, weniger weil Friedrich die Königin von Ungarn ohne legitimen Grund angriff, sondern weil er sich über eine lange Tradition hinwegsetzte.
3 Brief Borckes an Friedrich II., Wien, 17. Dezember 1740. Franz Stephan hatte nicht unrecht, als er eine solche Verteilung der Siegesbeute voraussah, denn genau das sollte – wenn man von den Türken absieht – geschehen. GStaPK I. HA Rep. 81 GW, Nr. 14a, fol. 55 r.

versuchte den Großherzog zu besänftigen, indem er ihn an das Versprechen erinnerte, ihn zum Kaiser wählen zu lassen. Worauf dieser tief gekränkt ausrief: »Ich, der ich der Gatte [der Königin] bin, wäre der niederträchtigste und erbärmlichste Mensch, wenn ich mein Glück auf ihrem Ruin errichten wollte. Nein, niemand wird sagen können, ich hätte nur einen Moment gezögert, meine Entscheidung zu treffen, was auch geschehen mag, selbst wenn die Welt über mir zusammenbräche.«[1] Gleichzeitig lässt er Friedrich wissen, es gebe nichts zu verhandeln, wenn er mit der Waffe in der Hand bei seinem Freund einbreche.[2]

Worauf Friedrich, den Besitz des großen und reichen Schlesien im Sinn, es für klug befand, mit dem Wiener Hof zu einer gütlichen Einigung zu kommen. Er schickte also einen außerordentlichen Botschafter, um seine Angebote zu erneuern. Graf Gotter wurde instruiert, sich ausschließlich an den Großherzog und nicht an Maria Theresia zu wenden. Die Audienz fand am 1. Januar 1741 statt.[3] Noch einmal gaukelte er ihm die Kaiserwürde, das von Friedrich zugesagte Geld und alles Übrige vor. Doch Franz Stephan blieb fest. Was Gotter nicht wusste: Maria Theresia hörte die Unterhaltung hinter der halboffenen Tür mit. Als Franz Stephan seinen Widerstand einen Moment lang abzuschwächen schien und erklärte, vielleicht sei noch nicht alle Hoffnung auf eine Einigung verloren, klopfte Maria Theresia sacht an die Tür, und der Herzog zog sich augenblicklich zurück.

---

1   Brief von Borcke an Friedrich II., Wien, 17. Dezember 1740. Ebd., fol. 55 v.

2   Entwurf eines Briefes von Franz Stephan an Friedrich II., 15. Dezember 1740. ÖStA, *StK, Diplomatische Korrespondenzen*, Preußen, Hofkorresp. 1, fol. 1 r–v.

3   Borcke, der Gotter zu dieser Audienz begleitete, erstattete einen minutiösen Bericht über das ganze Gespräch mit dem Großherzog. GStaPK *I. HA Rep. 81 GW*, Nr. 14a, fol. 86 r–90 v.

Sie gehören derselben Generation an und haben den Thron nur vier Monate nacheinander bestiegen.[1] Doch als Persönlichkeiten, in ihren Werten und Vorlieben sind sie Antipoden. Niemand könnte in stärkerem Gegensatz zu dem homosexuellen, frauenverachtenden Fürsten stehen als Maria Theresia, ständig schwanger und darauf bedacht, ihren Ehemann zu fördern. Er hat eine Leidenschaft für Literatur, Dichtung und Philosophie, sie nicht. Er ist Protestant, der seinen Materialismus, ja seinen Atheismus offen bekennt. Sie ist glühende Katholikin, die dem Gebet viel Zeit widmet. Kaum König geworden, ist er absoluter Herr und regiert allein. Die Minister gehorchen seinen Befehlen und stehen stramm. Er macht sich wenig aus ihren Ratschlägen und noch weniger aus ihren Warnungen, wenn sie die Kühnheit besitzen, solche zu erteilen. Er ist ein guter Schachspieler, der immer um zehn Züge vorausdenkt, ein Stratege mit ehrgeizigen Zielen. Dagegen erscheint Maria Theresia, die junge Königin, hilflos. Begierig nach Hilfe und Ratschlägen, folgt sie den Ansichten ihrer Minister sogar dann, wenn sie offenbar anderer Meinung ist. Im Jahr 1740 hat sie zwei Ziele: ihrer Legitimität Anerkennung zu verschaffen und ihr väterliches Erbe zu bewahren. Nichts dergleichen bei Friedrich, dessen Legitimität nicht in Frage steht und dem die Liebe seine Volkes gleichgültig ist. Er hat nur eine Obsession: die Vergrößerung seines bescheidenen Königreichs Preußen. Er will es ausdehnen und zu einer Macht werden lassen, mit der man rechnen muss. Er will erobern, sie will bewahren. Man mag darin die Unterscheidungsmerkmale zwischen der Feminität der einen und der Virilität des anderen sehen. Friedrich hätte kein großes Aufsehen erregt, wenn er sich der Herzogtümer Berg und Jülich bemächtigt hätte,

---

1 Friedrich Wilhelm von Preußen starb am 31. Mai 1740, als Friedrich achtundzwanzig Jahre alt war.

deren Besitz seine Vorfahren seit langer Zeit beanspruchten.[1] Schlesien jedoch, viel größer als die beiden Herzogtümer zusammen, hatte eine gemeinsame Grenze mit Preußen. Darüber hinaus war es die Kornkammer des Reiches. Es war das am dichtesten bevölkerte und reichste Land der Habsburgermonarchie.[2] Um seinen Raubzug zu rechtfertigen, sprach Friedrich von seinen »gerechten Ansprüchen auf einen großen Teil Schlesiens«.[3] Das Haus Österreich, sagte er, habe sich dieser Provinz beim Erlöschen des Mannesstamms der Fürsten von Schlesien bemächtigt unter dem Vorwand, dass ihre Länder nicht »dem Spinnrocken anheimfallen« dürften.[4] Heute, so Friedrich, ließe sich das gleiche Argument gegen Maria Theresia vorbringen. In den Augen der Letzteren ein unzulässiges Argument, weil der Vater Friedrichs die Pragmatische Sanktion gebilligt hatte.

Abgesehen von der tiefen Misogynie Friedrichs ist das, was ihn in schärfsten Gegensatz zu Maria Theresia bringt, seine Auffassung der Pflichten als Herrscher, die der ihren entgegensteht. Der König von Preußen, der seinen *Anti-Machiavel* verleugnete, kaum dass er erschienen war[5], ist ganz und gar Politiker und hat nur einen einzigen Kompass: sein Interesse. Was ihm gut für Preußen erscheint, wird

---

1 Das Herzogtum Berg mit der Hauptstadt Düsseldorf lag auf der rechten Rheinseite. Das von Jülich wurde begrenzt von Geldern und den Herzogtümern Kleve und Köln.

2 Jean-Paul Bled präzisiert in seiner Biographie (*Marie-Thérèse d'Autriche*, Paris 2001, S. 78), dass Schlesien – seit zweihundert Jahren im Besitz des Hauses Österreich – bis zu zwanzig Prozent der Einnahmen der Wiener Regierung lieferte.

3 Brief an Gotter und Borcke, Berlin, 30. Dezember 1740. *Politische Correspondenz Friedrich's des Großen*, a.a.O., Bd. 1, S. 163, Brief 235. Er erinnerte darin an den »Vertrag von 1686, der nur ein vorgetäuschter Vertrag, ein unerhörter Schwindel« sei, »mit dem man insgeheim dem Sohn abpresste, was man dem Vater öffentlich gewährt hatte«.

4 Ebd., S. 164. »Dem Spinnrocken anheimfallen« [*tomber en quenouilles*] sagte man von einer Erbschaft, die »in die Hand einer Frau« fällt (vgl. *Dictionnaire Robert*).

5 Geschrieben vor dem Tod von Friedrichs Vater und einige Monate später von

mit dem Guten gleichgesetzt. Der Zweck rechtfertigt die Mittel: List, Lüge, Verrat, Zynismus, Recht des Stärkeren. Kurz, all die Tugenden des machiavellistischen Herrschers sind die seinen. Umgekehrt ist die junge Maria Theresia eine Kantianerin *avant la lettre*. Erzogen in christlicher Moral, glaubt sie, dass Politik weder Lüge noch Untreue rechtfertigt. Im Jahr 1742 kann man mit Grund behaupten, die Königin werde »niemals die Erste sein, die von irgendeinem mit irgendeiner Macht geschlossenen Vertrag abrückt, wie ungünstig er auch erscheine; ihre Frömmigkeit und ihre Redlichkeit lassen sie mit solchen Dingen äußerst empfindlich und gewissenhaft umgehen und verschaffen ihr den Ruhm, Sklavin ihrer Worte zu sein«.[1]

Es dürfte also klargeworden sein: Die beiden Gegner folgen nicht denselben Spielregeln. Er verkörpert die Figur des politischen Realismus, in dem Moral kaum eine Rolle spielt. Sie brüstet sich damit, die Gesetze der Individualmoral auf die Beziehungen zwischen Staaten anzuwenden – mit den bekannten Resultaten. Gegen Kreon verliert Antigone immer. Ansonsten ist beiden außergewöhnlicher Mut und außergewöhnliche Widerstandskraft gemein, und sie geben sich uneingeschränkt derselben Leidenschaft hin: der Größe ihres Landes zu dienen.

Bestandsaufnahme

Während Friedrich von seinem verstorbenen Vater nicht nur ein glanzvolles, perfekt gedrilltes Heer geerbt hat, sondern auch prall gefüllte Staatskassen, verfügt Maria Theresia als Erbteil nur über eine vom letzten Krieg dezimierte Armee und eine leere Schatzkammer.

Voltaire anonym publiziert, lehnte der *Anti-Machiavel* Eroberungskriege entschieden ab.

1 Brief des Wiener Hofes an den Londoner Hof, 3. April 1741. MAE *CP Autriche*, vol. 228, fol. 14 r.

Die Staatsschuld wird auf einhundert Millionen Gulden geschätzt, und in den Kassen sind nur noch hunderttausend, während man, um einen Krieg zu finanzieren, mehrere Millionen brauchte. Maria Theresia besteuert und bettelt so gut sie kann, mit den ihr eigenen Waffen. Sie ruft die Prälaten ihrer Erblande zusammen, um von jedem einzelnen ein freiwilliges Darlehen zu fordern. Borcke berichtet, dass einer von ihnen bei seiner Audienz in seinem und seiner Gemeinde Namen sechzigtausend Gulden zusagte. »Als er von ihr zurückkehrte, fragten ihn seine Mitbrüder: ›Und, was habt Ihr getan?‹ ›Ich habe der Königin alles Geld angeboten, das ich habe, nämlich sechzigtausend Gulden.‹ ›Wie‹, riefen die anderen, ›Sie hatten die Schwäche, soviel zu geben, und warum?‹ ›Geht ihr anderen nur zur Königin und seht zu, ob ihr imstande seid, ihr etwas abzuschlagen.‹ Tatsächlich«, fährt Borcke fort, taten die anderen das Gleiche, so liebenswürdig hatte die Königin sie darum gebeten [...]. Man rechnet damit, auf diese Weise 1 200 000 Gulden für das Dringendste zu bekommen.«[1]

Die reichsten Fürsten der Erblande, die Starhemberg, Liechtenstein, Kinsky, Esterházy, wurden ebenfalls ersucht[2], doch hatte man damit noch längst nicht wieder ein Heer auf die Beine gestellt, das dieses Namens würdig gewesen wäre. Einige böse Zungen bemerkten, Maria Theresia und ihre Mutter hätten als Erstes ihren Schmuck verkaufen sollen. Andere betonten, dass Franz Stephan, der viel Geld aus der Toskana zog und in Wien als Generalleutnant für seinen

---

1 Brief von Borcke an Friedrich II., 12. Dezember 1740. GStaPK *I. HA Rep. 81 GW*, Nr. 14a, fol. 32 r.

2 Rosa von Harrach an ihren Vater Friedrich August, Wien, 24. Dezember 1740. ÖStA AVA *FA Harrach* 534. Siehe auch den Brief aus Wien, 4. Januar 1741, MAE *CP Autriche*, vol. 227, fol. 11 r: »Der junge Fürst Liechtenstein soll 500 000 Gulden beigesteuert haben, der Graf von Kinsky, Kanzler von Böhmen, ebensoviel, und andere entsprechend.« Man ersieht daraus den ungeheuren Reichtum der Grandseigneurs der Monarchie.

ganzen Hofstaat großzügig entschädigt wurde, in die eigene Tasche hätte greifen können.

Der Geldmangel des Wiener Hofes erklärt zum Teil die Abhängigkeit Maria Theresias von England, dem traditionellen Verbündeten der Habsburgermonarchie, während des ganzen Erbfolgekriegs. England gab lieber Subsidien als seine Soldaten. Doch selbst angenommen, die Kassen wären gefüllt gewesen, hätten der Mangel an fähigen Offizieren und Generälen, die unglaubliche Trägheit beim Treffen von Entscheidungen und deren Ausführung genügt, Friedrich einen Vorteil zu verschaffen. Die drei Feldmarschälle Neipperg, Wallis und Seckendorff, die schon das Kommando gegen die Türken innegehabt hatten, waren von Karl VI. wegen ihrer militärischen Inkompetenz und ihrer unwürdigen Friedensverhandlungen unter Arrest gestellt worden. Maria Theresia hatte keine andere Wahl, als ihnen Freiheit[1], Titel und Funktion zurückzugeben. In der Zwischenzeit, bis diese Herren zur Tat schritten – Maria Theresia hatte mutig entschieden, Schlesien mit Waffengewalt zu verteidigen –, wurde Feldmarschall-Leutnant von Browne beauftragt, die preußischen Truppen zurückzuschlagen. Anfang Dezember an Ort und Stelle eingetroffen, verfügte er nur über insgesamt sechstausend Mann, um eine Provinz von vierzigtausend Quadratkilometern gegen fünfundzwanzigtausend Preußen zu schützen.[2] Während sich der Nachschub verzögerte, tat Browne alles in seiner Macht Stehende, um die feindliche Offensive zu bremsen. Doch Ende Januar war der größte Teil Schlesiens in preußischer Hand.

Zum Unglück Maria Theresias trug nicht nur bei, dass sie weder über Geld noch über eine Armee verfügte, sie erbte zudem noch einen Ministerrat, der aus alten, trägen oder korrupten Ministern bestand. Deren Durchschnittsalter lag bei siebzig Jahren und ihr

1 Das geschah am 6. November 1740.
2 Robert B. Asprey, *Frédéric le Grand, 1712–1786*, Paris 1989, S. 165.

Arbeitseifer bei null. »Die Staatsgeschäfte gehen nicht voran [...]. Sie widmen der Arbeit nur die Hälfte der Zeit, die man in Frankreich dafür aufwendet, wenn man im Dienste des Königs steht. Selbst Herr von Bartenstein, der unbestritten derjenige ist, der am meisten arbeitet, verwendet, wenn die Stunde des Abendessens gekommen ist, den Rest des Tages auf seine Vergnügungen.«[1] Mit dem Obersthofkanzler Philipp Sinzendorf war es noch schlimmer. »Die Trägheit hat ihn derart ergriffen«, notiert Mirepoix, »dass er es nicht mehr ertragen kann, wenn von Staatsgeschäften die Rede ist. Beim ersten Wort, das darüber fällt, schläft er entweder ein oder wechselt das Thema der Unterhaltung durch die seltsamsten Einwürfe.«[2] Das Ergebnis war niederschmetternd: Enorme Verwirrung und Chaos herrschten in dieser Regierung, die geprägt war von »der Schwäche des Fürsten, der Unfähigkeit und Nachlässigkeit seiner Minister, dem schnöden Interesse, das all diejenigen beherrscht, die im Dienste des Kaisers stehen«.[3] Außer dem sehr alten Starhemberg[4], einem Ehrenmann, zuständig für Finanzen, und Bartenstein waren die meisten, die Macht hatten, käuflich, und das wusste man in den Kanzleien.[5]

---

1 Depesche von Mirepoix, Wien, 2. Juni 1739. MAE *CP Autriche,* vol. 221, fol. 184 v–185 r. – Johann Bartenstein (1689 bis 1767), der Jüngste der Geheimen Konferenz, war Sekretär des Geheimen Rats und Vertrauter Karls VI. Er war für die Außenpolitik zuständig und diente Maria Theresia bis 1753.

2 Wien, 10. August 1741. Ebd., vol. 226, fol. 263 r. – Philipp Sinzendorf (1671 bis 1742) war Staatsminister und Mitglied des Geheimen Rats seit 1705. Er war ein großer Genussmensch, ein harter Mann und einer der Korruptesten der Regierung.

3 Wien, 16. Juli 1739. Ebd., vol. 222, fol. 15 v.

4 Gundacker Starhemberg (1663 bis 1745). Er stellte sich, Villermont zufolge, oftmals gegen die phantastischen und ruinösen Projekte des Kaisers. Antoine de Villermont, *Marie-Thérèse 1717–1780,* a. a. O., Bd. 1, S. 265.

5 Was Friedrich II. bestätigt: »Sollte es möglich sein, durch Großzügigkeiten das Wiener Ministerium in meine Belange einzusetzen, so wird Er [Gotter] sehen, dass ich Borcke [...] ermächtigt habe, bis zu 200 000 Ecu dem Obersthofkanzler

Maria Theresia brauchte nicht lange, um all das zu bemerken, doch zu Beginn ihrer Herrschaft hatte sie keine eigenen Leute, um sie zu ersetzen. Sie brauchte vor allem viel diplomatisches Geschick, um sich keine Feinde unter den Ministern ihres Vaters zu machen, die aus allen Ecken Österreichs kamen und über die Erblande herrschten. Sie entfernte sie mit viel Fingerspitzengefühl und versah sie in Erwartung ihres baldigen Ablebens mit schönen Pensionen.[1] Doch bis dahin zeigten die Intrigen und das Geld Friedrichs eindrucksvolle Wirkung auf die Mehrzahl ihrer Minister, die über die preußischen Siege bereits stark beunruhigt waren. Ende Februar 1741 macht Maria Theresia, unterstützt von Starhemberg und Bartenstein, ihren Widerstand ohne irgendwelche Verhandlungskonzessionen öffentlich. Nichts, auch nicht die versprochene Wahl ihres Mannes, kann sie dazu bringen, auch nur einen Fußbreit schlesischen Bodens preiszugeben. Doch man erfährt in London, dass der »Rat von Wien gespalten ist [...] und dass die Partei der Aussöhnung anscheinend die Oberhand gewinnen wird«.[2]

Bedenklicher für die Widerstandspartei ist die Haltung Franz Stephans, den man jetzt im Verdacht hat, mit seinem Freund Fritz verhandeln zu wollen. Wie Victor Tapié bemerkt, erschien mehreren Ministern und vielleicht dem Großherzog selbst »der Bruch mit

Graf von Sinzendorf und 100 000 Ecu dem Staatssekretär des Herzogs von Lothringen, Herrn von Toussaint, anzubieten, und wenn es nötig sein sollte, andere zu gewinnen, muss mich Graf von Gotter nur in Kenntnis setzen.« Friedrich II. an Gotter, Berlin, 8. Dezember 1740. *Politische Correspondenz Friedrich's des Großen*, a.a.O., Bd. 1, S. 134, Brief 192. Toussaint war der Sekretär, Kofferträger und gleichsam der Premierminister Franz Stephans.

1 In ihrer ersten Denkschrift von 1751 – siehe Alfred von Arneth (Hrsg.), »Zwei Denkschriften der Kaiserin Maria Theresia«, a.a.O. – zeichnete sie ein Porträt eines jeden von ihnen mit bemerkenswertem Realismus.

2 Brief von Bussy an Amelot, 20. Februar 1741. MAE *CP Angleterre*, vol. 411, fol. 130 r–v.

dem König von Preußen als die schlimmste Lösung. Sie beharrten im Glauben, dass dessen Bündnis zur Verteidigung des Territoriums und seine Stimme zur Kaiserwahl die Opfer schon wert waren, die man zunächst mit Entrüstung zurückgewiesen hatte.«[1] Dieser nicht sehr couragierte Standpunkt war als solcher nicht abwegig, doch die Situation Franz Stephans war sehr verfänglich, denn er war Richter und Partei zugleich. Man konnte ihn verdächtigen, sein persönliches Interesse über dasjenige seiner Gattin zu stellen. Ein Grund, aus dem er sich hütete, öffentlich eine klare Position zu beziehen. Die treibende Kraft des Widerstands war Maria Theresia, und sie blieb unbeugsam bis zum Schluss. Für sie war es eine Sache der Ehre und der Politik. Wenn sie nur ein kleines Stück ihres Territoriums an Friedrich II. abträte, verletzte sie die Pragmatische Sanktion und gäbe den anderen Mächten das Signal zu einer weiteren Aufteilung.[2]

Annus horribilis: 1741

Das Jahr 1741 beginnt im Lärm der Waffen. Es beginnt auch mit einem tiefen persönlichen Leid für Maria Theresia. Sieben Monate nach dem Tod ihrer Ältesten, der dreijährigen Maria Elisabeth, sieht sie ihre Kleinste dahinsterben, Maria Karolina, gerade ein Jahr alt.[3] Auch wenn es sich um ein Mädchen handelt, ist die tiefe mütterliche Trauer bei dieser Frau nicht geringzuachten. Doch niemand kümmert

---

1 Victor Tapié, *Maria Theresia. Die Kaiserin und ihr Reich*, a.a.O., S. 57.
2 Wien, 11. Januar 1741. MAE *CP Autriche*, vol. 227, fol. 109 r: »Die Entschlossenheit der Königin ist umso größer […], als die preußischen Truppen immer weiter vorrücken und alle Briefe aus Schlesien darauf hindeuten, dass sie in Böhmen einzufallen drohen.«
3 Maria Elisabeth (5. Februar 1737 bis 7. Juni 1740). Maria Karolina (12. Januar 1740 bis 25. Januar 1741) starb an den Folgen einer Grünspanvergiftung, wahrscheinlich durch einen schlecht gereinigten silbernen Becher.

sich sonderlich darum, vor allem auch, da sie zu diesem Zeitpunkt im siebten Monat schwanger ist.

Der einzige glückliche Moment in diesem tragischen Jahr ist die Geburt des Thronerben, Erzherzog Joseph. Der 13. März, an dem Maria Theresia einen Sohn zur Welt bringt, setzt dem Fluch der Habsburger ein Ende und verleiht der Mutter Popularität und neues Gewicht. Der französische Gesandte spricht von »unbeschreiblicher Freude« des Volkes, wie sie sich bei der Geburt eines Mädchens niemals gezeigt hat. Maria Theresia hat an Legitimität gewonnen, um dem Sturm zu trotzen, der bald darauf über ihr Land hinwegfegt.

Von ihren Verbündeten fallengelassen

England und Holland sind Österreichs Verbündete. Der Defensivvertrag von 1731 verpflichtet jede Partei, im Falle eines Angriffs den anderen zu Hilfe zu kommen. Der Londoner Hof hat natürlich die Pragmatische Sanktion anerkannt und verspricht am 30. November dem österreichischen Gesandten, seine Verpflichtungen vollständig zu erfüllen.[1] In Wahrheit ist ihm nicht wohl dabei, denn der König von England ist auch Kurfürst von Hannover, an der Grenze Preußens. Und er möchte sich um keinen Preis seinen Nachbarn Friedrich zum Feind machen.

Noch ehe Österreich Friedrich in Schlesien eine entscheidende Schlacht liefern konnte[2], beeilt sich der französische Gesandte, an seinen Minister Amelot zu schreiben: »Man hat mir versichert, der König von England habe auf wenig zufriedenstellende Weise auf den Brief geantwortet, den ihm die Königin von Ungarn über den Einfall der preußischen Truppen in Schlesien geschrieben hat, und er habe

---

1 London, 2. Januar 1741. MAE *CP Angleterre*, vol. 411, fol. 3 r.

2 Neipperg braucht mehrere Monate, um seine Armee zusammenzustellen und die Entscheidung zu treffen, Wien zu verlassen, um sich an ihre Spitze zu setzen.

sich damit begnügt, indem er dieser Fürstin seine guten Dienste versprochen habe, sie zu ermahnen, eine Verständigung mit dem König von Preußen zu suchen.«[1]

England gedenkt sich aus dieser delikaten Situation herauszuziehen, indem es Maria Theresia und dem König von Preußen seine Vermittlung anbietet. So könnte es Subsidien, aber keine Truppen auf den Kontinent schicken. Friedrich akzeptiert den englischen Vorschlag sofort, erklärt sogar, er könne sich mit Niederschlesien begnügen, doch Maria Theresia lehnt ab und gibt zu bedenken, »dies heiße die Garantie ihrer Staaten zu schwächen und den anderen Garanten ein gefährliches Beispiel zu geben«.[2] Der englische Hof versucht nach Möglichkeit Zeit zu gewinnen. Er sendet einen neuen Diplomaten, Lord Hyndford, zum preußischen König und praktiziert gegenüber Maria Theresia eine Politik der schönen Worte und falschen Versprechungen.[3] Noch ehe sie Zeit hat zu antworten, erhöht

---

1 Wien, 28. Januar 1741. Der französische Gesandte nahm die Wirklichkeit ein wenig vorweg! MAE *CP Autriche*, vol. 227, fol. 186 r–v.

2 London, 17. Februar 1741. MAE *CP Angleterre*, vol. 411, fol. 106 v.

3 Brief von [Außenminister] Harrington, 27. Februar 1741, der Geheimen Konferenz von dem Gesandten Robinson verlesen: »Man schlägt als Erstes vor, durch freundschaftliche Vorhaltungen dahingehend auf den König von Preußen einzuwirken, dass er von seinem Unternehmen zurücktritt; wenn das nichts fruchtet, ihn einzuschüchtern, indem man ihm [unsere Entschlossenheit] deutlich macht, unsere Verpflichtungen gegenüber dem Hof, an dem Sie sich befinden, zu erfüllen […], nötigenfalls gemeinsam mit der Königin von Ungarn und anderen Mächten […] diesen Fürsten mit Waffengewalt zu zwingen, diese Truppen aus Schlesien zurückzuziehen […]. In Erwartung dessen trifft Ihre Britische Majestät unverzüglich Vorbereitungen dafür, ihre Verpflichtungen zu erfüllen, […] und hat bereits die Höfe von Dänemark und Kassel von dem Beschluss in Kenntnis gesetzt, für den Unterhalt der Truppen, zu dem sie vertraglich aufgegeben ist, unbegrenzt aufzukommen. Darüber hinaus tut der König alles in seiner Macht Stehende, Russland zu ermutigen, einen Entlastungsangriff auf die Staaten [Friedrichs] zu unternehmen und den König von Polen auf die Seite der Königin von Ungarn zu ziehen. […] Sollte der [Wiener] Hof entschlossen sein, in keinerlei gütliche Einigung mit dem König von

London den Druck, verweist auf die Kriegsvorbereitungen Bayerns und beschwört die Gewissheit, dass sich Gewitterwolken zusammenbrauen, um sich über dem Haus Österreich zu entladen.[1] Zusammengefasst bedeutet das, es sei unumgänglich, Verhandlungen mit Friedrich zu eröffnen, ausgehend von seinen Vorschlägen. Um dies zu erwirken, erhält Robinson den Rat, unter dem Siegel größter Verschwiegenheit zunächst mit dem Großherzog und den Ministern, die mit ihm einig sind, zu sprechen und sie von der ungeheuren Gefahr zu überzeugen, die auf Österreich laure, wenn es nicht ernsthafte Anstrengungen unternehme, sich mit dem König von Preußen zu verständigen.

Man wird bemerken, dass in diesem neuen Schreiben des englischen Hofes die Auffassung Maria Theresias unerwähnt bleibt, so als ob sie nicht zählte oder als ob sie zu viel zählte. Trotzdem weigert sie sich weiterhin, um des Friedens willen die Abtretung des kleinsten Stückchens von Schlesien auch nur zu erwägen. Sie ist es, die dem Hof von England antwortet, indem sie ihn trocken an seine Pflichten erinnert: »Nach den sehr großen Verlusten des Hauses Österreich zulassen zu wollen, dass es noch weiter erniedrigt wird […], hieße das Gleichgewicht Europas und die gemeinsame Sicherheit, die davon abhängt, zu vernichten […]. Die weitere Verzögerung, der Königin beizustehen, wie die Verträge es fordern, würde noch verderblichere Folgen zeitigen […]. Das Recht der Königin, die Garantie der

Preußen einzutreten und ihn mit Gewalt zu nötigen, seine Truppen aus Schlesien zurückzuziehen, wird er den [englischen] König erbötig finden, sich mit anderen zur Zusammenarbeit geneigten Mächten zu verabreden und einen geeigneten Plan für das Vorgehen auszuarbeiten […]. Sollte der Wiener Hof hingegen glauben, dass es in seinem Interesse liege, eine gütliche Einigung mit dem König von Preußen zu suchen, wird Seine Britische Majestät, wenn es gewünscht wird, sich nicht weigern, als Vermittler bei Seiner preußischen Majestät seine guten Dienste einzusetzen.« Ebd., fol. 156 v–158 v.

1 Brief von Harrington an Robinson, London, 5. März 1741. Ebd., fol. 254 r–256 v.

Seemächte einzufordern, und die Notwendigkeit, dass jede von ihnen dem wirklich und wirksam Genüge tut, sind sinnfällig bewiesen und unwidersprochen.«[1]

Maria Theresia mag sich noch so unnachgiebig zeigen, der Kriegsgott ist nicht auf ihrer Seite. Ein paar Tage später, am 10. April, während des ersten entscheidenden Treffens der beiden Heere bei Mollwitz, erleiden die Österreicher eine Niederlage, die sie noch weiter schwächt. In Wien ist man bedrückt, die englischen Minister verbergen ihren Zorn nicht. Der König von England lässt »seinen großen Schmerz« darüber verlauten, dass man seine Ratschläge zu einer Verständigung missachtet hat, und beharrt angesichts der neuen Umstände noch entschiedener darauf, eine unmittelbare Aussöhnung zwischen den beiden Feinden zu erwirken.[2]

Maria Theresia antwortet nicht, doch man kommt nicht umhin festzustellen, dass alle, die ihr Unterstützung oder zumindest ihre Neutralität versprochen hatten, den Rückzug antreten.

Zunächst Russland, mit Österreich vertraglich verbündet seit 1726. Es wird im Jahr 1741 von der Regentin Anna Leopoldowna regiert, einer angeheirateten Cousine Maria Theresias.[3] Sobald sie von dem Entschluss Friedrichs erfährt, in Schlesien einzudringen, signalisiert sie ihm Widerstand und ihre Treue zum gegebenen Wort. Sie

1 3. April 1741. MAE *CP Autriche*, vol. 228, fol. 10 v–11 r. Am selben Tag schreibt der französische Gesandte in London: »Es scheint gewisser denn je, dass dieser Hof keinesfalls stürmisch für die Erzherzogin Partei ergreifen wird, um den König von Preußen zum Rückzug aus Schlesien zu bewegen.« MAE *CP Angleterre*, vol. 411, fol. 327 v.

2 London, 17. April 1741. MAE *CP Angleterre*, ebd., fol. 325–333.

3 Anna Leopoldowna (1718 bis 1746), Tochter des Herzogs Karl Leopold von Mecklenburg-Schwerin und Katharina Iwanowna, Gattin des Prinzen Anton Ulrich von Braunschweig-Wolfenbüttel, war dreizehn Monate lang (von Oktober 1740 bis Dezember 1741) Regentin Russlands. Ihr Sohn, Iwan VI. von Russland, war noch ein Säugling.

erinnert ihn daran, dass sie beide die Pragmatische Sanktion garantiert und die Unteilbarkeit der Erblande des Hauses Österreich anerkannt haben. »Wenn von der Treue, mit der man Verträge einhalten und Verpflichtungen nachkommen muss, nichts mehr bleibt«, schreibt sie, »dann ist auf der Welt nichts mehr heilig.«[1] Sie lässt den Londoner Hof bald wissen, dass sie fest dazu entschlossen ist, ihre Verpflichtungen gegenüber der Erzherzogin zu erfüllen, und dass sie dreißigtausend Mann zu ihrer Unterstützung entsenden wird, wenn nötig auch mehr.[2]

Doch die guten Absichten sollten folgenlos bleiben. Die Drohungen der Schweden, die Wirren und Intrigen innerhalb des russischen Hofes zwangen die Regentin dazu, die Truppen zu ihrer eigenen Verteidigung zurückzubehalten. Sie konnte nicht gleichzeitig, wie sie gewillt war, zugunsten der Königin von Ungarn handeln.[3]

Was Sachsen anbelangt, Signatar der Pragmatischen Sanktion, terrorisiert von seinen beiden mächtigen Nachbarn, so spielte es wie gewöhnlich ein doppeltes und dreifaches Spiel und war stets besorgt, es mit dem Stärksten zu halten. Auf Sachsen konnte man nicht zählen.

Der Verrat Frankreichs

Frankreich ist seit langer Zeit der große Rivale Österreichs auf dem Kontinent. Es ist mit Bayern verbündet, um bei der Kaiserwahl ein Wort mitreden zu können und ein Gegengewicht zu der Macht Wiens zu bilden. Beide Länder standen sich in Spanien, aber auch

1 Anna Leopoldowna von Russland an Friederich II., Petersburg, 16. Dezember 1740. ÖStA HHStA *LHA* 189, fol. 371–372.
2 London, 26. Januar 1741, MAE *CP Angleterre,* vol. 411, fol. 43 r. Auf Drängen Frankreichs wird Schweden am 4. August 1741 Russland den Krieg erklären.
3 Briefe vom 6. und 27. April 1741. Ebd.

anlässlich der polnischen Erbfolge gegenüber. Um diese letzte Streit-
sache abzuschließen und um sich Lothringens zu bemächtigen, war
Frankreich bereit, die Pragmatische Sanktion zu akzeptieren. Trotzdem will es um keinen Preis Franz Stephan als Kaiser, weil es darin
eine Stärkung der Macht Österreichs über das Deutsche Reich sieht.

Zwar haben Ludwig XV. und sein Premierminister, Kardinal
Fleury, beim Tode Karls VI. seine Tochter ihrer Sympathie und der
Loyalität Frankreichs versichert, doch nach der preußischen Aggres-
sion bleiben sie eigenartig schweigsam. Schon am 29. Dezember
1740 ruft Maria Theresia Ludwig XV. zu Hilfe, der antwortet jedoch
nicht. Am 10. Februar zeigt sie sich beim französischen Geschäftsträger beunruhigt darüber.[1] Endlich, am 26. Februar, bequemt sich der
König dazu, ihr zu antworten, nicht ohne Ironie. Er scheint das seit
langem angekündigte Eindringen des preußischen Königs in Schlesien zu rechtfertigen: »Dass Ihre Majestät anfangs keine Maßnahmen ergriffen hat, sich dem [Einmarsch Friedrichs] entgegenzustellen, hat zu der Vermutung Anlass gegeben, dass sie darin keinen
Grund zu Besorgnis sah.«[2] Eine kalte Dusche, doch Maria Theresia
tut so, als hätte sie nicht verstanden.

Im Mai erhält sie eine gute und eine schlechte Nachricht. Die gute:
Das englische Parlament hat einer finanziellen Unterstützung in
Höhe von dreihunderttausend Gulden zugestimmt.[3] Die schlechte:
Am 28. Mai fand in Nymphenburg mit den Gesandten Frankreichs,
Bayerns und Spaniens (Sachsen wird sich anschließen) eine Kon-

1 Wien, 11. Februar 1741. MAE *CP Autriche*, vol. 228, fol. 202 v.

2 Ebd., fol. 208 r. Am selben Tag hatte Maria Theresia in aller Naivität an Kardinal
   Fleury geschreben, um ihn erneut ihres Vertrauens zu versichern und ihn um die
   Stimme für den Großherzog bei der Kaiserwahl zu bitten. Ebd., fol. 234 r–239 r.
   Am 2. April bestätigt ihr der Kardinal noch einmal die Unterstützung Frankreichs
   für die Pragmatische Sanktion und die Wahl Franz Stephans. Ebd., fol. 295 r.

3 London, 4. Mai 1741. MAE *CP Angleterre*, vol. 412, fol. 9 v. Die bewilligte Summe
   war ein Almosen, gemessen an dem, was Österreich brauchte.

ferenz statt, bei der es um die Verteilung der Hinterlassenschaft Maria Theresias ging.[1] Darüber hinaus verpflichteten sich Frankreich und Spanien, Karl Albrecht von Bayern bei der Kaiserwahl zu unterstützen. Maria Theresia weiß noch nicht, dass Frankreich und Preußen dabei sind, ein Geheimbündnis zu initiieren.[2] Sie ruft immer noch Frankreich zu Hilfe, doch Kardinal Fleury antwortet ihr nur jedes zweite Mal und stets beiläufig. Im August kündigt er ihr an, dass Frankreich Bayern unterstützen wird. Im September schreibt sie ihm ein letztes Mal: »Wenn auch alle friedlichen Versuche seit Mai fruchtlos gewesen sind, mache ich heute vertrauensvoll den letzten […]. Werden Sie wenigstens bereit sein, mir allein und sobald wie möglich sich zu erklären […], um zu erfahren, ob es noch ein Mittel gibt, die Dinge zu befrieden, oder nicht. Sie werden sich vorstellen können, dass ich diesen großen Entschluss [Frieden mit Bayern zu schließen] nur um meiner armen Untertanen willen fasse, die ich selbst um den Preis meines eigenen Blutes retten möchte. Wenn ich auch eine Frau bin, fehlt es mir doch nicht an Mut. Wenn dieser letzte Versuch nicht gelingt, wird es zu einem grausamen Ende kommen müssen, und ich habe durchaus Untertanen, die mit mir meine Rechte zu verteidigen und – eher als mich erniedrigt zu sehen – alles zu wagen und sogar unterzugehen wissen.«[3]

---

1 Antoine de Villermont, *Marie-Thérèse*, a.a.O., Bd. 1, S. 70: »Es wurde vereinbart, dass Böhmen, Oberösterreich, Tirol und der Breisgau an Bayern fallen sollten; dass Sachsen Oberschlesien und Mähren bekäme; Preußen dagegen Niederschlesien; Spanien die Lombardei, Parma und Piacenza; Frankreich die österreichischen Niederlande.«
2 Das am 5. Juni 1741 geschlossen wird.
3 27. September 1741. MAE *CP Autriche*, vol. 229, fol. 110 r–v.

Die große Wende findet im August und September 1741 statt. So lange noch glaubt Maria Theresia, die sich am 25. Juni in Pressburg zum »König« von Ungarn krönen lässt, Schlesien wiedergewinnen zu können. Unter englischem Druck hat sie sich bereiterklärt, mit Friedrich zu verhandeln. Zweimal wird Robinson beauftragt, ihre Vorschläge dem Preußen vorzulegen.[1] Verhandlungen, die zum Scheitern verurteilt sind, denn weder sie noch er wollen etwas davon hören, Schlesien aufzugeben. Den ganzen August über zeigt Maria Theresia, von allen Seiten gedrängt, dem Sieger nachzugeben, einen heldenhaften Trotz, der an Leichtfertigkeit grenzt. In der Tat ist sie kaum imstande, dem König von Preußen die Stirn zu bieten, der sich in einer Machtposition ohnegleichen befindet, da er jetzt mit Frankreich und Bayern verbündet ist.

Am 9. August drangen vierzigtausend französische Soldaten in Deutschland ein, um die Ansprüche des Kurfürsten von Bayern zu unterstützen, der die Feindseligkeiten bereits eröffnet hatte. Am nächsten Tag, dem 10. August, erobert Friedrich die schlesische Hauptstadt Breslau. Schon am 31. Juli hatten die Bayern Passau genommen, eine Station auf dem Weg nach Wien.[2] Damit lag Wien bald in Reichweite ihrer Waffen. Panik bricht aus in der Hauptstadt, die nicht in der Lage ist, Widerstand zu leisten. Wiederum gelingt es Maria Theresia nicht, alle Parteien hinter sich zu bringen, einen Burgfrieden zu schließen. Im Gegensatz zum Adel stößt bei der Wie-

---

1 Beim ersten Mal schlägt sie eine beträchtliche Summe Geldes vor, um Schlesien zurückzukaufen; beim zweiten Mal, es gegen ein Äquivalent in den Niederlanden einzutauschen.

2 5. August 1741. Ebd., fol. 12 v: »Man hat erfahren, dass die Bayern, in Oberösterreich eingedrungen, von dieser Seite her vorrücken, was große Beunruhigung an diesem Hof weckt.«

ner Bevölkerung das Nahen des bayerischen Kurfürsten durchaus auf Sympathie, »um sie von der Herrschaft des Lothringers zu befreien, wie sie den Großherzog nennen«.[1] Und nicht zuletzt gibt ihr die englische Regierung Mitte August zu verstehen, dass sie für sie keinen Finger rühren wird, und fordert sie brutal auf, sich mit Friedrich zu einigen, zu welchem Preis auch immer.[2]

Von allen verlassen, hält Maria Theresia den ganzen August über an ihrem Widerstand fest. Doch von den ersten Septembertagen an stellt das Vorrücken der bayerischen Truppen auf Wien alles in Frage. Vor Linz stehend, fordert der bayerische Kurfürst die Stadt auf, sich freiwillig zu ergeben, weil sie sonst bei geringstem Widerstand mit äußerster Härte behandelt würde.[3] Die Wiener fürchten immer mehr, belagert zu werden. Man füllt die Magazine mit Munition und Waffen. Die Stadt ist in Auflösung, und jeder, der kann, schnürt sein Bündel, um zu flüchten. Maria Theresia ist bereits in Pressburg, um an den Sitzungen des ungarischen Landtags teilzunehmen, eilends lässt sie den kleinen, sechs Monate alten Erzherzog holen.[4] Am 11. September geht sie vor dem versammelten Landtag

---

1 Wien, 12. August 1741. Ebd., fol. 35 v. Inzwischen arbeitet man daran, die Befestigungen Wiens zu verstärken, die seit der letzten Belagerung durch die Türken nicht mehr repariert worden waren.

2 16. August 1741. Ebd., fol. 42 v. Siehe auch die Ausführungen Horace Walpoles gegenüber dem Wiener Gesandten, der gekommen war, um Hilfeleistungen zu verlangen: »Wenn dieser Hof unbedingt seine Länder verlieren will, so sei das seine Sache; zwar habe ihm der König von England deren Besitz garantiert, doch derartige Verpflichtungen hätten wie alles andere auch ihre gewöhnlichen Grenzen, und man sei nicht verpflichtet, sich ins Feuer zu stürzen, um jemanden herauszuziehen, der sich verbrennen wollte.« La Haye, 11. August 1741. MAE *CP Hollande*, vol. 439, fol. 53 r.

3 6. September 1741. MAE *CP Autriche*, vol. 229, fol. 73 v–74 v. Linz liegt 185 Kilometer, also zwei Tagesmärsche von Wien entfernt.

4 Seltsamerweise findet man nirgendwo einen Hinweis auf die dreijährige Erzherzogin Maria Anna.

aufs Ganze. Sie präsentiert sich, die Krone des heiligen Stephan auf dem Haupt, in Trauerkleidung und hält vor ihnen auf Lateinisch folgende pathetische Rede:

»Die Betrübniß Unserer Lage vermochte uns den treuen Ständen Unseres geliebten Königreiches Ungarn über den feindlichen Einfall in Unser Erbland Oesterreich und über die Ungarn selbst noch bedrohende Gefahr, so wie über die Mittel dagegen schriftliche Vorlage zukommen zu lassen. Es handelt sich um das Königreich Ungarn, um Unsere Person, um Unsere Kinder, um die Krone. Von Allen verlassen flüchten wir einzig und allein zur Treue der Ungarn und zu ihrer altberühmten Tapferkeit. Wir bitten die Stände, in dieser äußersten Gefahr für Unsere Person, Unsere Kinder, die Krone und das Reich ohne die geringste Versäumniß werkthätige Sorge zu tragen. Was an uns liegt, soll geschehen, um den früheren glücklichen Zustand Ungarns und seines Volkes, den Glanz seines Namens wieder herzustellen. In all dem werden die getreuen Stände die Wirkungen Unserer gnädigen Gesinnung erfahren.«

In diesem Augenblick, berichten anwesende Zeugen, brachen alle in Tränen aus, und viele hundert Stimmen riefen einmütig: »Wir weihen unser Leben und unser Blut.«[1]

Diese Szene, von Maria Theresia als exzellenter Schauspielerin überdramatisiert, ist der Ursprung der »heiligen Allianz« zwischen Ungarn und ihr. Doch man wird sehen, dass diesem Augenblick großer Gefühle, der die Geschichte Österreichs und seiner Herrscherin geprägt hat, ein sehr rüdes Feilschen vorausgegangen war. Zwar schlüpfte sie glaubwürdig in die Opferrolle der von allen verlassenen Frau, doch sie wusste auch mit der Faust auf den Tisch zu schlagen.

---

1 Akklamation der am 11. September 1741 gehaltenen Rede. Alfred von Arneth, *Geschichte Maria Theresia's*, a.a.O., Bd.1, S.300. Diese Übersetzung der Rede Maria Theresias weicht ab von der Wiedergabe ihres französischen Gesandten Vincent.

Jetzt muss sie, wenn sie die Einnahme Wiens und vor allem den Verlust weiterer Länder verhindern will, dringend mit Friedrich verhandeln über den Tausch Schlesiens gegen die Zusicherung seiner Neutralität in dem Krieg, den sie mit den Franzosen, den Bayern und bald auch den Sachsen führt. Friedrich, der immerhin vier Monate zuvor einen Vertrag mit den Franzosen unterzeichnet hat, akzeptiert den Handel unter der Voraussetzung, dass er geheim bleibt. In den Tagen, die der Unterzeichnung dieses Vertrages vorausgehen, weint sich die Königin die Augen aus. Es heißt, sie sei in »tödlichem Kummer« befangen.[1] Am 9. Oktober wird die Konvention von Klein-Schnellendorf geschlossen. Maria Theresia hat sich der Notwendigkeit gebeugt, doch niemals ihre Obsession aufgegeben, Schlesien bei erster Gelegenheit zurückzuholen. Friedrich, dem das nicht entgeht, vollzieht knapp einen Monat später eine weitere Kehrtwendung, indem er sich der Koalition ihrer Feinde anschließt.

Er hatte den Kurfürsten von Bayern mehrfach vergeblich gedrängt, Wien zu erobern, um den tödlichen Schlag gegen Österreich zu führen[2] und den Krieg zu beenden. Dieser zog es auf den Rat von Marschall de Belle-Isle hin vor, den Weg nach Böhmen zu nehmen, um sich mit Hilfe der Franzosen dieses großen Staates zu bemächtigen.[3] Das Unheil, das Wien bedroht, verflüchtigt sich, um anderen Nöten zu weichen.

1 7. Oktober 1741. MAE *CP Autriche*, vol. 229, fol. 133 r.

2 Brief Friedrichs an den Kurfürsten von Bayern, Breslau, 17. Juli 1741. MAE *CP Prusse*, vol. 117, fol. 133 v; siehe auch den Brief vom 2. Oktober 1741, vol. 118, fol. 200 v.

3 Broglie zufolge (»Études diplomatiques«, in: *Revue des Deux Mondes*, Bd. 49, 15. Januar 1882, S. 517) ging das Gerücht um, Maria Theresia habe all ihren italienischen Truppen befohlen, nach Wien zurückzukehren und dabei Bayern zu durchqueren. Der Kurfürst erschrak bei dem Gedanken, er könne im Rücken angegriffen werden. Im Übrigen waren die Befestigungen Wiens endlich in einen abwehrbereiten Zustand versetzt worden.

Um den französisch-bayerischen Feinden den Weg nach Böhmen zu versperren, begeht Maria Theresia den Fehler, das Kommando über ihre Truppen ihrem Gatten anzuvertrauen, der sich niemals in militärischen Dingen bewiesen hatte. Man weiß nicht, ob sie es auf seinen Wunsch hin tat, einiges Prestige wiederzugewinnen und der Verachtung, die in umgab, ein Ende zu setzen, oder ob es ihre eigene Idee war. Am 11. November rückt das Heer der Königin in Böhmen ein, doch das des bayerischen Kurfürsten steht schon vor Prag. In Wien geißelt man die Trägheit des Großherzogs; man murmelt, er habe keine Lust, sich zu schlagen.[1] Prag fällt am 26. November in die Hand der Feinde, noch ehe der Großherzog dort überhaupt eingetroffen ist. »Der Hof bewahrt tiefes Schweigen darüber, doch es dringt in die Öffentlichkeit, dass Prag genommen ist und das Heer der bayerischen Kurfürsten, im Verband mit dem sächsischen, gegen den Großherzog marschiert, um ihn zum Rückzug zu zwingen. Es heißt, dass dieser Fürst in einer ziemlich üblen Lage ist, dass es an Lebensmitteln mangelt und dass sich die Krankheit in seinen Truppen ausgebreitet hat, was die Königin stark beunruhigt. Man veranstaltet hier öffentliche Gebete für den glücklichen Erfolg ihrer Armeen. Man hat die Hoffnung aufgegeben, Böhmen zu halten. Die Königin will ihren Schmuck verkaufen und ihr Silbergeschirr einschmelzen lassen, um den Krieg zu unterstützen. Diese Fürstin ist in unbeschreiblicher Verzweiflung. Sie hat gestern den ganzen Tag geweint und niemanden sehen wollen.«[2]

---

1 Pressburg, 11. November 1741. MAE *CP Autriche*, vol. 231, fol. 219 v. Zu seiner Verteidigung wird Franz Stephan vorbringen, er habe schwere Versorgungsprobleme gehabt.

2 Pressburg, 2. Dezember 1741. Ebd., fol. 205 r–206 v. Am 9. Dezember konstatiert Vincent, die Minister wüssten nicht mehr ein noch aus: »Sie verändern ihre

In diesem Augenblick weint sie nicht nur um den Verlust Böhmens; sie ist völlig niedergeschmettert bei dem Gedanken an die Gefahren, in denen sich ihr Gatte befindet.

Als die Zeit der Tränen vorüber ist, ergreift Maria Theresia zwei wichtige Initiativen. Die erste besteht darin, an den böhmischen Kanzler, den Grafen Philipp Kinsky, zu appellieren: »Prag ist verloren […]. Jetzt ist die Zeit, in der Mut nötig ist, um das Vaterland und die Königin zu retten […]. Mein Entschluss ist gefasst, man muss alles aufs Spiel setzen, um Böhmen zu retten […]. Ehe ich irgend etwas abtrete, müssten all meine Heere, alle Ungarn totgeschlagen worden sein […]. Sie werden sagen, dass ich grausam bin, das ist wahr, doch ich bin ganz gewiss [dass, sobald der Augenblick gekommen ist], ich es hundertfach zurückgeben werde. In dieser Stunde verschließe ich mein Herz dem Mitleid und erbiete mich Ihnen […]. Ich beweine das Schicksal von euch anderen, die ich unglücklich mache, und das ist eines meiner größten Kümmernisse, doch Sie werden immer ein dankbares Herz finden.«[1]

In einem weiteren Brief empfiehlt sie ihm, ein achtsames Auge auf ihren Gatten zu haben, der »alles ist, was mir auf der Welt am liebsten ist, sowohl was seine Person als auch was seinen Ruhm betrifft, auf den ich sehr eifersüchtig bin«.[2]

Die zweite Initiative ist die Reaktivierung des Feldmarschalls Khevenhüller, der sich damals schon halb zur Ruhe gesetzt hatte.[3]

Beschlüsse von einem Augenblick zum nächsten; Befehle und Gegenbefehle folgen einander.«, Ebd., fol. 214 v.
1 Dieser undatierte Brief muss im Dezember 1741 geschrieben worden sein. ÖStA AVA FA Kinsky 28.
2 Ebd. Das Ansehen des Großherzogs hatte in Wien einen Tiefpunkt erreicht. Am 16. Dezember schreibt Vincent: »Man schimpft hier ständig auf ihn wegen der Eroberung Prags.« Siehe MAE CP Autriche, vol. 231, fol. 286 v.
3 Graf Ludwig Andreas von Khevenhüller (1683 bis 1744), ausgebildet von Prinz Eugen von Savoyen, war ein großer Heerführer, der sich in allen von Karl VI.

Sie trägt ihm auf, Linz und Oberösterreich zurückzuerobern. Am Vorabend der Schlacht sendet sie ihm einen elektrisierenden Brief, dazu ihr Porträt und das des kleinen Erzherzogs. Sie wendet sich an ihn als Herrscherin und Mutter:

»Lieber und getreuer Khevenhüller! Hier hast du eine von der ganzen Welt verlassene Königin vor Augen mit ihrem männlichen Erben; was vermeinst du will aus diesem Kind werden? Sieh deine gnädigste Frau erbietet sich dir als einem getreuen Minister; mit diesem auch ihre ganze Macht, Gewalt und alles was Unser Reich vermag und enthält. Handle, o Held und getreuer Vasall, wie du es vor Gott und der Welt zu verantworten dich getrauest. Nimm die Gerechtigkeit als ein Schild; thue was du recht zu sein glaubst; sei blind in Verurtheilung der Meineidigen; folge deinem in Gott ruhenden Lehrmeister in den unsterblichen Eugenischen Thaten und sei versichert, dass du und deine Familie zu jetzigen und zu ewigen Zeiten von Unserer Majestät und allen Nachkommen alle Gnaden, Gunst und Dank, von der Welt aber einen Ruhm erlangest. Solches schwören wir dir bei Unserer Majestät.«[1]

Vergeblich zeigt Maria Theresia eine unbeugsame Entschlossenheit; die letzten Tage des Jahres machen noch das Maß ihrer Enttäuschungen voll. Nicht nur gibt es in Wien keine Lebensmittel mehr, denn alles kam aus Böhmen und Mähren; mehr noch und ernster: Am 23. Dezember erfährt man von dem Staatsstreich der Fürstin Elisabeth in Russland.[2] Sie verbannt die Regentin Anna Leopoldowna – die Maria Theresia wohlgesinnte Cousine – sowie deren Gatten und

geführten Kriegen auszeichnete. Er brach am 16. Dezember auf, um sich an die Spitze der österreichischen Armee zu setzen.

1 Undatiert; Khevenhüller wird den Brief am 21. Januar 1742 erhalten. Alfred von Arneth, *Geschichte Maria Theresia's*, a.a.O., Bd. 2, S. 9f.

2 Zarin Elisabeth I. von Russland (1709 bis 1762) war die Tochter Peters des Großen und Katharinas I. Ihr Staatsstreich fand am 6. Dezember ohne jedes Blutvergießen statt.

ihr fünfzehn Monate altes Kind, das unter dem Namen Iwan VI. bereits zum Zaren von Russland inthronisiert worden war. In Wien ist die Bestürzung umfassend. Man hat eine sichere Verbündete verloren und wagt nicht mehr, auf die Hilfe zu rechnen, die man von ihr erwartete.[1]

Die Bilanz am 31. Dezember ist niederschmetternd. Von allen Seiten her angegriffen, muss Maria Theresia nun auch noch den Spott ihrer Feinde erdulden. In Augsburg erscheint eine Medaille, die sie neben dem König von Preußen und dem Kurfürsten von Sachsen zeigt, die ihr einen Teil ihrer Robe abschneiden, und hinter ihr den Kurfürsten von Bayern, der ihr die Schleppe abtrennt.[2] Es ist der Beginn der Legende von der »entblößten Königin«. Rasch wird das Thema fast überall aufgegriffen. Sogar in Wien wird sie von einem Maler so dargestellt, exponiert und illuminiert. Die Variationen werden von Land zu Land immer anzüglicher. Anfang 1742 zirkuliert in Holland ein Stich, der sie mit nackten Brüsten, Beinen und Schenkeln zeigt, umgeben von Männern, die sie befühlen. Im Januar gibt das *Journal de Barbier* die Verse wieder, die in Paris über die »arme Königin von Ungarn« umlaufen:

»Vergeblich quälst du dich; Europa, ganz in Waffen,
Mit vielen Bataillonen überschwemmt es deine Länder,
Der Himmel gab dir, Königin, zu viel der Reize!
Sie werden dir für schamlose Attacken sorgen!
Lass dich entblößen und ergib dich ihrem Überschwang;
Gib, wenn es nötig ist, dein Hemd her und den Rock;
Kleopatra, vor langer Zeit so hübsch wie du,
Sie wird dich lehren, ihnen nichts mehr zu verbergen.
So frisch, so blühend wirst du dann erscheinen,

---

1 Wien, 27. Dezember 1741. MAE *CP Autriche*, vol. 229, fol. 244 r–v.
2 Rosa von Harrach an ihren Vater Friedrich August, Wien, 11. März 1741. ÖStA AVA *FA Harrach* 534.

Dass unser Cäsar, zart ergriffen in der Seele,

Vergessen wird all seine Rechte, dich zu nehmen [...].«[1]

Es handelt sich um nichts weniger als um die Aufforderung an eine Frau, sich vergewaltigen zu lassen.

Die prüde und fromme Maria Theresia musste sich von solchen obszönen Worten und Darstellungen zutiefst beleidigt fühlen. Trotzdem wird man sie ein paar Jahre später, 1745, in Frankfurt gegenüber einem englischen Unterhändler mit den Worten vernehmen: »Eher gäbe ich mein Hemd und meinen Unterrock her als Schlesien.«[2]

1 *Journal de Barbier*, Paris 1885, Bd. 3 (1735–1744), S. 332.
2 Victor Tapié, *Maria Theresia. Die Kaiserin und ihr Reich*, a.a.O., S. 81.

Viertes Kapitel

Die Wandlungen der Königin von Ungarn und Böhmen

Die Darstellung der entblößten Königin zeitigte nicht die erhoffte Wirkung. Dem ordinären Gelächter einiger folgten Reaktionen von Empörung und Mitleid. Sie verkörpert die Frau als Opfer von Ungerechtigkeit und des Rechts des Stärkeren. Durch die Veröffentlichung ihres flammenden Briefes an Khevenhüller erregt Maria Theresia nicht nur Mitgefühl, sondern weckt auch Bewunderung, insbesondere bei den Frauen in England. Bald nach seiner Publikation organisiert ein Dutzend Kaufleute eine öffentliche Kollekte für die Königin von Ungarn und veröffentlicht an zwei aufeinanderfolgenden Tagen einen entsprechenden Aufruf in einer großen Zeitung.[1] Der Erfolg lässt nicht auf sich warten. Schon nach wenigen Tagen haben sich eintausendfünfhundert Personen dazu verpflichtet, dreißig Guineen zu geben, und man erwartet dreimal mehr.[2] Die Damen der Aristokratie machen mobil. Die alte Herzogin von Marlborough, achtzig

---

1 Was der französische Gesandte mit *avis journalier* (»Tagesanzeiger«) übersetzte, meint entweder die *Daily News* oder den *London Daily Advertiser*, zwei zeitgenössische Tageszeitungen.

2 Siehe die Depeschen vom 29. März, 9. April und 12. April 1742. MAE *CP Angleterre*, vol. 414. Die Königin von Ungarn wird ihre ganze Dankbarkeit zum Ausdruck bringen, die Hilfsgelder jedoch nicht annehmen.

Jahre alt, verlässt ihren Ruhesitz und trägt sich auf der Spendenliste mit vierzigtausend Pfund Sterling ein. Andere folgen. Dieses recht ungewöhnliche Vorgehen zugunsten eines ausländischen Souveräns verdankt Maria Theresia zum großen Teil ihrer Rolle als Frau. Doch das positive Bild des Opfers, das sich mutig der Beutegier und der Treulosigkeit der anderen Herrscher entgegenstellt, bleibt unvollständig. Die Reihe der Prüfungen, die sie in diesem ersten Jahr ihrer Regierungszeit durchstehen musste, hat die Königin von Ungarn zutiefst verändert. Sie hat die Erfahrung der Doppelzüngigkeit der Politiker gemacht, hat die Inkompetenz und manchmal Niedertracht ihrer Umgebung ermessen können, und sie ist härter geworden. Die Fürstin verbirgt ihre Launen nicht mehr, lässt sich zu Zornesausbrüchen hinreißen und betont immer mehr ihre Autorität. All diese Eigenschaften sollten sich während der Jahre des Erbfolgekriegs noch verschärfen.

Zornesausbrüche

Minister und Generäle müssen den Kopf dafür hinhalten. Selbst ihr angebeteter Gatte entgeht manchmal nicht ihren Zornesausbrüchen. Während Maria Theresia sich stets dankbar und großzügig gegenüber denen zu zeigen weiß, die ihr treu dienen, wie zum Beispiel Feldmarschall Khevenhüller, dem es 1742 gelingt, ihre Feinde aus Oberösterreich zu vertreiben und eine Wende der militärischen Situation herbeizuführen[1], kann sie sich in ihren Wutanfällen anderen gegenüber hart und herablassend zeigen. Einmal muss Graf Ulfeld, zuständig für Auswärtiges, erleben, dass er mitten in einer Ministerkonferenz als Idiot gescholten wird. »Er ist ein Esel, soll sie

---

1 Khevenhüller erobert München am selben Tag, an dem sich der Kurfürst von Bayern in Frankfurt am Main zum Kaiser krönen lässt, am 24. Januar 1742.

gesagt haben, und wird es immer bleiben.«[1] Ein andermal fährt der Blitzstrahl auf Fürst Lobkowitz nieder, dem die Kapitulation der seit sieben Monaten in Prag belagerten Franzosen aufgetragen ist. Maria Theresia verlangt, dass sich die Besatzer ergeben und sich anschließend gefangen nehmen lassen. Nach dem Coup des Marschalls de Belle-Isle, dem es in der Nacht des 16. Dezember 1742 gelingt, die feindlichen Linien mit den tapfersten seiner Männer zu durchbrechen, droht der französische Oberst Chevert, der mit den Kranken und Verwundeten zurückgeblieben war, Lobkowitz damit, den Hradschin zu sprengen, wenn man sie nicht frei und ehrenvoll abziehen lasse.[2] Lobkowitz gibt nach und erregt damit den Zorn der Herrscherin, die über das Zugeständnis ihres Generals erbost ist.

Gewiss, als sich 1742 die Schlinge um Österreich zusammenzog, hatte Maria Theresia gute Gründe dafür, mit den Franzosen zu hadern. Nicht nur kann sich ihretwegen der Kurfürst von Bayern nach der Einnahme von Prag zum König von Böhmen und ein paar Wochen später zum Kaiser des Römischen Reiches krönen lassen[3], sondern sie ist auch gezwungen, im Sommer erneut Frieden mit Friedrich zu schließen[4], um nur noch an einer Front kämpfen zu müssen. Sie gibt dabei fast ganz Schlesien (Nieder- und Oberschlesien) auf und muss um die Wiedereroberung Böhmens kämpfen. Ihre Trup-

---

1 Podewils an Friedrich II., 9. August 1747. GStaPK *I. HA Rep. 81 GW*, Nr. 42, fol. 105 r. Graf Ulfeld (1699 bis 1770) war von 1742 bis 1753 Mitglied der Geheimen Konferenz.

2 Je nach Quelle sollen es fünfzehn-, sechzehn- oder achtzehntausend Mann gewesen sein, mit denen Marschall de Belle-Isle dieser berühmte Rückzug gelang. Man schätzt die Zahl der Kranken und Verletzten, die unter der Verantwortung des Obersten Chevert in Prag geblieben waren, auf sechstausend. Sie verließen Prag am 1. Januar, ohne gefangen genommen zu werden.

3 Karl Albrecht von Bayern wurde am 19. Dezember 1741 zum König von Böhmen gekrönt und am 24. Januar 1742 zum Römischen Kaiser gewählt.

4 Der Präliminarfrieden wurde am 11. Juni 1742 in Breslau geschlossen, der Vertrag am 28. Juli 1742 in Berlin unterzeichnet.

pen sind erschöpft, und das Volk denkt wie die meisten ihrer Minister nur noch daran, mit den Franzosen um jeden Preis Frieden zu schließen. Maria Theresia ist von einer unausstehlichen Laune. Als Prag sich endlich ergibt und Böhmen ihr wieder in den Schoß fällt, zeigt sie für einen kurzen Moment Freude und Erleichterung. »Am 2. Januar 1743«, berichtet Robinson, »fand ein großes Reiterkarussell zu Ehren der Eroberung von Prag statt. Die Königin *in persona* nahm mit den Damen ihres Hofes daran teil [...]. Die Reiterinnen, prachtvoll als Amazonen gekleidet, führten vier Quadrillen aus. Ihre Majestät die Königin ritt an der Spitze der ersten Reiterquadrille, mit purpurnem Samt bekleidet, die Equipage weiß mit goldenen Litzen [...]. Ihre Majestät die Königin und die Reiterinnen stiegen über die Schlosstreppe hinab in die Manege, nachdem sie mehrere Drehungen nach rechts und nach links gemacht hatten [...]. Alle Zuschauer waren von Bewunderung erfüllt für die Gewandtheit und Geschicklichkeit Ihrer Majestät [...].«[1] Doch weder die Feste noch das Glück des Sieges können die Königin ihren tiefen Groll gegen das böhmische Volk vergessen lassen, das sie verraten hat.

Wut auf Böhmen

Gegen den Rat ihrer Vertrauten, insbesondere Franz Stephans, gibt Maria Theresia ihrem Bedürfnis nach Rache an denen nach, die sich den Franzosen und Bayern angedient haben. Sie kann es nicht verwinden, dass so viele böhmische Amtsträger – obwohl seit Jahrhunderten mit den Habsburgern verbunden – sich so rasch Karl VII. angeschlossen haben. Bevor sie sich krönen lässt, will sie Prag säubern und die Kollaborateure bestrafen. Kurz vor den Feierlichkeiten ernennt sie eine Untersuchungskommission, die nach all denen for-

---

1 Albert de Broglie, »Études diplomatiques«, in: *Revue des Deux Mondes*, Bd. 61, 15. Februar 1884, S. 754 f.

schen soll, die sich zu der Regierung Karls VII. bekannt haben, und ihnen den Befehl erteilen soll, Prag zu verlassen. Es häufen sich Denunziationen gegen den Prager Erzbischof und die ranghöchsten Adligen. Die Königin befiehlt, die Vorwürfe aufzuzeichnen, die gegen jene erhoben werden.

Sogleich empört man sich in Frankreich über die Verfolgung von Prager Bürgern, »die völlig ungeachtet der Kapitulation mit unerhörter Grausamkeit behandelt werden«.[1] Übertriebene Behauptungen, wenn man weiß, dass die große Mehrzahl, sich in Entschuldigungen ergehend, in den Genuss der königlichen Barmherzigkeit kam und dass zahlreiche Gnadenerlasse erteilt wurden. Die am stärksten kompromittierten Adligen wurden angewiesen, sich auf ihre Landgüter zu begeben und sie nicht mehr zu verlassen: Insgesamt wurden sechs Todesurteile ausgesprochen, aber kein einziges vollstreckt.[2] Die meisten derer, die behelligt worden waren, hatten drei Jahre später ihren Posten wiedererlangt.

Letztlich war die Repression äußerst maßvoll, aus politischen wie auch aus persönlichen, der Königin genehmen Gründen. Man durfte den Groll eines Volkes nicht weiter schüren, das in den Schoß Österreichs zurückkehrte, wenn man für die Zukunft ernsthafte Schwierigkeiten vermeiden wollte. Im Übrigen hatte Maria Theresia, gemessen an den Maßstäben der Zeit, nichts von einer blutrünstigen Unterdrückerin. Sie ist zur Verfolgung derjenigen imstande, die ihr missfallen – also Freimaurer, Protestanten und Juden –, nicht jedoch zu Massenexekutionen. Ihre christliche Seele neigt zu Milde und Verzeihen.

Als sie am 25. April Wien verlässt, um sich zur böhmischen Königin krönen zu lassen, hat die Stunde der Vergebung noch nicht ge-

---

1 Brief des Ministers für Auswärtiges, Amelot, an Vincent, Versailles, 30. Januar 1743. MAE *CP Autriche*, vol. 237, fol. 15 r.
2 Victor Tapié, *Maria Theresia. Die Kaiserin und ihr Reich*, a.a.O., S. 73 f.

schlagen. Sie hat ihrer Ranküne noch kein Ende gesetzt. Privat verhehlt sie nicht ihre Verstimmung, auch wenn sie öffentlich gute Miene zum bösen Spiel macht. Man spürt, dass sie die Angelegenheit möglichst rasch hinter sich bringen will. Mit dem Kanzler Böhmens, Philipp Kinsky, spöttelt sie über die Krone, die man ihr aufs Haupt setzen soll und die, wie sie sagt, »einem Narren-Häubl« gleicht.[1] Am Tag der Krönung, dem 12. Mai 1743, setzt jedoch ein unvorhergesehenes Ereignis ihrer Verdrossenheit ein Ende. Man hat ihr die Nachricht vom Sieg ihres Schwagers, des Fürsten Karl von Lothringen, über die Bayern bei Simbach überbracht.[2] Bald weiß ganz Prag davon, und die Menge drängt in ihre Gemächer, um ihr die Hände zu küssen. Die Beifallskundgebungen und die Tränen berühren Maria Theresia so sehr, dass sie ihre Krönungszeremonie verschiebt, um in der Kathedrale ein *Te Deum* singen zu lassen. Ein tiefes Gefühl der Verbundenheit mit den Pragern hat ihr Ressentiment besiegt. Die Krönung findet ein paar Stunden später in einer ganz anderen Atmosphäre statt. Sie verlängert ihren Aufenthalt um sechs Wochen, nimmt bereitwillig an Diners und Bällen zu ihren Ehren teil und vermehrt die Zeugnisse ihrer Dankbarkeit und Zuneigung für jene, die ihr treu geblieben sind. Die Botschaft ist klar: Sie hat ein neues Kapitel aufgeschlagen. Dennoch wird Maria Theresia die Böhmen niemals so in ihr Herz schließen wie die Ungarn. Wie könnte sie die unerschütterliche Treue der einen und die Schwäche der anderen auf dieselbe Ebene stellen?

1 Joseph E. Folkmann, *Die gefürstete Linie des uralten und edlen Geschlechtes Kinsky. Ein geschichtlicher Versuch,* Prag 1861, S. 63.
2 Am 9. Mai 1743.

Die immer häufiger vorkommenden Zornesausbrüche, die von verschiedener Seite bemerkt werden, sind nicht die einzigen Zeichen ihrer Veränderung. Einige Jahre später verspürt sie das Bedürfnis, ihren Freund Tarouca um einen zweiten schnörkellosen Bericht über ihre Entwicklung zu bitten. Sie will die Gründe für das »Erkalten ihrer Untertanen und ihrer Diener ihr gegenüber« erfahren.[1]

Trotz all seiner Vorsicht und seiner rhetorischen Umschweife bemüht sich Tarouca, aufrichtig zu sein. Er tadelt sie zunächst, dass sie aus Verdrossenheit und Neuerungssucht das Zutrauen verloren habe, das sie mit ihren treuen Dienern verband. »Wenn der Fürst misstrauisch ist, wird er, glaube ich, nicht lange geliebt. Die beständigen Veränderungen sind Zeichen von Misstrauen. Die guten Diener lassen sich davon entmutigen. Die Menschen haben immer einige Mängel, selbst der Herrscher; wenn er bei den anderen keine Schwäche erträgt, wie sollte er sich einbilden, dass ihn die anderen ihrerseits ertragen [...]? Die Liebe und das Vertrauen erkalten, wenn sie nicht erwidert werden.«

Von solchen eher allgemeinen Beschwerden kommt Tarouca auf die persönlichere Kritik an ihren Verhaltensweisen. Er erinnert sie daran, dass sie sich liebenswert machte, indem sie ihre Untertanen anhörte und sich unter die Leute mischte. Danach habe sie sich auf einen allzu engen Kreis beschränkt, aus dem Äußerungen durchdrangen, die viele Offiziere und ehrenwerte Leute verletzt haben. »Hat nicht Ihre Majestät über einen allzu argwöhnischen, empfindlichen oder klagenden Minister gesagt, er sei ein ›Narr‹ oder etwas Ähnliches [...]? All das hat Ihnen ein wenig die Zuneigung ge-

---

1 Umfangreicher, undatierter Text Taroucas, den er nach seinen Worten zehn Jahre nach dem ersten, demnach etwa 1751 verfasst hat. Theodor Georg von Karajan, *Maria Theresia und Graf Sylva-Tarouca*, a.a.O., S. 13–25.

nommen [...], ebenso wie die Launen oder der Hang, kränkende Attacken loszulassen«, die jene, auf die sie gerichtet sind, grausam verletzen.

Maria Theresia, die anfangs vielleicht naiv und zu spontan war, hatte vorsichtiger sein wollen. Doch sie ist misstrauisch geworden, »ganz im Gegensatz zu ihrem Charakter; und auch jetzt noch überlässt sie sich in den ersten Momenten allzu sehr einem Wohlwollen, mit der Folge, dass sie anschließend allzu sehr auf der Hut ist«.

Die Königin ist jetzt der Bitten und Gesuche überdrüssig. Zu Beginn ihrer Regierungszeit »tat sie nichts lieber, als ihre Großmut zu erweisen. Man ging von ihr zufrieden und getrost, weil jeder sich einbildete, Ihre Majestät nehme an seinem ganz persönlichen Leid teil. Ich fürchte sehr, dass sich das geändert hat [...]. Das ist eine beständige Quelle von Klagen und von schwindender Zuneigung [...]. Doch Güte, Sanftmut und Billigkeit würden dieses Übel erheblich vermindern.«

Schließlich deutet er in wenigen Sätzen an, welche inneren Reformen wünschenswert wären: »Wohlfeile Lebensmittel in Fülle, Förderung des Handels, Versorgung der Armen mit Arbeit, Schauspiele und alles, was uns ablenken kann [...] von dem, was uns kränkt oder lästig ist, sind und waren zu allen Zeiten die Mittel, sich die Liebe der Untertanen zu verschaffen und sie zu bewahren.«

Welche Wirkung diese kleine Lektion in Moral und Politik hatte, ist nicht bekannt. Sie kann Maria Theresia nicht gefallen haben. Trotzdem bewahrte sie ihr Vertrauen und ihre Zuneigung zu dem »alten Grantler«, was ihm zur Ehre gereicht.

Der Konflikt zwischen
Gemahlin und Herrscherin

Vieles von der Entwicklung der Königin ist auf den inneren Konflikt zurückzuführen, der ihr seit Beginn des Kriegs auf der Seele liegt. Die Interessen der Herrscherin weichen von denen der liebenden Gemahlin ab. Ersterer werden sehr rasch die Beschränktheiten und Schwächen des Großherzogs bewusst, doch als Frau kann sie sich nicht entschließen, dies zu akzeptieren. Sie wird mehrere Jahre brauchen, um die Konsequenzen daraus zu ziehen. Einerseits will sie die großen Ambitionen Franz Stephans unterstützen und ihm Gelegenheit geben, das Ansehen zu erlangen, das er nicht hat. Andererseits muss sie feststellen, dass er weder über militärisches Talent noch über eine politische Vision für Österreich verfügt. Die inneren Widersprüche überlagern einander. Wie soll sie seine Reputation als Krieger aufpolieren, wenn sie vor Angst um sein Leben stirbt und ihn bei der geringsten Gefahr inständig bittet, nach Wien zurückzukehren? Ihre Obsession, ihn niemals zu erniedrigen oder ihn das Gesicht verlieren zu lassen, zwingt sie manchmal zu Entscheidungen, die den Interessen des Landes zuwiderlaufen. Doch ihr klarer Blick führt bei der Herrscherin zu unerträglichen Spannungen, die mit der Zeit stürmische Szenen innerhalb ihrer Ehe hervorrufen. Doch Maria Theresia kann nicht auf ihn verzichten, und er weiß es.

Die militärische Sorglosigkeit des Großherzogs

Nach seinen kümmerlichen Anfängen im Türkenkrieg versucht Franz Stephan die schlechten Eindrücke wegzuwischen. Ganz selbstverständlich ernennt ihn Maria Theresia zu Beginn des Kriegs zum Oberkommandierenden ihrer Armee. Gegen Friedrich II., der taktisch wie strategisch glänzt, ebenso rasch wie kühn vorgeht, ist Franz

Stephan eine blasse Figur. Langsam in seinen Truppenbewegungen, von nahezu tödlicher Unentschlossenheit, lässt er sich alle Chancen entgehen, eine Schlacht zu gewinnen. Er erweist sich als jämmerlicher Krieger, gibt es aber nicht zu. In Wien verdächtigen ihn böse Zungen, sich nicht schlagen zu wollen und die Gefahr zu fürchten.[1] Man schiebt ihm die Verantwortung für den Fall Prags zu. »Die Minister wagen es nicht, ihm direkt Vorwürfe zu machen, sondern geben Neipperg die Schuld am Verlust dieser Stadt.«[2] In panischer Angst schickt ihm die Königin sogleich einen Kurier, um ihn zurückzuholen. Doch der Herzog will davon nichts hören und fürchtet, seine Rückkehr nach Wien werde die gedrückte Stimmung in der Armee noch vergrößern.[3] Maria Theresia insistiert: »Mein teures Herz […], ich beschwöre Sie, Ihre Rückkehr keinen Moment aufzuschieben […]. Erniedrigen Sie sich nicht und nehmen Sie den guten Vorwand unserer Eroberungen [in Bayern] […]. Ich benötige Ihre Hilfe: Lassen Sie mich nicht im Stich.«[4]

Kaum zurück in Wien, bricht er wieder auf, um das Kommando der Armee in Oberösterreich zu übernehmen[5], wo Khevenhüller die Stadt Linz belagert. Vielleicht will er seinen Namen mit einer Kampagne verknüpfen, die siegreich zu werden verspricht. Doch diesmal ist Maria Theresia weniger besorgt als unzufrieden: »Die Königin

---

1 11. November 1741. MAE *CP Autriche*, vol. 229, fol. 171 v.

2 16. Dezember 1741. Ebd., fol. 225 v. Richtig ist, dass es der österreichischen Armee an allem mangelte, dass die Zahl der Desertionen hoch war und dass größte Uneinigkeit zwischen den Generälen, vor allem zwischen den beiden Oberbefehlshabern, Lobkowitz und Neipperg, herrschte. Letzterer wurde von Franz Stephan unterstützt.

3 Alfred von Arneth, *Geschichte Maria Theresia's*, a.a.O., Bd. 2, S. 7 f.; siehe auch den Bericht des venezianischen Botschafters Capello, 23. Dezember 1741, ebd., S. 459, Anm. 6.

4 Undatierter Brief (Anfang Januar 1742). Ebd., S. 468, Anm. 11.

5 Franz Stephan bricht am 19. Januar nach Linz auf und kommt dort am 23. Januar 1742 an.

ist in äußerster Bestürzung, denn statt den Rückzug der Armee des Feldmarschalls Khevenhüller in Österreich zu befehlen, hat Seine Königliche Hoheit [der Großherzog] es sich in den Kopf gesetzt, sie immer weiter nach Bayern vorrücken [zu lassen], um es völlig zu vernichten.«[1] Der Großherzog hat nur eine Obsession: die Franzosen und ihren bayerischen Verbündeten zu schlagen und endlich wieder Lothringen einzunehmen. Doch für die Königin gibt es anderswo Dringlicheres: die Truppen Friedrichs daran zu hindern, weiter in Österreich vorzudringen. Franz Stephan schlägt daraufhin vor, die Armee gegen diejenigen Preußens und Sachsens zu befehligen. Dieser Vorschlag »versetzte die Minister der Konferenz in Schrecken […], weil man die Schlacht mit einem so großen Heerführer unfehlbar für verloren geben konnte […]. Sie versuchten die Königin sanft dahin zu drängen, ihren Gatten zu veranlassen, sich keinesfalls den Gefahren auszusetzen, in die seine hohe Bedeutung und seine Entschlossenheit ihn führen könnten. Die Königin, voller Angst vor diesen Gefahren, schloss sich dieser Meinung an und wollte Seiner königlichen Hoheit trotz deren lebhafter Vorhaltungen keinesfalls gestatten, sein Leben in der Armee aufs Spiel setzen zu wollen. Die Minister schlugen einmütig vor, den Oberbefehl dem Grafen Königsegg zu übertragen […].«[2]

Das Hin und Her Franz Stephans von einer Armee zur anderen – ohne dass er jemals auch nur eine Schlacht gewonnen hätte – bietet

---

1 *Extrait de la lettre ordinaire de Vienne*, 31. Januar 1742. MAE *CP Autriche*, vol. 232, fol. 59 r. Dieser anonyme Brief war in Wirklichkeit der Bericht französischer Spione am Wiener Hof. Man bezahlte Mitglieder der Entourage von Herrschern und Ministern (also Diener verschiedener Ranges) reichlich dafür, über mitgehörte private Äußerungen zu berichten. Solche Berichte sind mit Vorsicht zu behandeln, denn nichts garantiert ihre Echtheit. Doch sie sind interessant, weil sie häufig auf Themen oder vertrauliche Mitteilungen Bezug nehmen, die von den Diplomaten nicht angesprochen werden.

2 *Extrait*, 7. April 1742. Ebd., fol. 172 v–173 r.

ein klägliches Bild von ihm. Er ist ein Mann voller Enttäuschung und Zorn. Einem Spion zufolge: »Mein zweiter Freund sagte mir, Seine Königliche Hoheit gerate gelegentlich in Wut, und man höre ihn dann die beleidigendsten Dinge gegen Frankreich ausstoßen; oft erhebe er sich in der Nacht, ohne dass man wüsste, was er tun oder sagen will, was bei der Königin, seiner Gemahlin, unaussprechliche Ängste hervorruft.«[1]

Zu den Qualen des Kriegs kommt die eheliche Pein hinzu. Umso mehr, als Gemahl und Gemahlin weder dieselben Ziele noch dieselben Hauptfeinde haben. Sie denkt nur daran, ihre Länder wiederzugewinnen, und er das seine, das heißt Lothringen. Franz Stephan will sich vor allem an den Franzosen rächen. Maria Theresia ist besessen von der Gefahr, die Friedrich für ihre Grenzen darstellt. Sie möchte mit Frankreich gerne Frieden schließen, um ihre Kräfte gegen den König von Preußen zu bündeln. Er lehnt den Frieden bedingungslos ab.

Das Unausgesprochene hinter einem politischen Zwist

Trotz der Invasion Friedrichs II. und dem Abfall der englischen Verbündeten mitten in der Kampagne bewahrt Franz Stephan eine gewisse Sympathie für jenen und ein gewisses Vertrauen in diese. Ende Januar 1742 hält er ein Arrangement mit dem König von Preußen immer noch für möglich. Er schlägt Maria Theresia eine neue Demarche vor. Sie stimmt widerwillig zu und warnt ihn: »Sie mögen [dem König] schreiben, wenn es Ihnen gefällt, aber er ist es nicht wert und wird üblen Gebrauch von Ihren Worten machen. Erniedrigen Sie sich nicht.«[2]

---

1 *Extrait*, 13. Januar 1742. Ebd., fol. 31 v.
2 Alfred von Arneth, *Geschichte Maria Theresia's*, a.a.O., Bd. 2, S. 468, Anm. 11.

Der Großherzog schickt also seinen alten Präzeptor, Baron Karl Pfütschner, nach Olmütz, um dem König mündlich den Frieden und sogar noch mehr, ein Bündnis mit Maria Theresia, anzubieten. Das Ergebnis ist das von ihr vorausgesehene: eine neue Demütigung. »Der König antwortete: Mein Lieber, reden wir offen, der Großherzog kann nicht beanspruchen, dass ich ein so mächtiges Bündnis verlasse und eines mit der Königin eingehe, die so geschwächt ist [...]. Die Königin muss Friedensvorschläge den drei Verbündeten – Bayern, Sachsen und mir – gesondert, aber gleichzeitig machen. Sie muss in einen sauren Apfel beißen. Sie wird Bayern Böhmen und Sachsen einen Teil von Mähren mit Oberschlesien anbieten [...] und was mich betrifft, werde ich nach dem Schloss von Glatz nichts mehr fordern.«[1]

Die Königin muss also einen schweren Konflikt zwischen ihren Ministern und ihrem Gatten schlichten. Die einen wollen Frieden mit den Franzosen schließen, die in Prag in der Patsche sitzen und interessante Angebote machen. Doch »Seine königliche Hoheit ist entschieden gegen den Frieden, und die Königin, die ihn keinesfalls verstimmen möchte, weiß sich nicht zu entschließen und [dem Frieden] zuzustimmen, auch wenn sie von ihren treuen Ministern sehr dazu gedrängt wird. Der Großherzog geht sogar so weit, dass er damit droht, sofort zur Armee zu gehen, um sich nicht mit Vorschlägen konfrontiert zu sehen, die er für schmachvoll hält, in einer Zeit, die der Königin günstig ist [...].«[2] Je mehr sich während des ganzen Jahres 1742 zeigt, wie erschöpft die französische Armee ist, je mehr Minister und Generäle die Königin inständig bitten, unter so günstigen Umständen Frieden zu schließen, desto weniger ist Franz Stephan geneigt, ihn zu akzeptieren. Je geschwächter die Franzosen

---

1 Bericht Pfütschners an den Großherzog, 6. Februar 1742. Ebd., S. 469–475.
2 *Extrait*, 24. März 1742. MAE *CP Autriche*, vol. 232, fol. 143 r.

sind, desto größer werden seine Chancen, Lothringen wiederzuerobern. Das Volk ist wütend auf ihn und macht ihn für die Fortsetzung des Kriegs verantwortlich.[1]

Maria Theresia sitzt auf glühenden Kohlen, hin- und hergerissen zwischen ihrem Wunsch, ihren Mann nicht zu verraten, und den weisen Ratschlägen ihrer Minister. Manchmal lässt sie ihre Unentschlossenheit durchblicken. Ein französischer Spion berichtet von einer dramatischen Szene, die Ende Dezember 1742 zwischen ihr und ihrer Mutter Elisabeth Christine stattgefunden haben soll: »Die Kaiserinmutter rief die Königin, ihre Tochter, in ihr Kabinett und stellte ihr mit Tränen in den Augen den beklagenswerten Zustand dar, in den das Haus Österreich gesunken sei, sowie eine so große Zahl unglücklicher Untertanen, die bis zum Äußersten litten; dass alles von der Laune Seiner königlichen Hoheit, ihres Mannes, komme, der den so ersehnten Frieden aufschiebe [...]. Dass ihre Verblendung, sich einzig von den Ratschlägen eines Mannes abhängig zu machen und die einer teilnehmenden Mutter und mehrerer Minister zu missachten, den völligen Ruin des Hauses Österreich verursachen müsse, von dessen Größe gegenwärtig kaum noch ein Schatten existiere; dass sie über all dies vor Gott und den Menschen genaue Rechenschaft abzulegen habe [...]. Dass sie sie inständig bitte [...], ihr Ohr den Mitteln zu leihen, die geeignet seien, zu einem allgemeinen Frieden zu gelangen.« Der anonyme Zeuge fügt hinzu, »dass die Königin ihrer Mutter weinend und seufzend geantwortet habe, dass ihr die Wahrheit dessen, was sie ihr vorhalte, durchaus bekannt sei, sie aber nicht den Mut habe, sich dem Willen ihres Mannes entgegenzustellen, der auf die Fortführung des Kriegs gerichtet sei; dass sie ihr jedoch verspreche, all ihre Anstrengungen darauf zu richten, den sehr großen Widerwillen zu überwinden, den er gegen den Frieden habe,

1   29. August 1742. Ebd., vol. 233, fol. 192 v, und 15. September 1742, fol. 248 v.

dass sie aber im Verein versuchen müssten, ihn in diesem Punkt zu gewinnen.«[1]

Man weiß nicht, ob der Spion die Wahrheit gesagt hat, doch man kann daran zweifeln, dass die beschriebene Szene ein bloßes Produkt seiner Einbildungskraft sei. Ein paar Tage später berichtet er von einer neuen Szene, diesmal zwischen den beiden Gatten: »Auf die Friedensvorschläge hin, die ihm die Königin machte, überließ sich der Großherzog seinen üblichen Zornesausbrüchen und sagte, all die Minister, die dem Frieden anhingen in der Zeit, in der das Glück sich so günstig zeige, seien Verräter des Hauses Österreich; dass es bisher darum gegangen sei, einen Verteidigungskrieg zu führen; dass man jedoch, seit die Franzosen gezwungen gewesen seien, ganz Böhmen aufzugeben, den Angriffskrieg führen müsse, zumal das englische Parlament Seiner Majestät dem englischen König Subsidien über die zu seiner Fortsetzung notwendigen Höhe hinaus bewilligt habe […] und dass es notwendig sei, ihn [den Krieg] in die Mitte Frankreichs zu tragen […]; dass er hoffe, dass Frankreich im nächsten Frühjahr von Lothringen aus angegriffen werde […].«[2]

Abermals gibt die Königin nach; vielleicht weniger aus der Schwäche einer Liebenden als deshalb, weil ihr die Verantwortung ihres Vaters für die Verschleuderung Lothringens an Frankreich bewusst ist und weil ihr die Wiedergutmachung der Ungerechtigkeit, die Franz Stephan angetan wurde, am Herzen liegt. Doch das moralische Dilemma, in dem sie steht, geht auch mit einer Art Ressentiment ihm gegenüber einher. Die Gerüchte über Streitigkeiten verbreiten sich am Hof und darüber hinaus: »Diese Fürstin warf ihm vor, sie habe sich bei seinen Ratschlägen immer sehr unbehaglich gefühlt, und ging so weit, ihm zu sagen, sie wolle künftig keinen mehr befolgen […]. Gewiss jedoch ist, dass der Großherzog für sechs oder

---

1 26. Dezember 1742. Ebd., fol. 422 r–423 r.
2 5. Januar 1743. Ebd., vol. 235, fol. 18 r.

sieben Tage auf seine Güter in Holitsch in Ungarn abgereist ist [...] und dass die Königin während dieser ganzen Zeit in sehr schlechter Stimmung war.«[1]

Das hindert Maria Theresia nicht daran, Prinz Karl Alexander an der Westfront zu ermutigen, den Rhein zu überschreiten und in Lothringen einzufallen. Schon bricht der Großherzog in Jubel aus und verkündet seinen lothringischen Freunden, sie würden bald wieder zu Hause sein. Als er erfährt, dass Prinz Karl, sein Bruder, gescheitert ist und kehrtmacht, gerät er in furchtbaren Zorn und behandelt ihn als Feigling. Er soll sogar erklärt haben, »es sei unwichtig, dass er von seiner Gemahlin zum Mitregenten in allen ihren Ländern erklärt worden sei, wenn sie nicht auf seine Ratschläge hören wolle [...], sondern auf diejenigen höre, die sie verrieten«.[2]

Während sich der Traum der Wiedereroberung Lothringens rasch verflüchtigt, glaubt Maria Theresia eine Kompensation gefunden zu haben, die sie ihrem Mann anbieten kann. 1744 dehnte sich die Kriegsfront auf Italien aus, wo sie bereits Mailand und die Herzogtümer Parma und Piacenza besaß. Von den mit den Spaniern verbündeten Franzosen angegriffen, entsendet sie ihre Armee, um sie unter dem Kommando des Fürsten Lobkowitz zu bekämpfen. Entgegen der Meinung ihrer Minister und auf dringliche Forderung Franz Stephans schickt sie einen Großteil ihrer Truppen nach Süden, um das Königreich Neapel zu erobern, »das zu besitzen diesem Fürsten

---

1 Wien, 3. April 1743. Ebd., fol. 156 v–157 r. Am 4. September des Jahres notiert Vincent, er habe sich erneut nach Holitsch (Holič, Stadt im Nordwesten der Slowakei) zurückgezogen, »weil er mit der Königin ein wenig zerstritten war und weil er nicht mehr dasselbe Vertrauen bei dieser Fürstin genießt [...]. Toussaint sagt, dass die Königin nur noch nach eigenem Gutdünken handele und auf niemanden mehr höre«; ebd., fol. 157 r–v.

2 20. September 1743. Ebd., vol. 236, fol. 203 v. Die Königin war immer mehr zum Frieden geneigt, weil sie glaubte, die Unkosten eines Kriegs mit Frankreich seien zu hoch. Doch brauchte sie Zeit, um ihre Meinung zu ändern.

so am Herzen liegt«[1], das aber dem König von Spanien gehört. Das Unternehmen endet mit einem Desaster. Die Nordfront ist ungedeckt, und trotz der fulminanten Briefe des Großherzogs an Lobkowitz, er solle Neapel einnehmen, verharrt dieser vorsichtig an den Grenzen des Königreichs. Abermals wird der Königin zu spät bewusst, dass sie einen Fehler begangen hat, und der unglückliche Lobkowitz empfängt widersprüchliche Befehle. Während Franz Stephan ihm heimlich schreibt, sich für die Invasion des Königreichs Neapel bereitzuhalten, um dort den Aufstand der Sympathisanten Österreichs zu befördern, erhält er gleichzeitig Order des Kriegsrats, nichts zu tun.[2] Im April hat Frankreich der Königin von Ungarn den Krieg erklärt, und Preußen bereitet sich darauf vor, es ebenfalls zu tun. Die Minister versuchen die Königin davon zu überzeugen, einer vernünftigen Einigung mit Frankreich zuzustimmen und ihre Truppen nach Norden zu führen, »doch Seine königliche Hoheit möchte lieber mit dem Schwert in der Hand alles verlieren als erlauben, dass seine Gemahlin sich mit dem Hause Bourbon verständigt [...]«.[3]

Offensichtlich treibt die Königin ein doppeltes Spiel, indem sie nacheinander widersprüchlichen Pressionen ihres Mannes und ihrer Minister nachgibt. Glaubt man den Berichten – oder dem Tratsch – der Spione, ist die Atmosphäre zum Ersticken. Als er erfährt, dass man die Idee aufgegeben hat, das Königreich Neapel zu erobern, »begab sich der Großherzog sogleich in das Kabinett seiner Gemahlin [...] und wollte, dass sie ihm auf der Stelle den Befehl an Lobkowitz unterzeichnete, mit seiner Armee in das Königreich Neapel einzufallen [...]. Doch als die Königin Schwierigkeiten machte, eine solche Ordre zu geben, ohne zuvor den Eindruck des

---

1 4. Januar 1744. Ebd., vol. 238, fol. 5 r.
2 28. März 1744. Ebd., fol. 115f. Es fällt schwer zu glauben, dass der Kriegsrat diese Order ohne die Zustimmung der Königin geschickt hätte.
3 4. April 1744. Ebd., fol. 128 r.

engsten Rates gehört zu haben, explodierte Seine königliche Hoheit vor Zorn auf diese Fürstin und wollte diesen ganz von eigener Hand geschriebenen und von ihm diktierten Befehl an Lobkowitz gewaltsam erzwingen. Man sandte ihn augenblicklich mit einem Eilkurier an diesen [...]. All dies wurde mir von einer Favoritin der Königin anvertraut, die das Ganze durch die geschlossene Tür gehört hatte.«[1]

Befehle und Gegenbefehle zogen sich noch über einen Teil des Sommers 1744 hin. Als man Ende August von der Invasion des preußischen Königs in Böhmen und Mähren erfuhr, sodann von den erheblichen Verlusten der Armee Lobkowitz', die durch Krankheit und Desertionen zermürbt war, und schließlich von der großen Gefahr, die Lombardei zu verlieren[2], hatte die Königin keine andere Wahl, als den Chimären ihres Gatten ein Ende zu setzen. »Eine wohlinformierte Person versichert mir, dass Seine königliche Hoheit fast nicht mehr spricht und dass die rasenden Wutausbrüche sich in eine tiefe Melancholie verwandelt haben, derart, dass man um seine Gesundheit fürchtet [...]. Die Königin bereut jetzt, doch zu spät, dass sie nicht auf diejenigen zu hören bereit war, die ihr weise und getreue Ratschläge geben wollten.«[3]

---

1 25. April 1744. Ebd., fol. 173 r–174 v.

2 Ganz abgesehen von den »jämmerlichen Resten der unglücklichen Armee des Prinzen Karl, die noch auf dem Rückzug bei der Rheinüberquerung im Kampf dezimiert wurde«. 12. September 1744. Ebd., fol. 413 f.

3 Ebd., fol. 414 f.

Das Ende der Teilung der Macht

Offiziell wurde die Mitregentschaft zu keiner Zeit in Frage gestellt. Der Großherzog teilt sich mit ihr den Vorsitz bei Geheimen Konferenzen und Ratssitzungen, und die Königin ersucht ihn weiter um seine Meinung. Ihr großer Wunsch, den Status ihres Mannes aufzuwerten, hat sich nicht verändert. Sie liebt ihn immer noch genauso und möchte, dass die Welt ihn mit ihren Augen betrachtet. Zwar sind gewisse Gerüchte über Szenen zwischen den beiden überliefert, doch bis in die Gegenwart ist kein Dokument bekannt, das seine Enttäuschung bezeugte. Die liebende Frau ist dieselbe geblieben, doch die Herrscherin hat sich vielleicht rascher entwickelt, als man es hätte glauben wollen. Die Wende vollzog sich bereits 1742, als sie, wie schon zu sehen war, tausend Ausflüchte fand, um ihn daran zu hindern, sich an die Spitze der Armee zu stellen. Nicht nur traf er dort schlechte Entscheidungen, sondern er riskierte sein Leben. Das wäre für sie das größte denkbare Unglück gewesen. Man musste also auf diese Gelegenheit verzichten, sein Ansehen aufzuwerten, und zwar ohne dass er dabei das Gesicht verlöre. Vielleicht rührt daher – als Kompensation – das scheinbare politische Einvernehmen des Paares gegenüber den Ministern, die den Frieden predigen. Trotzdem ist wiederholt festzustellen, dass die Herrscherin klaren Blick beweist und ein Machtwort spricht, auch wenn sie dies unter dem Vorwand zwingender Umstände zu verbergen sucht. Die Staatsräson siegt über die Mitregentschaft. Sie zwingt ihm stillschweigend ihr Gesetz auf.

Der erste Verstoß gegen die Mitregentschaft ist durch den Auszug aus dem *Lettre ordinaire de Vienne* vom 11. April 1742 überliefert. Man liest dort, die Königin habe dem alten Feldmarschall Königsegg eine Audienz gegeben, »um ihm zu befehlen, auf keinen Fall Befehle zu befolgen, die er, von ihrer Hand und dem Kriegsrat signiert, erhalten könnte, solange er nicht zur Bestätigung eine zweite Ausfertigung erhielte, die mit einer zwischen ihr und ihm vereinbarten Chiffre gegengezeichnet wäre. Sie hat diese Arrangements getroffen, um die Misslichkeiten zu vermeiden, die durch irgendeinen Befehl entstehen könnten, den Seine königliche Hoheit ihr oder dem Kriegsrat abpressen könnte. Königsegg, der kein Narr ist, verlangte, dass die Fürstin ihm diesen Befehl für den Fall des Falles schriftlich gebe, von ihrer Hand unterzeichnet.«[1]

Die Information muss überraschen. Sie beweist das doppelte Gesicht und vor allem das doppelte Spiel der Königin. Unfähig, den Forderungen des Großherzogs zu widerstehen, trifft die Herrscherin Vorsichtsmaßnahmen, um sie hinter seinem Rücken umgehen zu können. Was zeigt, dass ihr politisches Einvernehmen gelegentlich nur Fassade ist und dass sie es einzurichten weiß, das letzte Wort zu behalten, ohne ihn zu kränken, und Konflikte zu vermeiden.

Diffiziler war es, ihn militärisch ins Abseits zu manövrieren, nachdem er in Prag gescheitert war. Sie ernannte seinen Bruder, Prinz Karl, zum Kommandeur der böhmischen Armee und bat ihren Mann inständig, zu ihr zurückzukehren, da sie nicht ohne ihn leben könne. Doch sie hat niemals den Mut gehabt, ihm die Wahrheit zu sagen, und ließ ihn wieder losziehen, einmal nach Böhmen, einmal nach Bayern, ein weiteres Mal nach Böhmen. Dennoch schreibt sie ihm im August 1742, während er an der böhmischen Front ist, einen taktvollen Brief, in dem sie ihn an seine Verantwortlichkeiten erinnert: »Mein lieber Alter, hier also ein Brief, der Ihnen, wie ich fürchte, gar nicht gefallen wird, doch Sie werden sehen, dass ich Ihnen mein Herz und [meine] Gefühle öffne, und Sie werden sie [meine Vorschläge] abändern, wie es Ihnen gefällt [...].«[2] Sie schlägt ihm drei Optionen

---

1 MAE *CP Autriche*, vol. 232, fol. 175 r.
2 Alfred von Arneth, *Geschichte Maria Theresia's*, a.a.O., Bd. 2, S. 490, Anm. 54. Die Anrede »Alter«, vor allem in Wien gebräuchlich, hat keinerlei negative Konnotation, sondern ist vielmehr ein Kosename.

vor. An ihm sei es zu wählen, welche er für die beste hält: entweder den Sturm auf Prag *oder* die Aufgabe der Belagerung, um dem Feind entgegenzukommen und ihn daran zu hindern, ins Königreich einzudringen, *oder* schließlich die Kapitulation und Evakuierung Böhmens. Er möge entscheiden, aber rasch!

Wie es seine Art ist, zaudert der Großherzog und entscheidet nichts. Er hat sich gewissermaßen ganz allein ins Abseits gestellt.

Ganz allmählich gibt Franz Stephan nach, was ihn nicht daran hindert, hin und wieder zur Armee zurückkehren zu wollen. Um ihn daran zu hindern, spricht Maria Theresia nicht mehr als Herrscherin, sondern setzt sämtliche weiblichen Waffen ein, wie sie ihrer Schwester Maria Anna berichtet:

»Ich war krank vor Zorn und Kummer und habe durch meine Bösartigkeit beim Alten Fieber verursacht. Plötzlich kam ihm die Idee, zur Armee zu gehen[1], doch mit einer solchen Begierde, dass er schon diesen ganzen Sommer über […] seine Equipage ausbessern ließ, und nachdem all das getan war, begann er mich ganz sanft darauf vorzubereiten; anfangs habe ich darüber nur gescherzt, doch schließlich habe ich gesehen, dass es ihm ernst damit war; ich habe auf unsere üblichen Instrumente zurückgegriffen, Zärtlichkeiten, Tränen; doch was vermögen sie über einen Mann nach neun Jahren Ehe? So habe ich nichts erreicht bei dem trotzdem besten Ehemann der Welt. Schließlich habe ich zu meinem Zorn zurückgefunden, der mir so gut gedient hat, dass ich und er krank geworden sind. Der Aderlass hat mich wiederhergestellt, und ich bin gegenwärtig in dem Zustand, mehr zu hoffen [als] zu fürchten. Da ich mich über die Gründe nicht hinwegsetzen kann, die ich mir innerlich als ziemlich plausibel eingestehen

---

1 Anfang Mai 1744 war Friedrich II. wieder gegen Österreich in den Krieg gezogen, diesmal jedoch nach einer förmlichen Kriegserklärung. Am 16. November 1744 hatte sich Preußen erneut der Stadt Prag bemächtigt.

musste, fange ich an, sie nicht mehr zu bekämpfen, von einem Tag zum anderen zu warten und Zeit zu gewinnen; doch wenn er wiederum aufbrechen sollte, folge ich ihm oder schließe mich in ein Kloster ein.«[1]

Der Großherzog wird bei seiner Frau bleiben, nicht ohne eine gewisse Melancholie[2], de facto des Ruhms und der Macht beraubt. Doch drei Monate später sollte ein unerwartetes Ereignis seinen Horizont öffnen: Kaiser Karl VII. stirbt innerhalb von drei Tagen, am 20. Januar 1745, an einem »wiederkehrenden« Gichtanfall. In Wien denkt das Herrscherpaar an nichts anderes mehr als an die Wahl des Großherzogs auf den Kaiserthron, eine einmalige Gelegenheit, Franz Stephan zu einem prestigereichen Status zu verhelfen. Die Sache ist nicht von vornherein gewonnen, denn es gibt einen Rivalen in Gestalt des Königs von Polen, der von Frankreich und einigen Frankreich ergebenen Kurfürsten unterstützt wird.[3] Nach einigen Wendungen und Intrigen wurde Franz Stephan am 13. September in Frankfurt am Main zum römisch-deutschen König gewählt und am 4. Oktober zum Römischen Kaiser gekrönt.

Unausgesprochen sanktioniert die neue Ehrenrolle des Großherzogs von Toskana auf eleganteste Weise das Ende der Mitregentschaft. Für sie: die ungeteilte Macht über die Erblande; für ihn: die

---

1 Brief vom 3. Oktober 1744. Alfred von Arneth, *Geschichte Maria Theresia's*, a.a.O., Bd. 2, S. 563f., Anm. 126.

2 Johann Josef Khevenhüller-Metsch, *Aus der Zeit Maria Theresias. Tagebuch*, 15. Mai 1745, a.a.O., Bd. 2, S. 57.

3 Während die Kurfürsten von Mainz und Trier Franz Stephan geneigt waren und dieser auch auf die Stimme des englischen Königs, des Kurfürsten von Hannover, rechnen konnte, verhielt es sich anders mit den Kurfürsten von Köln und der Pfalz, die nicht das Missfallen Frankreichs erregen wollten. Nach dem Verzicht des polnischen Königs verhielten sich die Kurfürsten von Sachsen und Bayern vorsichtig reserviert. Was Friedrich II. betrifft, den Kurfürsten von Brandenburg, machte er den Frieden zur Bedingung für seine Stimme.

Verwaltung eines Phantomreichs und einer italienischen Provinz. Von nun an hat Maria Theresia freie Hand für ihre absolute Herrschaft. Aber eine Herrschaft ganz eigener Art.

Fünftes Kapitel

Die Regierung der Kaiserin-Königin

Als Frau, Mutter und »Staatsmann« nimmt Maria Theresia in der Geschichte der Herrscher einen ganz besonderen Platz ein. Mit bemerkenswertem psychologischen Gespür spielt sie ihre verschiedenen Rollen virtuos. Sehr treffend wurde gesagt, sie »beherrschte die Kunst der permanenten Transgression des politischen und des natürlichen Körpers«.[1] Die Bedeutung, die ihr natürlicher Körper für den politischen gewinnt, ist unvergleichlich. Indem sie sechzehn Kinder zur Welt bringt, darunter fünf Söhne, setzt sie der obsessiven Fixierung ihrer Vorgänger auf einen männlichen Erben ein Ende und stärkt die symbolische Macht der Habsburger. Doch sie festigt damit auch ihre eigene. Ihre fast ununterbrochenen Schwangerschaften über zwanzig Jahre hinweg verleihen ihrem Körper das Bild einer Lebenskraft, die der Körper des Königs niemals kennen wird. Zudem hat sie sich nicht wie die meisten Frauen ihres Ranges damit begnügt, Kinder zur Welt zu bringen, sondern hat sie aufgezogen und zeigt sich regelmäßig bei ihnen. Dieses Bild der guten Mutter stärkt ihre Autorität, während es zugleich Gefühle von Respekt und Zuneigung weckt. Zwischen der privaten und der politischen Mutterschaft liegt nur ein Schritt, den sie auch geht, nachdem sie an die

---

1 Regina Schulte, »Der Körper der Königin. Konzeptionelle Annäherungen«, in: dies. (Hrsg.), *Der Körper der Königin. Geschlecht und Herrschaft in der höfischen Welt seit 1500*, Frankfurt am Main 2002, S. 20.

Macht gekommen ist. Sie erklärt gleich zu Beginn und wird es stets wiederholen, dass sie als gütige Mutter ihres Volkes regiert. Eine Vorstellung, die sich in bemerkenswerter Weise von dem damals üblichen Bild des Souveräns abhebt, den man »als strengen Vater« betrachtet.

Zu ihrem Regierungsstil gehört außer den Rollen der Herrscherin und Mutter noch die der Frau. Auch wenn mit den Jahren und der Anzahl der Schwangerschaften Körper und Gesicht fülliger werden, bewahrt Maria Theresia, die doch auf Koketterie nicht viel Wert legt, eine betörende Macht, die die Diplomaten fürchten. Der »Mann des Jahrhunderts«[1], wie ihr Freund Tarouca sie nennen wird, ist eine Frau.

Das Rollenspiel

Doppeltes Spiel?

Wie schon erwähnt, wusste die junge und schöne Maria Theresia zu Beginn ihrer Herrschaft diejenigen, die in ihre Nähe kamen, zu umgarnen. Seit dem Ende des Österreichischen Erbfolgekriegs[2] spricht man weniger von ihrer Schönheit als von einer Melange aus Sanftheit und Autorität, die Eindruck macht. Die meisten Botschafter in Wien verhehlen nicht ihre Bewunderung, wenn auch manche sie mit Kritik verbinden. »Sie ist dazu bestimmt, eine Krone zu tragen«, schreibt der Gesandte Englands, »und ihr Geist dazu, ihr Glanz zu verleihen. Ihre Haltung ist voller Vernunft, Geist und Sanftmut; ihre

---

1 Brief an die Herzogin von Arenberg, Wien, 6. Februar 1743. MLA *FA Silva-Tarouca*, G 445, 12, Nr. 82 23-A-1, fol. 278 r.
2 Der Krieg endet mit dem Frieden von Aachen, der am 18. Oktober 1748 geschlossen wird.

Bewegungen sind voller Anmut und Würde. Sie ist eine Person mit überragenden Gaben, die sich mit großem Fleiß den Staatsangelegenheiten widmet, und mit starken Leidenschaften, die sie nicht zu verbergen sucht.«[1]

In der Zeit, in der Frankreich und Österreich gerade Verbündete sind, warnt der französische Minister für Auswärtiges seinen Gesandten vor ihrer betörenden Macht: »Die Kaiserin [...] weiß so viel Anmut in ihre Worte und in ihre Vorschläge zu legen, dass der König seinem Minister empfiehlt, sich vor dem Charme zu wappnen, der von ihren Worten ausgeht, sofern er nicht davon überzeugt ist, dass der verführerische Reiz, dessen sie sich dabei bedienen möchte, nichts weiter zum Gegenstand hat als den größten Vorteil beider Höfe.«[2]

Wahrscheinlich ist es der Gesandte Friedrichs II., der zu einer Zeit, als sie noch nicht dreißig Jahre alt ist, nach sechsmonatiger Beobachtung das genaueste Charakterbild von ihr liefert. »Ihre zahlreichen Entbindungen[3] und der Embonpoint, den sie ausgebildet hat, haben sie außerordentlich wohlbeleibt werden lassen. Sie hat jedoch einen recht freien Gang und eine majestätische Haltung. Ihr Aussehen ist eindrucksvoll, auch wenn sie es durch ihre Art, sich zu kleiden, verdirbt. [...] Sie hat ein rundes und volles Gesicht [...], die Haare blond, ohne ins Rot hinüberzuspielen. Die Augen sind groß, lebhaft und zugleich voller Sanftmut, wozu ihre hellblaue Farbe beiträgt. Die Nase klein, weder Adler- noch Stupsnase. Der Mund ziemlich groß, doch recht schön. Die Zähne weiß. Das Lächeln angenehm. Der Hals

---

1 Charles Hanbury Williams an den Herzog von Newcastle, Dresden, 15. Juli 1753. ÖStA HHStA *Nachlaß Alfred von Arneth*, 8 b-1.

2 Brief an den Grafen d'Estrées, 19. Oktober 1756. Vgl. *Recueil des instructions données aux ambassadeurs et ministres de France depuis les traités de Westphalie jusqu'à la Révolution française*, »Autriche«, Einführung von Albert Sorel, Paris 1884, S. 347.

3 Zu dieser Zeit hatte sie bereits acht Kinder und erwartete ein neuntes.

und die Brust wohlgeformt. [...] Ihr Gesichtsausdruck ist offen und heiter. Ihr Blick lächelnd und anmutig. Man könnte nicht bestreiten, dass es eine schöne Person ist.«[1]

Als er auf ihren Charakter zu sprechen kommt, meint der Gesandte des Feindes, man müsse zwischen dem Eindruck, den sie von sich geben möchte, und ihrer wirklichen Natur unterscheiden. Die Königin sei eine gute Schauspielerin. Als sie den Thron bestieg, habe sie das Geheimnis entdeckt, nach allen Seiten hin liebens- und bewundernswert zu erscheinen, indem sie »ihr Geschlecht, ihre Schönheit und ihre Schwangerschaften«, anders gesagt: ihre femininen Eigenschaften in den Vordergrund rückte. »Sie beobachtete sich und zeigte sich nur von ihrer guten Seite, freundlich, fromm, liberal, volkstümlich, barmherzig, mutig, großmütig; so gewann sie das Herz ihrer Untertanen [...]. Jeder eiferte danach, sich für die beste aller Prinzessinnen zu opfern. Man vergötterte sie. [Doch] einen angenommenen Charakter zu bewahren ist schwer [...]. Die Königin konnte sich nicht lange dazu zwingen.« Nach dem Frieden von Breslau mit Friedrich kehrte sie nach und nach zu ihrem wahren Naturell zurück. »Ihre Bemühungen, ihren Ehrgeiz unter dem Schleier ihrer Nöte zu verbergen, ließen nach. Man bemerkte langsam, dass sie, weniger berührt von den Bedrängnissen ihrer Völker als von der Vorstellung, ihr Reich zu vergrößern, den Krieg ohne Scheu fortsetzte. Die Lobreden, mit denen alle Welt sie überhäuft hatte, und viel natürliche Selbstliebe gaben ihr eine äußerst hohe Meinung von ihren Fähigkeiten und ließen sie herrisch werden. Sie hörte kaum auf Ratschläge, ertrug keinerlei Widerspruch, war bemüht, mehr respektiert denn geliebt zu werden, zeigte nicht weniger Stolz als ihre Vorfahren, behandelte alle Welt von oben herab,

---

1 Man wird kaum eine derart präzise Beschreibung der körperlichen Eigenheiten eines männlichen Herrschers finden, was das besondere Interesse zeigt, das sich auf den weiblichen Körper richtet.

zeigte sich rachsüchtig und unversöhnlich. [...].« Doch der Gesandte räumt ein, dass die Königin, wenn sie auch nicht all die Qualitäten besitze, die sie zunächst zu zeigen bemüht war und die ihr die allgemeine Bewunderung eingebracht hatten, darum doch der Lobreden nicht unwürdig sei. »Sie hat einen lebhaften, gründlichen Geist und weiß sich den Staatsangelegenheiten mit Fleiß zu widmen und ihre Verwicklungen zu lösen. Sie verbindet ein gutes Gedächtnis mit einem sicheren Urteil. Sie weiß sich so gut zu verstellen und zu beherrschen, dass man ihrer Miene und ihrem Verhalten kaum ablesen kann, was in ihrem Herzen vorgeht. Sie wirkt fast immer freundlich, warmherzig und aufmunternd noch gegenüber den Schüchternsten. Ihre Manieren sind unkompliziert und zuvorkommend [...]. Sie spricht deutlich, äußert sich graziös und hört sich manchmal gern reden. Man findet noch recht einfach Zugang zu ihr, wenn auch nicht mehr so leicht wie zu Beginn ihrer Herrschaft [...]. Sie hört mit Geduld und Güte an, was man ihr vorschlägt, und nimmt manchmal die Bittgesuche, die ihr vorgelegt werden, persönlich entgegen [...].«[1]

Glaubt man dem Grafen von Podewils, hatte Maria Theresia zwei Gesichter. Einerseits war sie eine Frau, die immer für die anderen da ist; andererseits eine rachsüchtige und autoritäre Person, die auf niemanden hört. Im Übrigen verbreitet sich der Gesandte ausführlich über ihre privilegierte Beziehung zur Armee und über die virile Seite ihrer Persönlichkeit: »Sie wird von den Truppen sehr geliebt, deren Hochachtung sie sich durch den Mut erworben hat, den sie in den grausamsten Niederlagen gezeigt hat. Es steht fest, dass sie eine Zeitlang ernstlich entschlossen war, ihre Armeen selbst zu befehligen. Im Allgemeinen versucht sie, die Schwächen ihres Geschlechts von sich fernzuhalten, und trachtet nach Tugenden, die diesem am

---

1 Brief vom 18. Januar 1747. Adam Wolf (Hrsg.), »Tableau de la cour de Vienne«, a.a.O., S. 486–489.

wenigsten eigen sind und mit denen es selten versehen ist. Anscheinend behagt es ihr nicht, als Frau geboren zu sein. Sie schenkt
ihrer Schönheit keine Beachtung [...] und kümmert sich auch nicht
um ihre Aufmachung.«[1]

In Wirklichkeit wechselt die Königin zwischen Weiblichkeit
und Virilität je nach den Umständen hin und her, benutzt beide als
Trümpfe, die ihr zur Verfügung stehen. Im Zweifelsfall spielt sie die
beiden Rollen gleichzeitig, was alle, die davon Zeugen werden, ver-
wirrt und bewegt. Die wohlkalkulierte Verführung der Ungarn 1741
ist dafür ein anschauliches Beispiel.

Vom »König von Ungarn« zur verzweifelten Mutter

Um sich (gemäß der Tradition) zum »König von Ungarn«[2] krönen
zu lassen (und nicht etwa zur »Königin«), traf Maria Theresia aus-
giebige Vorbereitungen und beeinflusste geschickt die öffentliche
Meinung. Grund zur Sorge gab es nicht nur, weil sie nicht absehen
konnte, wie sie von diesem Volk – das sich gegenüber Forderungen
aus Wien oft widerspenstig gezeigt hatte – aufgenommen würde,
sondern auch weil sie sich bis dahin wenig für die Ungarn interessiert hatte. In der verzweifelten Lage, in der sie sich damals befand,
musste sie den Landtag und die magyarischen Krieger davon überzeugen, dass sie sich ihr anschließen sollten. Das Spiel war nicht von

---

1 Ebd., S. 491f. In ihrer ersten *Denkschrift* (1751) schreibt sie: »Wie dann, so ferne
nicht allezeit gesegneten Leibes gewesen, mich gewiss Niemand aufgehalten hätte,
selbsten diesem so meineidigen Feinde [Friedrich II.] entgegenzusetzen.« Alfred
von Arneth (Hrsg.), »Zwei Denkschriften der Kaiserin Maria Theresia«, a.a.O.,
S. 305f.

2 Was – zum großen Kummer Maria Theresias – ihren Gatten Franz Stephan *ex
officio* von den Krönungsfeierlichkeiten ausschloss. Zudem werden die Ungarn ihn
als Mitregenten Ungarns – und auch nur unter gewissen Vorbehalten – erst im
September 1741 anerkennen.

vornherein gewonnen. Sie versichert sich also der guten Ratschläge des Grafen Pálffy, der schon bei ihrer Geburt zugegen war, und beauftragt ihn, ihre Aufnahme in Ungarn zu organisieren. Um zu zeigen, dass sie dieses Throns würdig ist, und um Vertrauen zu wecken, achtet sie auf jedes Detail. In den Wochen zuvor lernt sie, im Herrensitz zu reiten, um sich auf die Zeremonie vorzubereiten, die der Krönung im Martinsdom folgt und die ihr unter keinen Umständen misslingen darf. Um sich zu zeigen und sich vom Volk applaudieren zu lassen, wählt sie die Fahrt auf der Donau. Schiffe und Wimpel sind in den Farben Ungarns – Rot, Weiß und Grün – gehalten. Sie selbst hat eine ungarische Tracht angelegt. Die Menge, zu Herzen gerührt, jubelt ihr während der ganzen Reise zu.

Nach ihrer Ankunft in Pressburg am 20. Juni 1741 empfängt sie drei Tage später die Abgeordneten des Landtags. Der venezianische Gesandte, der an dem Ereignis teilnimmt, beschreibt die Szene: »Die Königin, die sich mit bewundernswerter Eleganz der lateinischen Sprache bedient, empfängt die Deputierten mit vielfachen Bezeugungen der Gewogenheit und Dankbarkeit, damit die gesamte Nation sich an einer Herrscherin erfreue, die so viel Milde und Gnade walten lässt.«[1]

Am Krönungstag, dem 25. Juni, fährt sie – mit einer prunkvollen weißen, gold und blau bestickten Robe bekleidet – in einer offenen Kutsche durch die Straßen zum Martinsdom, was ihr einen Triumph bei der Bevölkerung einbringt. Als sie endlich in der Kirche angelangt ist, setzt ihr der Primas von Ungarn die Krone des heiligen Stephan aufs Haupt und legt ihr dessen alten Krönungsmantel über die Schultern. In einer Hand hält sie das Zepter, in der anderen das Schwert, mit dem sie den Eid schwören wird. Liest man das Zeugnis

---

1 Brief von Capello, 23. Juni 1741. Alfred von Arneth, *Geschichte Maria Theresia's*, a.a.O., Bd. 1, S. 402, Anm. 27.

Robinsons[1] oder das des Historikers de Broglie einhundertfünfzig Jahre später, spürt man die gleiche Ergriffenheit von dem Spektakel und von der Vorstellung, dass eine Frau das Schwert führt und die Rolle eines Kriegers übernimmt, die symbolisch so männlich ist wie keine andere. »Die Anwesenden waren bezaubert und zugleich tief berührt, wie diese großherzige und schwache Frau sich, ohne zu lächeln oder mit der Wimper zu zucken, all diesen kriegerischen Riten aus alter Zeit fügte.«[2]

Als der Gottesdienst zu Ende ist, liegt das Schwierigste noch vor ihr, die Zeremonie der Eidesleistung: Sie muss zu Pferde den sogenannten Krönungshügel hinaufreiten, um auf dessen Anhöhe das Schwert aus der Scheide zu ziehen und es in die vier Himmelsrichtungen zu erheben. Damit zeigen die Herren Ungarns dem Volk ihre Entschlossenheit, es gegen den Feind, von welcher Seite er auch komme, zu verteidigen. Maria Theresia hat diese Übung mit vollkommener Meisterschaft ausgeführt, damit den Beweis ihrer männlichen Kraft angetreten und gezeigt, dass eine Königin König sein kann. Die kollektive Ergriffenheit, die dieser Geste folgte, besiegelte die Legitimität Maria Theresias in den Augen des Volkes.

Zweieinhalb Monate später ist sie genötigt, vor dem Landtag eine ganz andere Rolle zu spielen. Während sich die Verhandlungen zwischen diesem und dem Wiener Hof hinziehen – der ungarische Landtag weigert sich, ohne die Zusicherung, all seine Privilegien und Prärogative zu bewahren, eine Armee von dreißigtausend Mann auszuheben –, nähert sich der Feind den Toren Wiens. In diesem verzweifelten Augenblick beschließt Maria Theresia, wie schon erwähnt, ihre Strategie zu ändern, um die Ungarn für ihre Sache zu gewinnen. Während ihre Ratgeber empfehlen, keinerlei Zugeständ-

1 William Coxe, *History of the House of Austria*, a.a.O., Bd. 3, S. 263f.
2 Albert de Broglie, »Études diplomatiques«, in: *Revue des Deux Mondes*, Bd. 49, 15. Januar 1882, S. 256.

nisse zu machen und die andere Seite vor allem nicht mit der Furcht vor einem blutigen Aufstand zu bestärken, beschließt sie, das Gegenteil zu tun und auf ihr Vertrauen zu setzen. Da die Auseinandersetzung als Kraftprobe gescheitert ist, bemüht sie sich, die Herzen zu rühren. Am 7. September ruft sie den gesamten Adel Ungarns zusammen und präsentiert sich als eine verzweifelte Mutter. Sie erklärt ihnen, ohne ihre Hilfe seien das ganze Reich und seine Untertanen in Gefahr. Sie appelliert an ihre ritterliche Gesinnung und bietet ihnen eine echte Partnerschaft an. Diese Rede, die eher einem Bittgesuch als einem Befehl gleicht, hat die erhoffte Wirkung. Die oftmals selbstbewussten Magnaten sind gerührt von dem Mut dieser jungen Frau, die sich und ihren Sohn ihrer Obhut anvertraut und es ablehnt, sich geschlagen zu geben.

Am 11. September wird sie ihre Rede vor dem versammelten Landtag wiederholen. Es ist die berühmte, schon erwähnte[1] Szene, die die Verbundenheit dieses Volkes mit dieser Frau besiegelt. Den Zeugen zufolge brach Maria Theresia am Ende ihrer Rede, bei der Erwähnung ihrer Kinder tief ergriffen, in Tränen aus. Allen erschien sie als »gekränkte Unschuld«, »und von viel hundert Stimmen donnerte der einmüthige Zuruf durch den Saal: ›Vitam nostram et sanguinem consecramus‹, ›wir weihen unser Leben und unser Blut.‹«[2] Auch den kleinen Joseph brachte man nach Pressburg, um ihn den Ungarn zu präsentieren. Das Kind von sechs Monaten war das Versprechen der Langlebigkeit der Habsburger und zugleich des eben geschlossenen Pakts.

Innerhalb weniger Wochen spielte Maria Theresia also ganz unterschiedliche Rollen. In der Spannweite zwischen der Frau mit dem Schwert und der Mutter in Tränen weiß sie zu verblüffen und zu rühren. Es ist das Privileg ihres Geschlechts, das sie zum rechten Zeit-

---

1 Siehe oben, S. 107f.
2 Alfred von Arneth, *Geschichte Maria Theresia's*, a.a.O., Bd. 1, S. 300.

punkt einsetzt. Es ist zweifelhaft, ob ein Mann an ihrer Stelle die Ungarn auf diese Weise hätte überzeugen können, sich ihm anzuschließen. Man muss betonen, dass damals wenige Herrscher sich um Psychologie kümmerten oder darum besorgt waren, ihre Völker zu gewinnen.

Maria Theresia versteht es, aus ihrer Schwäche eine Kraft und ihren Körper zum Träger einer Botschaft zu machen, die alle erreicht. Wie gesagt, sie ist eine große Schauspielerin, die ihre Stimme zu modulieren, all ihre Empfindungen auszudrücken und alle Register einzusetzen weiß. Graf Bonaventura Harrach schreibt einmal an seinen Bruder: »Die Königin hat eine Rede von einigen Minuten auf Lateinisch gehalten auf eine so majestätische und anmutige Weise, dass alle davon bezaubert waren, und ebenso wie sie die Gabe hat, wunderbar zu rezitieren, heißt es, sie habe einigen alten Ungarn die Tränen in die Augen treten lassen. Ich versichere Ihnen, es hätte nicht viel gefehlt, dass auch mir selbst dies geschehen wäre. Keine Schauspielerin in den Pariser Tragödien hat mich jemals so sehr gerührt wie die Königin, die sich am Ende ihrer Rede ungefähr folgendermaßen ausdrückte: ›Ich bin nicht gewandt darin, zu regieren und zu herrschen, und ich habe keinen anderen Behelf gefunden, als meine aufrechte Haltung zu wahren.‹«[1]

---

1 Bonaventura Harrach an Friedrich August von Harrach, Pressburg, 24. Juni 1741. ÖStA AVA *FA Harrach* 528.

Die Besonderheiten ihrer Regierung

Vergleicht man ihren Regierungsstil mit dem vergleichbarer Herrscher zu dieser Zeit, so sind für ihn zwei Merkmale kennzeichnend. Sie ist ebenso sehr Autokrat wie Ludwig XV. oder Friedrich II. und wird sich gegenüber bestimmten Untertanen sogar von einer unerträglichen Unduldsamkeit zeigen, doch ihre moralische und religiöse Charakterstruktur hält sie vor dem Schlimmsten zurück. Nicht nur regiert sie unter dem Auge Gottes, sie will auch von Männern wie Frauen geliebt werden. In ihrem Regierungsstil spielt das Affektive eine vorherrschende Rolle, und sie hat die unvergleichliche Gabe, sich bei denen, die ihr dienen, beliebt zu machen. Sie kennt nicht »den Undank der Großen« und zeigt sich ihnen gegenüber vielmehr von beispielhafter Treue. Niemals vergisst sie einen erwiesenen Dienst und legt eine manchmal übertriebene Großzügigkeit an den Tag. Sie ist weit entfernt von der Härte und dem Zynismus des Königs von Preußen oder von der Gleichgültigkeit des Königs von Frankreich. Wenn sie einen Minister loswerden will, der nicht mehr der richtige ist, verbannt sie ihn nicht brutal auf seine Ländereien, sondern überhäuft ihn mit Pensionen und Ehrentiteln.

Freundschaft und Treue

Unter denen, die ihr loyal ihr ganzes Leben lang gedient haben, und das sind nicht wenige, können manche den Titel eines Freundes beanspruchen. Doch selbst wenn die Ungezwungenheit einseitig ist und ihr Status dem Gesprächspartner Respekt und Ehrerbietung abnötigt, unterhält Maria Theresia echte Freundschaftsbeziehungen mit ihnen. Das zeigt sich in einem absoluten Vertrauen, das ihr manchmal private Mitteilungen über sich selbst oder das Eingeständnis ihrer Irrtümer und Fehler gestattet. Angesichts der Korrespondenzen, die sich erhalten haben, ist man beinahe geneigt, von »Hingabe« zu sprechen. Die Königin ist dann nichts weiter als eine Frau, die mit einem Freund spricht und ihre Schwächen und Verletzungen offenbart. Außer Silva-Tarouca, ihrer grauen Eminenz, dem sie die Präsidentschaft des niederländischen Rates und das Amt des Hofbaudirektors anvertraut hat, wird später Graf Franz Xaver Orsini-Rosenberg[1] die Ehre zuteil, zu ihren engsten Vertrauten zu zählen. Er ist einer ihrer brillantesten Diplomaten und wird mit delikaten Missionen beauftragt, insbesondere bei ihren herangewachsenen Kindern. So wird er mit der Aufgabe betraut, die Konflikte zu beschwichtigen und viele Probleme zu lösen, die zwischen ihr und ihnen entstehen. Er kennt alle ihre mütterlichen und politischen Sorgen.

Anderen gegenüber ist es weniger Zuneigung als eine unendliche Dankbarkeit, die sie zu erkennen gibt. Nach zehnjähriger Herrschaft, bevor Kaunitz Staatskanzler wurde, erweist Maria Theresia einem Mann besondere Ehre, den sie in ihrer Jugend verachtet hatte[2]: Bartenstein. Als Jurist, zunächst einfacher Sekretär des Geheimen Rats Karls VI., war er aufgrund seiner Talente und seines außergewöhnlichen diplomatischen Geschicks zu seinem Faktotum geworden. Dieser schroffe, manchmal unverschämte Mann, der keinen Widerspruch ertrug, war vom Kaiser beauftragt worden, Franz Stephan zu zwingen, Lothringen an Frankreich abzutreten (1736), wenn er Maria Theresia heiraten wollte. Kaum an der Macht, wurde ihr klar, dass er ihr getreuester Verbündeter war, den Interessen Habsburgs ergeben

1 Franz Xaver von Orsini-Rosenberg, 1723 bis 1796, Gesandter in London, Kopenhagen und Madrid. Maria Theresia wird ihn 1766 zum Obersthofmeister und Chef der Finanzkanzlei bei ihrem Sohn Leopold, der Großherzog von Toskana geworden war, ernennen.

2 ÖStA HHStA *LA Belgien* DD-B blau 3–4, fol. 279 v. In einer Randnotiz zu einem undatierten Brief (1747?) Taroucas über Bartenstein schreibt Maria Theresia: »Ich kann sagen, dass, wenn ich einmal Hass gegen jemanden empfunden habe, so gegen diesen, und ich habe seinetwegen […] viel Unangenehmes durchgemacht.«

und von unerschütterlicher Unnachgiebigkeit gegen Friedrich II. Er allein hat sie, ohne je nachzulassen, während der schrecklichen Jahre des Erbfolgekriegs unterstützt. Als nach dem Aachener Frieden Kaunitz in ihre engere Entourage gelangt, verträgt sich der Charakter Bartensteins mit dem ihrigen[1] und erst recht mit dem des neuen aufsteigenden Sterns zunehmend schlecht. 1753 beschließt sie, sich von ihm zu trennen, mit vielen finanziellen Kompensationen und Ehrentiteln, damit nicht der Eindruck entstünde, er sei in Ungnade gefallen. In ihrer ersten *Denkschrift* wird sie ihn mit Lobreden überhäufen und zugeben: »[Ich] muss Ihm aber die Justiz leisten, dass Ihme allein schuldig, die Erhaltung dieser Monarchie, ohne Seiner wäre Alles zu Grund gegangen.«[2] Er sei ein großer Staatsmann, wird sie hinzufügen, dem sie ihr ganzes Vertrauen geschenkt habe, ohne dass er es je missbraucht hätte. Über ihn wie über ihren Finanzminister Haugwitz[3], über Tarouca und Koch, ihren treuen Sekretär, wird sie

---

1 Johann Josef Khevenhüller-Metsch, *Aus der Zeit Maria Theresias. Tagebuch,* 5. Januar 1748, a.a.O., Bd. 2, S. 200 f.: »Eine etwas lebhafte Conversation der Kaiserin und Baron Hartenstein [Bartensteins] Ursach gewesen, welche der Kaiser gerne zuvor appaisiret hätte; weille über beide ereifteret waren, hatte es sich so bald nicht geben wollen. [...] Die Kaiserin, welche ohne dem nicht guten Humors wäre, wurde darüber empfindlich und realisierte mit zornigen Worten, dass sie sich also an andere wenden würde. Hartenstein wollte diese Replique ausdeuten, als täte die Kaiserin seine Dienst verschmähen und zeigen wollen, es liege ihr so viel nicht daran, verlor darauf die Tramontane, verfiele auf sehr unanständige Vorwürfe seiner geleisteten Dienste und erregte ein solches Geschrei, dass man es bis in des Kaisers zweite Retirade [hören konnte] [...]. Die Kaiserin kämme noch ganz erhitzet mit dem Kaiser aus ihrem Kabinett, wo die Scene vorbeigegangen [...]. Meine einzige Bemühung ginge dahin, die Kaiserin zu recht zu bringen [...]. Die Kaiserin – gleich allen lebhaften Leuten nach gedämpften ersten Feuer – gäbe sich endlichen herbei.«

2 Alfred von Arneth (Hrsg.), »Zwei Denkschriften der Kaiserin Maria Theresia«, a.a.O., S. 289.

3 Friedrich Wilhelm von Haugwitz (1702 bis 1765) war mit der Verwaltungs-, Wirtschafts- und Steuerreform in den habsburgischen Ländern betraut und als

sagen: »Und werde so lange ich lebe, an dieser Ihren Personen, Kindern und Kindes-Kindern erkennen, was sie mir und dem Staat vor Dienste geleistet. Auch verobligiere meine Nachkommlinge, solches an denen Ihrigen allezeit zu erkennen, so lang sie selbige finden und seyn.«[1]

Treue und Dankbarkeit sind die beiden großen Schlüsselwörter der Regierung Maria Theresias. Dies gilt ebenso gegenüber allen, die ihr treu gedient haben, den Ministern, den Mitarbeitern und den Militärs, wie die Marschälle Khevenhüller und Daun während des Erbfolgekriegs. Als Daun 1759 wegen seiner unverständlichen Untätigkeit während des Siebenjährigen Kriegs von allen kritisiert wird, wird sie ihn unaufhörlich und verbissen verteidigen und den drängenden Forderungen nach seiner Entlassung nicht nachgeben. Wer ihr Vertrauen einmal erworben hat, besitzt es für immer. Und dieses Vertrauen beschränkt sich nicht nur auf die Männer ihrer Umgebung. Es gilt ebenso für die Frauen.

Weibliche Diplomatie

Maria Theresia begnügte sich nicht damit, treue Freundinnen zu haben oder auch die Solidarität von Unbekannten zu wecken, wie die jener Engländerinnen, die 1742 für sie gegen den König von Preußen Partei ergriffen hatten. Sie wusste auch die Klugheit und die Verdienste mancher ihr näher oder ferner stehenden Frauen zu erkennen und sie heimlich zu ihren Mitstreiterinnen oder Verbündeten zu machen. Es ist ein weiter Weg von den Worten der Königin zu Beginn ihrer Herrschaft – »Die Weiber sollen vor allem nicht über

Architekt der Modernisierung der Habsburgermonarchie einer der bedeutendsten Minister Maria Theresias.

1 Alfred von Arneth (Hrsg.), »Zwei Denkschriften der Kaiserin Maria Theresia«, a.a.O., S. 307.

Staatsangelegenheiten räsonieren«[1] – bis zu ihrer Äußerung fünfundzwanzig Jahre später gegenüber dem Grafen von Rosenberg: »Ich bin weder voreingenommen für mein Geschlecht noch ungerecht genug, um es von den Staatsangelegenheiten ausschließen zu wollen, wenn man die notwendigen Eigenschaften bei ihm findet.«[2] Im Laufe der Zeit hatte sie mehrfach Anlass, den Wert ihrer Kompetenzen und ihrer Treue zu schätzen.

Maria Theresia hatte zunächst Helferinnen aus ihrer eigenen Familie rekrutiert. Während der heikelsten Periode des Erbfolgekriegs, als sich Wien im September und Oktober 1741 auf eine Belagerung vorbereitet, appelliert sie heimlich an ihre Mutter und ihre Tante, Kaiserin Amalie, die familiäre und freundschaftliche Beziehungen zu ihren Feinden haben, um diese zu besänftigen und zu versuchen, mit ihnen zu verhandeln. Elisabeth Christine (die in dem Ruf steht, sich nie in irgendetwas einzumischen) nimmt Kontakt mit ihrem geliebten Neffen auf, dem jungen Herzog Ferdinand von Braunschweig. Bevor er in der Armee des Königs von Preußen diente, hielt er sich bis Mai 1740 in Wien auf; die Kaiserin fand ihn so entzückend, dass sie ihm wie einem Sohn jede Woche sehr zärtlich Briefe schrieb.[3] Als die Korrespondenz, vom Krieg unterbrochen, wiederaufgenommen wird, ist der Ton ein ganz anderer. Es geht darum, bei Friedrich vorstellig zu werden und ihm für den Krieg

---

1 Rosa von Harrach an ihren Vater Friedrich August, Pressburg, 26. August 1741. ÖStA AVA *FA Harrach* 534.

2 Schönbrunn, 1. September 1766. KLA *FA Orsini-Rosenberg* 77, Fasz. 65/355 a-1.

3 1721–1792. Ferdinand von Braunschweig stammt wie Elisabeth Christine aus dem Hause Wolfenbüttel. Er ist eine bedeutende Persönlichkeit und ein bemerkenswerter Soldat. Nach seiner Abreise schreibt ihm Maria Theresia, die Gewöhnung an seine Abwesenheit werde ihr schwerfallen (6. Mai 1740), ohne ihn sei alles traurig und düster (14. Mai), sie habe die ganze Zärtlichkeit einer Mutter für ihn, da er ihr »lieber Sohn« sei (16. Mai) und so weiter. Siehe ÖStA HHStA *HausA FKA* 34-1-5.

der Franzosen und Bayern gegen die Königin von Ungarn ein Neutralitätsversprechen abzuringen. Nun hätte Elisabeth Christine ohne die Zustimmung ihrer Tochter es niemals auf sich genommen, einen solchen Brief zu schreiben: »Die Königin, meine Tochter, wird [dem König von Preußen] alles gewähren, was niemand garantieren könnte als sie selbst, wenn er dazu beiträgt, sie in diesen Zustand völliger Beruhigung zu versetzen, und wenn der König dabei hilft, das Feuer, das er entzündet hat, zu löschen.«[1] Dieser Vorschlag, der bei der Lieblingsschwester des Königs von Preußen, der Markgräfin von Bayreuth, wiederholt wurde, zeitigt keine weiteren Folgen als einen unverschämten Brief des charmanten Neffen und ein Achselzucken des Königs.[2]

Auch Tante Amalia, die zurückgezogen in ihrem Wiener Salesianerinnenkloster lebte, hatte ihren Beitrag zu leisten. Ihre Lage war viel delikater. Als Schwiegermutter des Kurfürsten und Mutter der Kurfürstin von Bayern stand sie im Mittelpunkt gegensätzlicher Interessen, hin- und hergerissen zwischen ihren mütterlichen Gefühlen und ihrer loyalen Zuneigung zu Maria Theresia. Sie schließt sich der Letzteren an und versucht ihre Tochter, Kurfürstin Maria Amalia, zu überzeugen, bei der Verhütung des Schlimmsten mitzuhelfen. »Der Eifer für das Wohl der Christenheit, die Bemühung, christliches Blut zu verschonen und die Übel, die Europa bedrohen, zu verhüten, haben es mir obliegen sein lassen, durch Ihre Vermittlung dem Herrn Kurfürsten von Bayern die Empfindungen mitzuteilen, die man hier gegenwärtig hat […]. Man wünscht sich auf das freund-

---

1 Wien, 11. September 1741. MAE *CP Autriche*, vol. 229, fol. 333 v.

2 Valory an Amelot, aus dem Feldlager vor Neiße, 23. September 1741: »Der König von Preußen hat mir einen Brief der Markgräfin von Bayreuth gezeigt, die ihm einen Brief sendet, den die Kaiserin ihr geschrieben hat, in dem sie sie in den rührendsten Ausdrücken ersucht, den König, ihren Bruder, zu veranlassen, sich mit der Königin zu verbinden […]. Der König sagt, er sehe wohl, dass diesen Leuten ganz wirr im Kopf ist.« MAE *CP Prusse*, vol. 118, fol. 140 v.

lichste mit Monseigneur dem Kurfürsten zu einigen, und wenn er gewillt ist, die Vorschläge anzuhören, die man ihm unterbreiten wird, versichert man ihm, dass sie reell und wirkungsvoll sind; man lässt ihm die Wahl des Ortes, der Modalitäten und des Ministers, den man ihm schicken wird […]. Bringe, meine liebe Tochter, Monseigneur den Kurfürsten dazu, zu bedenken, dass das Waffenglück unbeständig ist, dass seine Weigerung, anzuhören, was man ihm vorschlagen will, der Ruin so vieler Länder sein wird, auch derer, die er erwerben wird, und vielleicht seiner eigenen.«[1]

Vier Tage später schreibt sie erneut an ihre Tochter, um eine Antwort binnen einer Woche zu erhalten: »Unsere hiesige Königin hat mir einen ergreifenden Brief geschrieben […]. Man drängt sie, sich mit dem König von Preußen zu arrangieren, und hat nur eine Frist von sieben Tagen erlangen können, um die Antwort des Herrn Kurfürsten zu erhalten, [ohne welche] das Urteil verkündet wird und Schlesien abgetreten wird, das den [protestantischen] Ketzern in die Hände fällt.«[2]

Die Kurfürstin Maria Amalia antwortet ihrer Mutter trocken mit einer Abfuhr.[3]

Maria Theresia hatte weitere weibliche Emissäre, denen sie auftrug, die Gemahlinnen der Herrscher von der Richtigkeit ihrer Politik und ihrer Aufrichtigkeit zu überzeugen. Es war eine Art weiblicher Diplomatie, welche diejenige der Männer ergänzte oder ersetzte. Eine dieser Geheimdiplomatinnen war Charlotte Elisabeth von Klenck, erste Ehrenjungfer der Kaiserin Amalie bei ihrer Ankunft in Wien im Jahr 1700. Sie stammten beide aus Hannover, und Fräulein von Klenck übte großen Einfluss auf ihre Herrin aus. Als

---

1 Aus dem Salesianerinnenkloster, Wien, 15. August 1741. MAE *CP Bavière*, vol. 92, fol. 438 r–439 r.

2 19. August 1741. Ebd., fol. 454 r.

3 28. August 1741. Ebd., fol. 510 r–511 r.

außerordentlich kluge Frau unterhielt sie eine Korrespondenz mit Leibniz und diente als Vermittlerin zwischen Kaiserin Amalie und ihm. Am Wiener Hof ist sie ihres Geistes[1], ihrer Gewandtheit und ihrer moralischen Eigenschaften wegen eine angesehene Frau.[2]

Da sie über die Erziehung der beiden Töchter der Kaiserin Amalie gewacht hatte – die ältere wurde Königin von Polen und Kurfürstin von Sachsen, die jüngere Kurfürstin von Bayern und Kaiserin –, gab ihr Maria Theresia den Auftrag, ihren beiden ehemaligen Eleven eine Annäherung an die Königin von Ungarn nahezulegen.[3] Die erste Mission fand im Sommer 1743 in Sachsen bei Königin Maria Josepha statt. Ziel war es, Sachsen zu verpflichten, »auf die Absichten des Wiener Hofes einzugehen oder, sollte das nicht gelingen, wenigstens zu versuchen, es von jeder Verbindung mit Frankreich abzuhalten«.[4] Nachdem sie die Königin von Polen fünf Monate lang eifrig bekniet hatte, stellt der Repräsentant Frankreichs fest, »Fräulein von Klenck [sei], was ihre Verhandlungen anbetrifft, unzu-

---

1 Friedrich von Harrach riet seinem jungen Bruder, ihren Umgang zu suchen: »Fräulein von Klenck, meine gute Freundin, ist eine alte Jungfer, die viel Geist hat und die es liebt, wenn die jungen Leute ihr vertrauen [...]«, 20. Januar 1733. ÖStA AVA *FA Harrach* 641.

2 Karl Ludwig Pöllnitz, *Lettres et mémoires du Baron de Pöllnitz*, a.a.O., Bd. 1, S. 314: »Wenn man die Bezeichnung Ehrenmann diesem Geschlecht zuschreiben kann, verdient Fräulein von Klenck sie mehr als jeder andere [...]. Rechtschaffener und großherziger kann man nicht sein.«

3 Johann Josef Khevenhüller-Metsch, *Aus der Zeit Maria Theresias. Tagebuch*, 24. Mai 1745, a.a.O., Bd. 2, S. 60: »Diese alte Freile [...] hatte [...] selbe auch die Gelegenheit überkommen, unserem Hoff zu Beförderung der nachhero mit beiden Häusern Sachsen und Bayern erfolgten Aussöhnung viele nützliche Dienste zu thun, und eben von darummen von der Königin und dem Herzog so besonders cajoliret und distinguiret worden ist.«

4 Dresden, 18. September 1743. MAE *CP Saxe*, vol. 29, fol. 97 r. Da diese Mission nur durch die Berichte des Repräsentanten Frankreichs in Dresden überliefert ist, der der Anwesenheit Fräulein von Klencks natürlich nicht wohlgesinnt war, sind die Wirkungen nur schwer zu ermessen.

frieden mit ihrer Reise; sie stieß auf zu viel Widerstand dagegen, den Absichten des Wiener Hofes nachzugeben«.[1]

Zwei Jahre später wurde Fräulein von Klenck mit einer ähnlichen Mission zu ihrem zweiten Zögling, der Kaiserinwitwe Maria Amalia von Bayern, gesandt. Am Ende des siegreichen Kriegs Österreichs gegen Bayern ging Maria Theresia daran, den jungen Kurfürsten Maximilian zu umwerben, und versuchte zu diesem Zweck, dessen Mutter für ihre Sache zu gewinnen. »Sie konnte dafür keine bessere Wahl treffen als Fräulein von Klenck, die kürzlich eintraf. Doch welchen starken Einfluss diese auf ihren Zögling bewahrt haben mochte und welche Begabung man ihr zubilligt, wird sich eine so beständige Treue [wie die zu Frankreich] nicht im Laufe eines Tages umkehren lassen.«[2]

Man kennt nicht die genauen Resultate dieser diplomatischen Mission, doch man weiß, dass es nicht sehr lange gedauert hat, bis Bayern zu Frankreich auf Distanz ging und sich der österreichischen Partei anschloss. Maria Theresia wird sich ihr erkenntlich zeigen, indem sie Fräulein von Klenck nach dem Tod ihrer Herrin Amalie 1742 bis zu ihrem eigenen Tod 1748 bei Hofe wohnen lässt.

Schließlich betreibt Maria Theresia selbst weibliche Geheimdiplomatie mit Antonia von Bayern[3], der älteren Tochter Kaiser Karls VII. und seit 1747 Gemahlin des sächsischen Thronfolgers Friedrich Christian. Beide Frauen unterhalten eine doppelte Korrespondenz. Die eine, offizielle, freundschaftliche, oft familiäre, reicht über die

1 Dresden, 2. Oktober 1743. Ebd., fol. 151 v–152 r.
2 München, 9. Juli 1745. MAE *CP Bavière*, vol. 120, fol. 124 r–v.
3 Maria Antonia von Bayern (1724 bis 1780) war eine hochintelligente und intrigante Frau, die großen Einfluss sowohl auf ihren Bruder, Kurfürst Maximilian, als auch auf ihren Mann Friedrich Christian hatte. Sie blieb den Musikliebhabern ihrer Zeit im Gedächtnis, da sie selbst eine große Musikerin war. Sie komponierte Opern, sang und spielte hervorragend Cembalo.

Jahre 1747 bis 1772[1]; die andere, geheime und verschlüsselte, erstreckt sich von 1748 bis 1754. Sie ist hauptsächlich politisch, auch wenn feminine und mütterliche Vertraulichkeiten hinzukommen.[2] Das gemeinsame Interesse der beiden Frauen liegt in ihrer Feindschaft gegen Friedrich und die Franzosen sowie in ihrem Willen, mit den Engländern und den Russen verbündet zu bleiben.

Die Initiative zu diesem Briefwechsel ging wahrscheinlich von Maria Theresia aus. Sie musste über die Meinungen Antonias durch den Grafen Chotek, ihren Botschafter in Bayern, gut im Bilde sein, und dies umso mehr, als Antonia bis zu ihrer Hochzeit die Mätresse des Letzteren war.[3] Seit 1747 sendet die Königin von Ungarn Antonia Geschenke zum Namenstag und Geburtstag. Für sie liegt der Wert dieser Briefpartnerin nicht nur in dem Einfluss, den sie auf ihren Bruder, den bayerischen Kurfürsten, hat, sondern auch in dem Einfluss auf ihren Mann, den sächsischen Kurfürsten. Liest man die Briefe Antonias, begreift man, dass Maria Theresia in ihr die denkbar beste Spionin besaß, was den Münchner wie auch den Dresdner Hof betrifft. Antonia berichtet alles, was sie von den beiden Höfen und ihren Geheimverhandlungen weiß. Sie nimmt beträchtliche Risiken auf sich, die ihr die Freundschaft mit der Korrespondentin wert sind. Nach und nach kommen persönlichere Themen ins Spiel, denn Maria Theresia ist geschickt darin, Freundschaft und Ergebenheit zu wecken. Sie gibt Ratschläge zu Antonias Entbindungen, und man spürt, dass Letztere stolz auf diese Intimität ist. Mehrmals kommen Treffen zwischen den beiden Frauen nicht zustande,

---

1 Veröffentlicht 1908 von Woldemar Lippert unter dem Titel *Kaiserin Maria Theresia und Kurfürstin Maria Antonia von Sachsen, Briefwechsel 1747–1772*, Leipzig 1908. Diese Briefe wurden auf Französisch geschrieben.

2 Unter dem Titel »Geheimkorrespondenz einer Freundin AB mit Kaiserin Maria Theresia, 1748–1754«, ebenfalls auf Französisch. ÖStA HHStA *HausA* FKA 37-1-12.

3 München, 2. März 1747. MAE *CP Bavière*, vol. 126, fol. 4 v–6 v.

und letztlich werden sie sich nie begegnen. Ihre offizielle Korrespondenz endet 1772, wahrscheinlich weil Antonias Intrigen mit Friedrich II. allzu sehr überhandnehmen.

Ihre »beste Verbündete«

Es fing schlecht an zwischen Maria Theresia und der Zarin Elisabeth I. von Russland. Elisabeth war am 6. Dezember 1741 durch einen Staatsstreich gegen die Regentin Anna Leopoldowna, verschwägerte Cousine und treue Verbündete der Königin von Ungarn, an die Macht gekommen. So konnte sie Maria Theresia nur missfallen. Gewiss gab es bei diesem Staatsstreich weder Tote noch Verletzte, und die entthronte Familie wurde nur in die Verbannung, fern von Moskau, geschickt; doch jeder kannte die herzlichen (und vielleicht noch engeren) Bande Elisabeths zu dem französischen Botschafter[1] und ihre Bewunderung für Friedrich II. Maria Theresia hatte allen Grund, sich um die Fortdauer des alten Bündnisses zwischen Österreich und Russland zu sorgen, zumal die beiden Frauen – geradezu Antipoden – sich nicht sonderlich schätzten. Die Habsburgische Thronerbin blickte mit Herablassung auf die uneheliche Tochter Peters des Großen und verweigerte ihr anfangs hartnäckig den Titel Zarin. Elisabeth, wiederum gekränkt, spottete gern über die »entblößte Königin«, die sich ihre Länder wegnehmen ließ. Die beiden Herrscherinnen gerieten in eine Art Rivalität, sowohl auf der Ebene ihres Status – hier die legitime und tugendhafte Königin von

---

1 Der Marquis de La Chétardie (1705 bis 1758), der 1739 als bevollmächtigter Gesandter nach Russland kam, hatte die Aufgabe, die feindseligen Beziehungen zwischen Frankreich und Russland zu verbessern. Als gutaussehender und verführerischer Mann freundete er sich sehr bald mit der frankophilen Elisabeth an und wurde von ihr über den geplanten Staatsstreich ins Vertrauen gezogen. Ein zähes Gerücht wollte wissen, dass er der Geliebte der späteren Zarin sei.

Ungarn, dort die Abenteurerin, die einen Staatsstreich riskiert – als auch auf einer persönlicheren, femininen Ebene.

Elisabeth von Russland ist zweiunddreißig Jahre alt[1], acht Jahre älter als Maria Theresia, als sie an die Macht kommt. Alle Botschafter, die in Russland einander folgten, sind sich einig darin, die Zarin für eine große Schönheit zu halten – die schönste Frau ihres Reiches –, von außerordentlicher Anmut und ungewöhnlichem Charme. Es heißt, sie sei intelligent und geistreich, fromm bis zum Aberglauben, doch auch vergnügungssüchtig. Der Botschafter des preußischen Königs schreibt 1744, sie sei »höchst eifersüchtig auf die Schönheit und den Geist von Personen ihres Ranges, weshalb sie der Königin von Ungarn und der Kronprinzessin und Königin von Schweden zu schaden sucht«.[2] Ein Eindruck, den der österreichische Botschafter noch 1755 teilt. Auch er bemerkt ihre Eifersucht auf alle Frauen, die es mit ihr an Jugend oder Schönheit aufnehmen können, und hält es für recht unwahrscheinlich, dass sie eine Fürstin wie Maria Theresia lieben könnte, »die, allein durch ihre Tugenden und den beständigen Ruhm ihrer Herrschaft, ihr so sehr überlegen ist«.[3] Fügt man hinzu, dass Elisabeth ebenso träge war[4] wie Maria Theresia fleißig, dass sie in dem Ruf stand, ein zügelloses Geschlechtsleben zu

---

1 29. Dezember 1709 bis 5. Januar 1762.

2 Francine-Dominique Liechtenhan, »La Russie d'Élisabeth vue par les diplomates prussiens«, in: *Cahiers du monde russe*, Bd. 39, Nr. 3, Juli–September 1998, S. 256 (»Mémoires de Mardefeld sur les personnalités les plus importantes à la cour de Russie«).

3 Ludwig Zinzendorf, »Mémoire sur la Russie, sur l'impératrice Élisabeth, sur sa cour et son gouvernement«, in: Gustav B. Volz und Georg Küntzel (Hrsg.), *Preussische und Österreichische Acten zur Vorgeschichte des Siebenjährigen Krieges*, Leipzig 1899, S. 680.

4 Das geringste Schriftstück, Reskript oder Brief, das sie abzuzeichnen hatte, wartete monatelang auf ihrem Sekretär, was ihren Kanzler, ihre Minister und alle ausländischen Botschafter – je nachdem – hysterisch oder melancholisch werden ließ.

führen und an nichts als Zerstreuungen und ihre Gewänder zu denken, die sie sechsmal täglich wechselte, kann man sich schwer vorstellen, wie zwischen zwei so unterschiedlichen Charakteren ein Einvernehmen zustande kommen könnte.

Bis 1745 herrscht gereizte Stimmung zwischen den beiden Frauen – zur größten Freude des preußischen Königs, der alles tut, um Öl ins Feuer zu gießen. Ursprünglich mögen diese Animositäten weniger eine weibliche Rivalität gewesen sein als ein uraltes Ressentiment gegen die Habsburger. Ein Zeuge berichtet, dass die Zarin bei einem Diner, das sie im Frühjahr 1742 gab, die Erklärung entfuhr: »Eine unüberwindliche Abneigung wird mich beständig von einer Nation [Österreich] fernhalten, die hier viele Freunde und Parteigänger hat. Wollte man mich für die Interessen der Königin von Ungarn gewinnen, bliebe der Versuch ziemlich fruchtlos; und wenn einige Personen, um mich in diesem Punkt zu überzeugen, geschickt den Vertrag anführen, den der Wiener Hof mit meiner Mutter [1726] geschlossen hat, müssten sie daran denken, dass das Haus Österreich, um diesen Vertrag rechtmäßig zu erfüllen, alles hätte unternehmen müssen, um mir nach dem Tod Peters II. den Weg zur Krone zu ebnen; dagegen gibt es keine Bosheit, die man mir nicht anzutun versucht hätte; es kann mir also gleich sein, was aus der Königin von Ungarn und ihrer Nachkommenschaft wird; sie können also von meiner Seite keinen Beistand erwarten.«[1]

Dass sich Maria Theresia zur selben Zeit endlich entschlossen hatte, die Zarin als Kaiserin anzuerkennen[2], sollte an den persönlichen Gefühlen der Letzteren nichts ändern, außer vielleicht dass sie den Eindruck gewann, über den wohlbekannten Hochmut der Habsburger triumphiert zu haben. Elisabeths Groll wurde sorgsam geschürt von Friedrich II., der nichts so sehr fürchtete wie eine wirk-

---

1 Moskau, 4. Juni 1742. MAE *CP Russie*, vol. 40, fol. 167 r–v.
2 Moskau, 23. Juli 1742. Ebd., fol. 337 v.

liche Einigkeit zwischen den beiden Frauen. Während er sich seiner militärischen Überlegenheit über Österreich sicher war, fürchtete er die mächtige russische Armee. Er musste also eine Versöhnung zwischen den beiden um jeden Preis verhindern. Dazu schrieb er verliebte Briefe an die Zarin, überhäufte sie mit Geschenken und Orden und versicherte ihr, ihr bester Freund zu sein. Er erzählte ihr auch von den schlechten Absichten des Wiener Hofes, der sein Möglichstes tue, um sie loszuwerden und den jungen Iwan VI. und seine Mutter als Regentin wieder auf den Thron zu setzen, von dem Elisabeth sie gestoßen hatte.

In diesem Zusammenhang wurde der ehemalige Botschafter Maria Theresias in Moskau, der Marquis Botta, im Sommer 1743 beschuldigt, in eine Verschwörung gegen die Zarin verwickelt zu sein. Die Beziehungen zwischen den beiden Frauen verschlechterten sich noch, als Maria Theresia – entrüstet darüber, dass man sie einer solchen Intrige verdächtigen konnte – nach schriftlichen Beweisen verlangte und man ihr die Anklageschrift gegen ihren Botschafter zusandte, der zu dieser Zeit nach Berlin entsandt war. Nach der Prüfung der Vorwürfe durch eine Wiener Kommission – es handelte sich um Geständnisse, die unter Folter erlangt worden waren – kam man zu dem Schluss, es gebe keinerlei Beweis für die Anschuldigungen gegen Botta, der gleichwohl eine Verteidigungsschrift nach Petersburg senden und sich Ungeschicklichkeit vorwerfen lassen musste. Die Zarin wiederum war erbost darüber, dass man ihre Worte und vor allem ihre Redlichkeit in Zweifel ziehen konnte, und wurde noch wütender, als Maria Theresia in den *Nouvelles d'Amsterdam*[1] das Reskript veröffentlichen ließ, das sie an ihre Gesandten an den ausländischen Höfen geschickt hatte, um die Ungerechtigkeit anzuprangern, deren Opfer Botta geworden war.

---

1 Nr. 92, 15. November 1743 (»Rescrit de Maria Theresia, 14 octobre 1743«).

Die gegenseitige Verbitterung erreichte ihren Höhepunkt, als Maria Theresia – abermals in großen militärischen Nöten – beschloss, es sei dringlich, sich mit der Zarin zu versöhnen und das Verteidigungsbündnis zwischen den beiden Ländern zu erneuern, das 1746 auslaufen sollte. Im August 1744 schickte sie einen außerordentlichen Gesandten, Graf Philipp Rosenberg, nach Moskau mit dem Auftrag, sich sämtlichen Forderungen des russischen Hofes zu beugen. Maria Theresia musste ein öffentliches Dementi ihrer früheren Behauptungen abgeben, die Schuld Bottas anerkennen und ein förmliches *mea culpa* aussprechen.[1] Elisabeth hatte die vollständige Demütigung Maria Theresias zur Bedingung dafür gemacht, nach den Unstimmigkeiten zwischen ihnen eine neue Seite aufzuschlagen und die Verlängerung des Friedensvertrages ins Auge zu fassen.

Auch nachdem Maria Theresia sich zu einem persönlichen, honigsüßen und gefühlvollen Brief an Elisabeth durchgerungen hatte[2], hätte dies noch nicht ausgereicht, eine aufrichtige Bindung zwischen beiden herzustellen. Was die Gesamtlage änderte, war die Entwicklung der Gefühle Elisabeths gegenüber Friedrich. Ihr Kanzler Bestuchew, der für ein Bündnis mit Österreich eingenommen war, öffnete ihr die Augen über den Mann, der ihr gegenüber den Galan spielte. »Er zerstörte das Märchen, das der König von Preußen so sorgsam gepflegt hatte, und gab ihr zu verstehen, dass ihr Geschlecht niemals Gegenstand der Aufmerksamkeiten dieses Fürsten gewesen war.«[3]

Russische Soldaten, die in der preußischen Armee gedient hatten und die über pikante Einzelheiten im Bilde waren, bestätigten die Reden des Kanzlers. Sie wurden viele Male befragt, und ihre Antworten

1 Moskau, 3. November 1744. MAE *CP Russie*, vol. 45, fol. 212 r–213, Erklärung Rosenbergs.

2 Undatiert (Oktober? 1744). ÖStA HHStA *StAb Russland* II 210, fol. 146.

3 Ludwig Zinzendorf, »Mémoire sur la Russie«, a.a.O., S. 679.

führten schließlich dazu, dass Elisabeth über Friedrich verstimmt war. »Sie fasste eine Abneigung gegen den König von Preußen, seine Falschheit erschien ihr unverzeihlich.«[1] Noch entscheidender war, dass ihr die Gefahr bewusst wurde, die er durch seine expansionistische Politik bedeutete, insbesondere gegen Sachsen[2] und Polen, die sie als unter ihrer Protektion stehend betrachtete. Die Verschlechterung ihrer diplomatischen Beziehungen endete 1751 mit dem Abbruch der Beziehungen zwischen den beiden Ländern.

Umgekehrt näherten sich die beiden Herrscherinnen nach der Erneuerung ihres Bündnisses 1746 immer mehr an.[3] Maria Theresia brachte ihrer Verbündeten ihre Freude und ihre ungeheure Dankbarkeit zum Ausdruck, indem sie sie im Mai 1747 zur Patin ihres Letztgeborenen, Erzherzog Leopold, machte. Von nun an marschieren Maria Theresia und Elisabeth Hand in Hand gegen ihren gemeinsamen Feind. Während des Siebenjährigen Kriegs bewies Elisabeth eine bemerkenswerte Loyalität gegenüber ihrer »Schwester«. Nicht nur schlug sie im April 1756 einen Vertrag über ein Offensivbündnis

---

1 Ebd. Übrigens bemerkt der österreichische Botschafter in Russland, von Pretlack, am 5. Mai 1746: »Dieser Fürst, der wohl bemerkt, dass sein Ansehen hier zusehends sinkt, hat kürzlich zweimal nacheinander mit eigener Hand auf Französisch an Ihre Kaiserliche Majestät geschrieben. Diese Briefe sind voller Schmeicheleien und in so galanten Begriffen abgefasst, wie wenn der vollkommenste Liebhaber und Verehrer an seine Mätresse schreibt. Trotzdem jedoch haben sie nicht die Wirkung gehabt, die er davon erwartete, und sie hat nicht einmal darauf geantwortet und wird nicht darauf antworten, was sie doch früher eben getan hat.« ÖStA HHStA *StAb Russland* I 24, fol. 63 v–64 v.

2 Friedrich hatte bereits die Grenzen des sächsischen Territoriums verletzt, um im September 1743 Prag zu erobern, und war Ende 1745 mit der Eroberung Dresdens rückfällig geworden.

3 Dieses Verteidigungsbündnis wurde am 22. Mai 1746 in Petersburg »zwischen den beiden Kaiserinnen« geschlossen und am 2. Juli von Elisabeth ratifiziert. Der französische Gesandte merkt an: »Ich wüsste nicht zu bestreiten, dass […] die Einigkeit, die nun zwischen den beiden Höfen hergestellt ist, auf ein engstes Bündnis hinausläuft.« MAE *CP Autriche*, vol. 49, fol. 27 r.

mit Österreich gegen Preußen vor, sondern verpflichtete sich auch, eine Armee von achtzigtausend Mann aufzustellen, welche die Waffen erst niederlegen sollten, wenn Schlesien und die Grafschaft Glatz an Österreich zurückgegeben worden wären. Österreich sollte dafür das Gleiche tun, solange das ehemalige Herzogtum Preußen nicht an Russland zurückgegeben worden wäre.[1]

Hauptsächlich dank der Armee Elisabeths, die am 12. August 1759 die große Schlacht bei Kunersdorf gewann und im Oktober 1760 Berlin eroberte, wurde Friedrich hoffnungslos in die Knie gezwungen. Doch die Zarin weigerte sich immer noch, mit dem König von Preußen einen Separatfrieden zu schließen, und bewies damit eine unverbrüchliche Treue zu ihrer Verbündeten.[2] Ihr vorzeitiger Tod am 5. Januar 1762 und die Thronbesteigung Peters III. änderten den Kriegsverlauf und bewahrten Friedrich vor der Katastrophe. Dennoch bewahrte Maria Theresia ihrer Schwester Romanow, die man später *Elisabeth die Barmherzige* nannte[3], ewige Dankbarkeit. Als Katharina II. an die Macht kam, vertraute Maria Theresia ihrer Freundin Antonia von Sachsen an: »Sie wird nicht Elisabeth sein, weder ihr Herz noch ihre Gefühle. Sie ist falsch, man kann nicht mehr [...].«[4]

Maria Theresia hatte 1757 Grund gehabt, das »Jahrhundert der Frauen«[5] auszurufen (und meinte damit Elisabeth und sich selbst).

---

1 Das gesamte Königreich Preußen beanspruchte Russland erst im Dezember 1759 als Kompensation für seine Teilnahme am Siebenjährigen Krieg.

2 Das war auch die Meinung des Grafen von Choiseul, des französischen Botschafters in Wien, der am 2. Oktober 1759 schreibt: »Diese Fürstin hat ein großes und großmütiges Herz, sie ist mit Eifer bei der gemeinsamen Sache, sie denkt edel und handelt redlich.« MAE *CP Autriche*, vol. 274, fol. 4 r.

3 Elisabeth stand in dem Ruf, gut und großherzig zu sein. Da sie – außer im Krieg – Abscheu vor Blutvergießen hatte, begnadigte sie während ihrer Herrschaft systematisch alle zum Tode Verurteilten.

4 Brief vom 10. Juni 1763. Woldemar Lippert (Hrsg.), *Kaiserin Maria Theresia und Kurfürstin Maria Antonia von Sachsen. Briefwechsel*, a.a.O., S. 167.

5 23. Juli 1757. MAE *CP Autriche*, vol. 258, fol. 308 r.

Doch die Folgezeit sollte beweisen, dass die Politik oftmals über die weibliche Solidarität siegt.

Die absolute Machtausübung

Eifersüchtig auf ihre Autorität bedacht

Während Maria Theresia zu Beginn ihrer Herrschaft sacht wie auf Samtpfoten vorging und sich für die Meinungen der Minister ihres Vaters offen zeigte, begriff sie rasch, dass deren exorbitante Macht jede Reform des monarchischen Staats verhinderte, der noch an vielen Stellen mittelalterliche Formen bewahrte. In ihrer *Denkschrift* liefert sie eine außerordentlich strenge Beurteilung ihrer Vorfahren und besonders ihres Vaters, die nach und nach ihre Autorität an ihre Minister abgegeben hatten:

»[…] wie denn auch bey meinen Vorfahren die Ministri grosse Regalien vom Herrn selbst und denen Ländern erhalten, weilen selbte nicht allein der Mielde, Gnad und Oesterreichischen Munificenz gar schmeichelhafft sich gewust zu gebrauchen und solche hervorzustreichen: Auch der Vorfahren hierdurch erworbenen Ruhm denen Gegenwärtigen vorzustellen, sondern auch, in dem selbige gemeiniglich das Ohr des Landesfürsten samt der Geistichkeit besessen, alles erhalten, was sie nur gewollt, auch hat sich deren Credit so weit erstrecket, dass sie in denen Ländern mehr geforchten und verehret werden, als der Landesfürst selbsten […]. Bey all diesen Kaysern kunte es ohnmöglich sothanen Ministris an Ansehen, und Credit gebrechen, weilen jeder Minister in dem Ihme zugetheilten Departement werckthätig den Souverain selbst abgegeben.

Derley Ministri hatten fast durchgehends in allen Ländern die Stände zu Ihrer freyen Disposition, allermassen jeder Ministre, so einem Lande vorstunde, gemeiniglich daselbst am stärcksten begüttert, mithin im Ständischen Gremio das stärckeste Ansehen und Credit hatte, eben darumben viele aus Ihnen alljährlich von denen Ständen reichlich remuneriret wurden: Wollte nun der Landes-Fürst zu Unterhaltung seiner Arméen und zu Rettung des gemeinen Weesens die erforderliche Subsidia von denen Ländern erhalten, so muste Er nothgedrungener denen jenigen Ministris, die allein vermögend waren, Ihm solche beyzuschaffen, das anverlangte gnädige und gefällige erweisen.«[1]

Um der Übermacht der Minister ein Ende zu setzen, unternahm Maria Theresia zwischen 1748 und 1749, gleich nach dem Ende des Erbfolgekriegs, zwei grundlegende Verwaltungsreformen. Sie beauftragte den Grafen von Haugwitz, einen Beamten von Format, mit der Durchführung. Die erste war eine Reform des Steuerwesens, dessen Verwaltung nur noch von der Zentralregierung, nicht mehr von den Ständen abhängig sein sollte. Die zweite bestand darin, die Justiz von den politischen Angelegenheiten zu trennen und die böhmische und österreichische Hofkanzlei zu einer einzigen Behörde zu verschmelzen. Es handelte sich darum, »einen Staat zu schaffen, der Autorität über alle Teile der Monarchie haben sollte«[2], mit Wien als Zentrum: einen modernen und zentralisierten Staat, wie er in Frankreich und in Preußen bereits bestand. Diese Reformen weckten heftigen Widerstand bei der lokalen Verwaltung sowie bei den meisten ihrer Minister, die sich eines großen Teils ihrer Befugnisse beraubt sahen. Doch Maria Theresia ging geschickt vor und gab nicht nach.

Die Königin will einen starken Staat, den sie allein mit den Ratschlägen der Männer regiert, die sie ihrer Kompetenzen, ihrer Red-

---

1 Alfred von Arneth (Hrsg.), »Zwei Denkschriften der Kaiserin Maria Theresia«, a.a.O., S. 296 f.

2 Jean-Paul Bled, *Marie-Thérèse d'Autriche*, a.a.O., S. 135.

lichkeit und ihrer Treue halber gewählt hat. Sie wollte niemals einen Kanzler, »dessen Tyrannei über ihre eigenen Untertanen sie fürchtet«.[1] Das setzt beträchtliche Anstrengungen von ihrer Seite voraus. Sie verlange alles selbst zu sehen, zu lesen und zu tun, beklagt sich ihre Umgebung. Ihr Tageslauf beginnt morgens um vier oder fünf Uhr, damit sie alle die Berichte lesen kann, die man ihr auf den Schreibtisch legt, um ihre persönliche, politische und administrative Korrespondenz zu führen, Audienzen zu geben, Minister zu empfangen, an geheimen Konferenzen teilzunehmen. Sie wird in ihrem Leben mehr gearbeitet haben als ihre drei Vorgänger zusammen, denn sie will alles bis ins Kleinste wissen.

Für diesen Ehrgeiz, selbst zu regieren, hat sie gewiss die allerbesten Gründe, doch wesentlich beruht er auf ihrem Wunsch nach Autorität. Sie will absolute Herrin ihrer Länder sein und als solche anerkannt werden. Einen anderen Status duldet ihr Stolz nicht. Wahrscheinlich ist das der Grund, warum sie sich zum allgemeinen Erstaunen geweigert hat, sich zur »Kaisergemahlin« krönen zu lassen.

Franz Stephan wünschte sich sehr, dass sie sich mit ihm in Frankfurt krönen ließe. Doch sie führte alle möglichen Argumente dagegen an. Zu hoch seien in Kriegszeiten die Ausgaben für dergleichen, sagte sie. Als man ihr das Gegenteil bewies, argumentierte sie mit ihrer Schwangerschaft (viereinhalb Monate), mit ihrer Erschöpfung

---

1 Brief von Tarouca an die Gräfin Burghausen, Wien, 16. Dezember 1760. MLA
FA Silva-Tarouca, G 445, 14, Nr. 86 23-B-3, fol. 130 v. Als der Kurfürst Friedrich von Sachsen seinem Vater nachfolgt, schreibt sie am 10. Oktober 1763 an seine Gemahlin Antonia: »Der Kurfürst braucht keinen Ersten Minister. Er braucht nur zwei oder drei ehrenhafte Männer, die es wagen, Ihm die Wahrheit zu sagen und Ihm sogar manchmal in Seiner Lebhaftigkeit zu widersprechen, und dann wird niemals ein Land besser regiert werden als von Ihm.« Siehe Woldemar Lippert (Hrsg.), *Kaiserin Maria Theresia und Kurfürstin Maria Antonia von Sachsen. Briefwechsel*, a.a.O., S.186.

und der Unmöglichkeit, das Gewand für die Zeremonie anzulegen. Doch Franz insistiert: »Ich wiederhole Ihnen, es scheint mir, dass auch Sie sich krönen lassen sollten, denn wenn nicht, wird das einen sehr schlechten Eindruck machen, weil jeder damit rechnet.«[1]

Angesichts der Hartnäckigkeit der Königin bittet der künftige Kaiser den Grafen Ulfeld, Minister für Auswärtiges, bei ihr vorstellig zu werden: »Ich fürchte […], dass sie überhaupt nicht mitkommt, was noch eine weitere nachteilige Folge hätte, denn bei dieser Gelegenheit wird sie viele Fürsten sehen, die sie gewiss von schlechten Vorurteilen abbringen wird […]. Ich zweifle nicht, dass sie, wenn Sie ihr verständlich machen, dass das nur eine gute Wirkung haben kann und ihrer Eigenschaft als Königin mitnichten entgegensteht, nicht wieder darauf zurückkommen wird […].«[2]

Einige Tage später berichtet Ulfeld vom Scheitern seiner Mission: »Ich habe Ihrer Majestät vergeblich alle die respektvollsten Vorhaltungen gemacht […]. Ihre Königliche Hoheit [Franz Stephan] weiß, wie es geht, wenn Ihre Majestät einmal eine Meinung gefasst hat, und ich habe keine andere Antwort erhalten als die, dass sie nicht wolle […]. Ich habe mein Bestes getan, um wenigstens den Grund [dafür] zu entdecken. Ich war auch darin wenig erfolgreich […]. Alles, was ich vermuten kann auf die Gefahr hin, mich zu täuschen, ist, dass sie vielleicht diese Krönung für geringer als die beiden männlichen Kronen erachtet, die sie trägt, da sie einmal gesagt hat […], sie wolle ihr Geschlecht nicht mehr ändern, und mir heute wiederholt hat, dass diese Krönung nur eine Komödie sei und dass sie diese nicht spielen wolle.«[3]

1 Heidelberg, 5. August 1745. ÖStA HHStA *HausA* FKA 36-1, fol. 700 r.

2 18. August 1745. Alfred von Arneth, *Geschichte Maria Theresia's*, a.a.O., Bd. 3, S. 430, Anm. 14.

3 22. August 1745. Ebd., S. 429, Anm. 13.

Das sah Ulfeld richtig. Maria Theresia, die die absolute Königsmacht über ihre Länder innehatte, konnte sich nicht dazu herbeilassen, einen Gemahlstitel zu erwerben, der sie auf den Rang einer bloßen »Gemahlin von …« erniedrigte. Auf die Gefahr hin, ihren Mann zu enttäuschen, der zum ersten Mal die Hauptrolle spielte, verzichtete die Herrscherin darauf, die Nebenrolle zu übernehmen. Dennoch zog sie sich geschickt aus der Affäre. Sie traf mit Franz Stephan in Frankfurt zusammen, wohnte seiner Krönung als Zuschauerin bei[1] und löste vergnügt den Applaus der Menge beim Vorbeizug ihres Gatten in den Gassen der Stadt aus. Abermals war sie es, die die Ernte in Sachen Popularität einfuhr.

Maria Theresia trug im Laufe ihres Lebens verschiedene Titel. Von ihrem Vater her als Erzherzogin zu Österreich gebürtig, war sie als Gemahlin ihres Mannes Großherzogin von Toskana und als Herrscherin Königin von Ungarn und Böhmen. Da ihre Entourage und die ausländischen Kanzleien von ihrer Abneigung wussten, Gemahlin des Kaisers zu werden, gaben sie ihr den Titel Kaiserin-Königin. Einige Jahre später nannte man sie nur noch Kaiserin, nicht um sie auf ihre Eigenschaft als Gemahlin herabzustufen, sondern weil sie die Wirklichkeit der absoluten Macht verkörperte, und Kaiserin war der glanzvollste Titel, den man ihr geben konnte. Noch heute bezeichnet man sie so – fälschlicherweise.

Doch sehr lange zog Maria Theresia den Titel »Königin von Ungarn und Böhmen«, den sie nur sich selbst verdankte, aus Stolz dem Titel Kaiserin vor. So sehr, dass sie einen diplomatischen Zwischenfall mit Ludwig XV. riskierte. »Ich fürchte«, schreibt der Botschafter Frankreichs in Wien, »dass man mir einige Schwierigkeiten mit dem Brief des Königs an die Kaiserin machen wird. Dieser Brief ist ganz einfach an die Kaiserin gerichtet, und man verlangt hier, dass

1 Am 4. Oktober 1745, dem Namenstag des heiligen Franziskus.

man ›Königin von Ungarn und Böhmen‹ hinzufügt, der der besondere Titel dieser Fürstin ist.«[1] Und der Brief wurde zur Korrektur an den Absender zurückgeschickt.

Diese Sturheit, ihren Ruhm und ihre Autorität nur sich selbst verdanken zu wollen, setzt dem Mythos der Mitregentschaft definitiv ein Ende.

Der Kaiser lässt den Vortritt

Bei seiner Ankunft in Wien 1746 zeichnet Podewils, der Botschafter des preußischen Königs, ein Porträt des Kaisers nahe der vierzig. Podewils beschreibt einen Mann, der seinem Amt nicht gewachsen ist. »Wohlbeleibt, von eher unterdurchschnittlichem Wuchs [...], achtet er nicht auf Haltung und Gang [...]. All seine Züge bilden ein schönes Gesicht, in dem jedoch viele etwas Gewöhnliches finden. Der Fürst verunstaltet sich selbst durch die Grimassen, die er gewöhnlich zieht [...]. Als Feind der Förmlichkeit mangelt es ihm etwas an Gravität für den Rang, den er einnehmen soll. Da er sich sogar in der Öffentlichkeit gegenüber denen, mit denen er bekannt ist, ungezwungen verhält, übertreibt man es damit oft und lässt es an Respekt fehlen. Er hasst die Etikette [...]. Er hat eine lebhafte Einbildungskraft, ein gutes Gedächtnis und viel gesunden Menschenverstand. Doch von Natur aus träge, weiß er sich mit nichts zu beschäftigen. Die Arbeit hasst er. Wenig ehrgeizig, mischt er sich möglichst wenig in die Staatsgeschäfte ein.[2] Er sucht nur das Leben zu genießen [...] und überlässt den Ruhm und die Sorgen des Regierens gern der Kaiserin [...]. Sein Charakter ist äußerst gutmütig [...]. Bei klei-

---

1 Wien, 4. September 1754. MAE *CP Autriche*, vol. 253, fol. 365 v–366 r.

2 Mit Ausnahme der Finanzen, auf die er sich perfekt versteht: »Er hat sie in seinen Ländern wohlgeordnet. Er hat sogar der Kaiserin Pläne vorlegt, die ihrigen zu beleben.«

nen Streitigkeiten zwischen der Kaiserin und ihm ist im Allgemeinen er es, der nachgibt und sich als Erster wieder versöhnt [...]. Trotz seines geringen Ehrgeizes nimmt er die nicht gerade glänzende Lage, in der er sich befindet, immer noch deutlich wahr, doch seine Abneigung gegen Staatsgeschäfte und der Wunsch, möglichst sorglos zu leben, lassen ihn nie etwas unternehmen, das eine Änderung herbeiführen könnte.«[1]

Der Botschafter Englands in Sachsen, im Sommer 1753 auf der Durchreise in Wien, sagt nichts anderes: Er war, schreibt er, zum Herzog von Lothringen geboren, doch gewiss nicht zur Kaiserwürde bestimmt.[2]

Der Engländer bemerkt ebenso wie der Preuße, dass man ihn zwar über alles informiert, dass seine Meinung am Hof jedoch ohne Gewicht sei. Die Kaiserin-Königin regiert allein, sagt er, weil die Überlegenheit ihrer Talente nicht zu übersehen ist und weil sie offenkundig eifersüchtig über ihre Autorität wacht.[3] Der Kaiser, der die wahre Macht hat, ist sie. Die Macht des römisch-deutschen Kaisers ist eine leere Hülse, die keine andere Funktion hat als die eines bloßen »offiziellen Ornaments«.[4]

Obwohl seine fehlende Macht und Glaubwürdigkeit seit Beginn der 1750er Jahre niemandem verborgen blieb, war Franz Stephan selt-

1 Brief an Friedrich II., Wien, 15. Februar 1747. Adam Wolf (Hrsg.), »Tableau de la cour de Vienne«, a.a.O., S. 496–498.

2 Charles Hanbury Williams an den Herzog von Newcastle, Dresden, 15. Juli 1753. ÖStA HHStA *Nachlaß Alfred von Arneth*, 8 b-1.

3 Ebd. Podewils wiederum berichtet, »dass die Kaiserin eines Tages in einer Konferenz sehr hitzig eine Meinung gegen die ihrer Minister vertreten [habe], und als der Kaiser sein Gefühl dazu ausgedrückt hatte, gebot [sie] ihm auf eine recht grobe Art Schweigen, indem sie ihm bedeutete, er solle sich nicht in Dinge einmischen, von denen er nichts verstehe«. Wien, 18. Januar 1747. Adam Wolf (Hrsg.), »Tableau de la cour de Vienne«, a.a.O., S. 492.

4 J. Alexander Mahan, *Maria Theresa of Austria*, New York 1932, S. 260.

samerweise in Wien populär. Seine Lebensweise als Bourgeois gefiel dem Volk. Doch zum großen Ärger Maria Theresias wurde er weder bewundert noch wirklich geachtet. Sie ließ gegenüber Choiseul[1] sogar ihr Bedauern durchblicken, dass sie so viel dafür getan hatte, ihm diesen Ehrentitel überhaupt zu verschaffen: »Sie ist davon überzeugt, dass die Chimäre der Kaiserkrone seit Jahrhunderten dem Hause Österreich schade; dass sie nur zu gut wisse, welchen Preis sie dafür gezahlt habe und noch zahle, damit ihr Mann den Kaisertitel erhielt; dass es eines ihrer größten Kümmernisse sei, zu sehen, wie wenig Achtung der Kaiser im Reich finde; dass dieser Kummer so lebhaft sei […], dass sie sich überhaupt nicht darum kümmere, dass ihr Sohn Römischer König wird […]. Wäre sie nicht die Herrin dieses Reiches, würde sie diese Würde mitnichten anstreben, sondern sich ihr sogar verweigern.«[2]

Maria Theresia liebte ihren Gatten stets über alles, ihren klaren Blick behielt sie jedoch. Franz Stephan blieb sein ganzes Leben lang ein Herzog von Lothringen, allenfalls fähig, das Herzogtum Toskana aus der Ferne zu regieren.

1 Der Graf von Stainville, Herzog von Choiseul, war von August 1757 bis November 1758 Botschafter Frankreichs in Wien.
2 15. Juli 1758. MAE *CP Autriche*, vol. 265, fol. 95 v. Bald darauf änderte sie ihre Meinung, weil ihr Sohn Joseph 1764 zum Römischen König gekrönt wurde.

Das triumphierende Matriarchat

Wie erwähnt, wird Maria Theresia seit ihrer Thronbesteigung als Mutter all ihrer Untertanen dargestellt. In ihrer ersten *Denkschrift* beschreibt sie sich selbst als »sothaner Länder allgemeine und erste Mutter«.[1] Diese Bezeichnung mag banal erscheinen, bedenkt man, wie sehr dieser Titel damals von den Zarinnen ge- und missbraucht wurde, ob sie nun Mütter waren oder nicht. Die Bezeichnung gehört zur politischen Propaganda, mit der die natürliche Warmherzigkeit der Herrscherin betont werden soll. Doch das genügt der Kaiserin-Königin nicht. Im Laufe der Jahre und ihrer Entbindungen wurde die Mutterschaft – Mittelpunkt ihres Lebens – zum Kennzeichen ihrer Person und ihrer Macht. Mit Recht hat der Historiker Andrew Wheatcroft die fortwährende Darstellung der Herrscherin als fruchtbare Mutter hervorgehoben und festgestellt, »der Maternalismus und das Familienleben [seien] zu den Hauptthemen der Habsburger geworden«.[2]

Maria Theresia hat alles getan, um das Bild der Mutter zu verherrlichen. In einer Zeit, in der bei der Mutterschaft überhaupt nur Söhne zählen und in der die Darstellung königlicher und kaiserlicher Familien – einschließlich der Säuglinge – noch selten ist, begründet sie eine neue Repräsentation von Herrschaft. 1751 bestellt sie beim Hofporträtisten Martin van Meytens ein Tafelbild, das sie mit ihrem Mann darstellt, umgeben von ihren neun Kindern. Auf der rechten Seite der Leinwand ist sie umrahmt von ihren drei Söhnen Joseph, Karl und dem kleinen Leopold, die eines Tages Ansprüche auf die Regierung stellen können. Am anderen Bildrand ist Franz Stephan umgeben von seinen beiden ältesten Töchtern Maria Anna und Maria

---

1 Alfred von Arneth (Hrsg.), »Zwei Denkschriften der Kaiserin Maria Theresia«, a.a.O., S. 287.
2 Andrew Wheatcroft, *The Habsburgs. Embodying Empire*, London 1995, S. 220f.

Christina. In der Mitte des Bildes, doch zurückversetzt, die vier jüngeren Mädchen, deren Züge kaum zu erkennen sind. Die Letztgeborene, Maria Josepha, ist kaum ein Jahr alt.

Der Vater und die Mutter thronen prächtig in Hoftoilette auf großen Fauteuils und bieten ein fast bürgerliches Bild ihrer Familie, in der die Kinder den ganzen Raum einnehmen. Die geniale Idee Maria Theresias bestand darin, dasselbe Bildarrangement, erweitert um das jeweils Letztgeborene, dreimal zu wiederholen.[1] Die jüngste Fassung nach der Geburt Maximilians 1756 stellt zum ersten Mal das zuletzt geborene Kind auf einem Stühlchen im Vordergrund in der Mitte der Szene dar. Diese Abfolge von Darstellungen ist das Markenbild der kaiserlichen Familie und insbesondere Maria Theresias. Dank ihrer hellblauen Robe im Kontrast zu dem rotbraunen Kostüm Franz Stephans und dank dem Licht, das von ihr ausstrahlt, ist sie es, die man als Erste – um nicht zu sagen: als Einzige – betrachtet. Die Mutter thront in all ihrer Macht.

Diese Gemäldeserie von Meytens war nicht die einzige Darstellung der habsburgisch-lothringischen Linie. Anlässlich der Hochzeit von Erzherzog Leopold mit einer spanischen Infantin, die 1765 in Innsbruck stattfand, bestellte Maria Theresia beim Atelier von Meytens Porträts sämtlicher Familienmitglieder, um die Mauern der großen Halle der Innsbrucker Hofburg zu schmücken. Nicht weniger als sechsunddreißig Porträts wurden ausgeführt, darunter das kaiserliche Paar, die sechzehn Kinder, die ihm geboren wurden[2], sowie ihre Schwiegersöhne, Schwiegertöchter und Enkel. Wie Benedikt

---

1 Bekannt sind vier Exemplare dieses großen Tafelbildes, die alle in den 1750er Jahren entstanden. Das erste mit neun Kindern befindet sich in der Innsbrucker Hofburg, das zweite mit elf Kindern in Schönbrunn, das dritte mit zwölf Kindern in Versailles und das letzte mit dreizehn Kindern im Palazzo Pitti.

2 Die drei bei der Geburt oder sehr jung gestorbenen Kinder (mit drei Jahren beziehungsweise einem Jahr) werden ebenfalls dargestellt – was zu der Zeit ganz außergewöhnlich war –, nämlich als Engel unterschiedlicher Größe im Paradies.

Sauer treffend bemerkt hat[1], vollzog Maria Theresia damit eine doppelte Revolution. Entgegen der habsburgischen Tradition wurde keiner der Vorfahren dargestellt, was bedeuten sollte, dass sie eine neue Dynastie begründete, die habsburgisch-lothringische, die der vorhergehenden nichts schuldete, weil unter dem Gesichtspunkt der Fruchtbarkeit Maria Theresia selbst *causa prima* war. Darüber hinaus brach sie mit einer weiteren Tradition, nämlich der der separaten Darstellung der Geschlechter. Die Porträts ihrer Kinder, Mädchen wie Knaben, erscheinen – geordnet nach ihrem Alter – nebeneinander.

Die pädagogische und öffentlichkeitswirksame Botschaft dieser zahlreichen Familiendarstellungen ist klar. Ein Mädchen ist so viel wert wie ein Knabe, eine Frau so viel wie ein Mann und manchmal mehr als ein Mann dank ihrer unvergleichlichen Fruchtbarkeit, von der das Überleben einer Dynastie abhing.

Eine Reputation ohnegleichen

Maria Theresia hat ein äußerst feines Gespür für ihren Ruhm und wacht eifersüchtig über ihr Ansehen, bemerkt ein schwedischer Diplomat im Jahr 1765.[2] Als »Mutter Courage« gelingt es ihr, das Bild des tugendhaftesten Herrschers in Europa von sich zu vermitteln. Sie personifiziert private und öffentliche Tugenden zugleich. Die Spötteleien der französischen Philosophen oder des Königs von Preußen können ihr nichts anhaben. Ihre moralischen Qualitäten stehen außer Frage. Sie zeigt hohe Achtung vor dem Gesetz und dem einmal gegebenen Wort. Niemand zweifelt an ihrer Aufrichtigkeit, wenn sie sagt, sie verteidige ihr Hab und Gut, gedenke aber nicht,

---

1 Siehe Benedikt Sauer, *Hofburg Innsbruck*, Wien 2010.

2 Fritz Arnheim, »Das Urtheil eines schwedischen Diplomaten über den Wiener Hof im Jahr 1765«, in: *Mittheilungen des Instituts für Österreichische Geschichtsforschung*, Bd. 10, Innsbruck 1889, S. 289.

sich dessen ihrer Nachbarn zu bemächtigen, oder wenn sie sich weigert, als Antwort auf die Grausamkeiten Friedrichs in Leipzig Geiseln zu nehmen, denn, wie sie sagt: »Das vermehrt nur die Zahl der Unglücklichen, ohne dass es am Schicksal der anderen etwas ändern würde.«[1] Und wenn ebendieser Friedrich sie zu Beginn des Erbfolgekriegs öffentlich anklagt, sie habe ihn von einem Banditen ermorden lassen wollen, muss er – entgegen seinem Wunsch, »sie vor den Augen des ganzen Universums mit Schimpf und Schande zu überziehen«[2] – angesichts der Ungläubigkeit aller sehr rasch einen Rückzieher machen. Die Lüge war zu dreist und unvereinbar mit der moralischen Reputation dieser guten Katholikin.

Ihre politischen Tugenden werden nicht minder gerühmt. Man bewundert ihre Ausdauer und ihre Zivilcourage. Selbst der König von Preußen hat ihr leidenschaftliche Reverenz erwiesen, als er sich in einer heiklen Lage befand. »Ich würde sterben vor Scham, wenn ich weniger Mut als die Königin von Ungarn besäße, die ihn unter Umständen gezeigt hat, die viel widriger waren als diejenigen, in denen ich mich befinde.«[3] Sein Botschafter Podewils bestätigt diesen Zug: »Im Allgemeinen versucht sie, die Schwächen ihres Geschlechts von sich fernzuhalten, und trachtet nach Tugenden, die diesem am wenigsten eigen sind und mit denen es selten versehen ist.«[4]

Bewunderung finden auch ihre hartnäckigen Bemühungen um eine Reform ihrer Länder. Der Marquis von Aubeterre, französischer

---

1 Brief Maria Theresias an Antonia von Sachsen, 28. Januar 1760. Woldemar Lippert (Hrsg.), *Kaiserin Maria Theresia und Kurfürstin Maria Antonia von Sachsen. Briefwechsel*, a.a.O., S. 67 und 69.

2 Brief des Königs von Preußen an die Königin von Ungarn, Berlin, 11. März 1741. MAE *CP Prusse*, vol. 115, fol. 308 r–309 r. Der König hatte dafür gesorgt, dass dieser Brief an all seine Gesandten im Ausland geschickt und unter dem Titel »Über das Attentat« in der *Gazette de Berlin* veröffentlicht wurde.

3 15. Dezember 1744. MAE *CP Prusse*, vol. 133, fol. 279 r.

4 Adam Wolf (Hrsg.), »Tableau de la cour de Vienne«, a.a.O., S. 491f.

Botschafter im Jahr 1754, verhehlt nicht seine Begeisterung für das bereits vollbrachte Werk: »Die Kaiserin ist eine kluge und aufgeklärte Fürstin. Sie hat in den vergangenen sieben Jahren aus ihren Ländern etwas gemacht, das auszuführen ihre Vorgänger selbst auf dem Gipfel ihrer Macht sich niemals hätten vorstellen können.«[1]

Am Ende entsteht daraus ein Bild, das unter den Staatsführern nicht seinesgleichen hat. Die Durchreisenden, die das Privileg hatten, bei einer Audienz anwesend zu sein oder der Kaiserin-Königin einfach vorgestellt zu werden, tragen ihren Teil zu ihrer Verwandlung in eine Ikone bei. Als Beleg dafür mag dieser Brief Pierre Michel Hennins gelten, eines Diplomaten, der sich 1760 in Wien aufhält: »Gestern habe ich zum ersten Mal diese himmlische Königin mit so vielen Titeln gesehen, und ich hatte die Ehre, ihr vorgestellt zu werden. Sie war umgeben von ihrer schönen Familie und einem glänzenden Hofstaat. Ich bin es so wenig gewohnt zu loben, dass mir die Eloge auf sie schwerfällt; doch Sie können mir aufs Wort glauben, dass seit langer Zeit niemand so gut zu regieren verstand. Je mehr ich mich mit den Einzelheiten ihrer Art der Führung und ihrer Verwaltung vertraut mache, desto weniger überrascht mich die Begeisterung ihrer gesamten Umgebung. Sie hat begriffen, dass Liebe eine dauerhaftere Faszination ist als Bewunderung, und sie hat sich das eine wie das andere verschafft, und Sie würden nicht glauben, bis zu welchem Punkt.«[2]

Diese enthusiastische Beschreibung sagt gewiss nicht die ganze Wahrheit über Maria Theresia aus. Ob gewollt oder nicht, die Hagiographie zeigt nur die Lichtseiten einer Person und nicht die Schattenseiten. Wie jedes menschliche Wesen hat Maria Theresia auch solche.

1 Wien, 7. April 1754. MAE *CP Autriche*, vol. 253, fol. 104 r–v.
2 Brief von Hennin an den König von Frankreich, Wien, 2. Juni 1760. Bibliothèque de l'Institut, Ms 1268, fol. 258 r.

Sechstes Kapitel

Privates und Öffentliches

Die Verschränkung von Privatem und Öffentlichem ist, wie deutlich geworden ist, das wesentliche Merkmal des Lebens und des Regierungsstils Maria Theresias. Vielleicht ist es sogar das Spezifikum jeder weiblichen Macht. Im 18. Jahrhundert findet eine große Premiere statt, der man nicht immer hinreichend Aufmerksamkeit geschenkt hat. Welches Gewicht hat vor dem Auge der Geschichte eine schwierige Geburt oder der Tod eines Kindes gegenüber dem, was bei einem Krieg auf dem Spiel steht? Welchen Einfluss kann die Eifersucht des Gatten auf die Politik der Herrscherin haben? Solche Fragen haben nur Sinn, wenn man sich klarmacht, in welchem Maße ihr Leben als Frau von ihrem Handeln als Monarchin nicht zu trennen ist. Trotz ihrer Bemühungen, kühlen Kopf zu behalten und ihre beiden Aufgaben bestmöglich auszufüllen, sieht sich Maria Theresia, moderner als es scheinen könnte, vor schwierigen Entscheidungen.

Mutter und Kriegsherrin

Von ihrem Regierungsantritt (1740) bis zum Ende des Siebenjährigen Kriegs (1763) vergehen fast dreiundzwanzig Jahre, in denen sich alles um Krieg und Revanche dreht – mit dem Ziel: das von Friedrich gestohlene Gut (Schlesien) wiederzuerlangen. Doch zur gleichen Zeit, zwischen 1741 und 1756, brachte Maria Theresia dreizehn

Kinder zur Welt, die sie auf ihre Weise aufzog, mit den Sorgen und Kümmernissen, die seinerzeit damit verbunden waren. Anders als man denken könnte, war sie nicht bloß eine Vorzeigemutter. Auch wenn ihre Kinder Ammen, Gouvernanten und Hauslehrer hatten, behielt sie nicht nur stets ihre Rolle als oberste Erzieherin, sondern liebte es wirklich, von ihnen umgeben zu sein.[1] Ihre Situation als Mutter und als Kriegerin greifen beständig ineinander.[2] Während des Erbfolgekriegs gehen die (wenigen) gewonnenen und verlorenen Schlachten mit den Schwangerschaften Hand in Hand.

Während des Siebenjährigen Kriegs muss Maria Theresia mit schweren Krankheiten des einen oder anderen Kindes fertigwerden und vor allem mit dem Tod zweier ihrer heranwachsenden Kinder. Zwischen den beiden Kriegen erlebt sie eine Ruhepause. Man könnte sogar von frohem Familienleben sprechen.

Sieben Kinder, sieben Kriegsjahre

Als der Erbfolgekrieg beginnt, hat Maria Theresia bereits drei Entbindungen hinter sich. Von den drei Mädchen, die sie zur Welt bringt[3] – unter dem Vorzeichen der Enttäuschung –, bleibt nur eines am Leben, die kränkliche Maria Anna. Am 13. März 1741 wird endlich der Thronfolger Joseph geboren. Für ihn gab es drei Gala-Fest-

---

1 Viele Augenzeugen, darunter enge Freunde wie Tarouca, haben das bestätigt. Podewils zum Beispiel schreibt am 18. Januar 1747 an Friedrich II.: »Sie liebt ihre Kinder zärtlich, die an den Spielnachmittagen stets um sie sind.« Adam Wolf (Hrsg.), »Tableau de la cour de Vienne«, a.a.O., S. 493.

2 Im Gegensatz zu den meisten Historikern Maria Theresias, die ihre Mutterschaften in einem gesonderten Kapitel behandeln, ist es eines der Anliegen dieser Publikation, ihre Entbindungen wieder in den Lauf ihres Lebens als Herrscherin einzuordnen.

3 Maria Elisabeth (5. Februar 1737 bis 7. Juni 1740), Maria Anna (6. Oktober 1738 bis 19. November 1789) und Maria Karolina (12. Januar 1740 bis 25. Januar 1741).

tage und Illuminationen. Das Volk zeigte sich sehr zufrieden, und als die Königin am 4. April zum ersten Mal wieder in der Öffentlichkeit erschien, »strotzte sie vor Gesundheit und war schön wie der Tag«.[1] Kaum wiederhergestellt, erfährt sie von der schrecklichen Niederlage ihrer Truppen bei Mollwitz am 10. April 1741, die den Verlust Schlesiens besiegelt. Im folgenden Jahr das Gleiche noch einmal: Am 13. Mai 1742 bringt sie Maria Christina zur Welt, und vier Tage später kommt es zu der nicht minder entsetzlichen Niederlage in der Schlacht bei Chotusitz in Böhmen. Niemand wagt es ihr zu sagen, denn sie hat Anfälle von Kindbettfieber, und man fürchtet um ihre Gesundheit. Den beiden folgenden Geburten bleiben dramatische Umstände erspart. Die Geburt einer zweiten Maria Elisabeth[2] am 13. August 1743 und eines zweiten Erzherzogs Karl am 1. Februar 1745 sind kurze Pausen und Zeiten für Bündnisverträge. Anders bei der achten Geburt, der Maria Amalias, am 26. Februar 1746. Nach der dreiwöchigen Belagerung von Brüssel[3] durch die Armee Moritz' von Sachsen sind die Österreicher gezwungen, sich am 22. Februar den Franzosen zu ergeben. Damit sind die gesamten österreichischen Niederlande bedroht. Kurz vor der Entbindung vertraut Maria Theresia Tarouca an, dass sie am Ende ihrer Kräfte sei. Sie ist niedergeschlagen und beklagt sich, dass »ihr Körper und ihr Geist in schlechter Verfassung« seien.[4] Doch kaum hat sie sich vom Kindbett erholt, ist sie erneut schwanger. Am 5. Mai 1747 wird Erzherzog Leopold geboren, und ihm folgt am 17. September 1748 eine kleine Maria Karolina, die ein paar Minuten nach der Geburt stirbt. Um die Mutter zu

1 Rosa von Harrach an ihren Vater, 5. April 1741. ÖStA AVA *FA Harrach* 534.

2 Es war damals üblich, den Vornamen eines verstorbenen Kindes dem folgenden noch einmal zu geben. So hatte Maria Theresia zwei Elisabeths und drei Karolinas.

3 Brüssel war die Hauptstadt der österreichischen Niederlande.

4 Tarouca an Maria Theresia, undatiert (Februar? 1746). ÖStA HHStA *LA Belgien* DD-B blau 3–4, fol. 257 v.

trösten, sagt ihr Tarouca voraus, es kämen noch weitere Kinder.[1] Die Voraussage ist richtig, ein Trost ist es nicht. Kurz vor dieser letzten Entbindung gesteht Maria Theresia ihrer Freundin Kurfürstin Antonia von Sachsen: »Ich wäre recht zufrieden, am Ende zehn Kinder zu haben, denn ich fühle, dass es mich schwächt und sehr altern lässt; worum ich mich nicht sorgen würde, wenn es mich nicht weniger fähig zur Kopfarbeit machte.«[2]

Liest man die zeitgenössischen Kommentare und Berichte, könnte man denken, dass die Schwangerschaften und Entbindungen nichts weiter als glückliche Intermezzi (außer der letzten) und folgenlos für sie wären. Die Diplomaten äußern sich dazu fast immer in denselben Worten: Alles gutgegangen, die Königin ist sehr rasch wieder zu ihrer Arbeit zurückgekehrt. Man kann zu ernsteren Dingen übergehen. Das ist aber nun ganz und gar nicht das Empfinden Maria Theresias, die sich ihren Vertrauten dazu mehrmals offenbart hat. Wie Liselotte von der Pfalz meint sie, das Gebären sei »ein ellendes Handwerck«.[3] Gegen Ende der ersten Schwangerschaft ihrer Lieblingsschwester Erzherzogin Maria Anna klagt sie herzergreifend: »Seit dem Ersten dieses Monats habe ich nicht einen Augenblick Ruhe, und ich denke ständig an diese Geburt. Ich weiß, was das heißt, und deshalb denke ich mit Schrecken daran.«[4] Vielleicht denkt sie auch an ihr eigenes Schicksal, da sie gerade mit Karl schwanger ist.

Ihre Schwester hatte eine sehr schwere Geburt. Sie kam am 9. Oktober 1744 mit einem totgeborenen Mädchen nieder und starb am 16. Dezember unter qualvollen Schmerzen an einer Kindbett-

1 Tarouca an Graf Karl Josef Batthyány, Schönbrunn, 18. September 1748. MLA *FA Silva-Tarouca*, G 445, 15, Nr. 87 23-B-4, fol. 434 v.

2 Zwischen 29. August und 4. September 1748. Woldemar Lippert (Hrsg.), *Kaiserin Maria Theresia und Kurfürstin Maria Antonia von Sachsen. Briefwechsel*, a.a.O., S. 5.

3 Brief an die Königin Sophie Dorothea von Preußen, Paris, 12. April 1721. Dirk Van der Cruysse (Hrsg.), *Madame Palatine. Lettres françaises*, Paris 1989, S. 690.

4 3. Oktober 1744. ÖStA HHStA *HausA FKA* 37-1-32, fol. 3 r.

infektion. In dieser Zeit wird Maria Theresia von schweren Prüfungen heimgesucht. Die preußische Armee marschiert auf Wien zu, was in der Stadt eine wahre Panik auslöst, und ihre Mutter, die Kaiserinmutter Elisabeth Christine, fühlt sich so krank, dass sie sich die Krankensalbung geben lässt.[1] Doch die Situation ihrer Schwester drängt alles andere in den Hintergrund. Tarouca spricht von einer »entsetzlichen Situation, die in Wahrheit die Königin mehr schmerzt und bedrückt als alle Anstrengungen der Vielzahl unserer Feinde«.[2] Während sie vom Tod ihrer Schwester noch nichts weiß, bittet Tarouca, der sehr um sie besorgt ist, den Arzt van Swieten zu Hilfe: »Diese doppelte Gefahr, in der sie ihre erhabene Mutter und ihre einzige Schwester sieht, könnte unmöglich ohne mächtigen Eindruck auf ihr Gemüt und ihren Geist bleiben, trotz der natürlichen, ihrem Geschlecht weit überlegenen Standhaftigkeit, die Sie tatsächlich bei ihr finden. Ihre Majestät ist im siebten Monat ihrer fortgeschrittenen Schwangerschaft. Ihre sechs Geburten sind alle glücklich verlaufen, jedoch quälend wegen der Schmerzen, und [...] für uns andere ist zu befürchten, dass sie sich dies in ihrer Einbildungskraft diesmal so mächtig und wirksam ausmalt, dass ich dem nicht ohne Schrecken entgegensehe [...].« Tarouca betont den Unterschied in Maria Theresias Wahrnehmung der Gefahren des Kriegs und ihrer Niederkunft: »Eine mächtige Armee von Feinden, die erbittert auf unser Verderben aus sind und bereits vor den Toren Wiens stehen, hat so wenig Eindruck auf diesen wahrhaft edlen Charakter gemacht, dass man die Königin keinen Augenblick lang die Fassung hat verlieren sehen. Und ganz im Gegenteil kann ich Ihnen versichern, dass wir seit den ersten Nachrichten von der unglücklichen Nieder-

---

1 Trotz ihrer schwachen Gesundheit sollte sich die Kaiserinwitwe noch einmal erholen und erst am 21. Dezember 1750 sterben.
2 Brief an Graf von Kaunitz-Rietberg, Wien, 25. November 1744. ÖStA HHStA *LA Belgien* DD-B blau 1–2, fol. 37 v.

kunft [ihrer Schwester] Ihre Majestät nicht in Sorge um ihre teure Schwester gesehen hätten. Eben darauf gründen meine Befürchtungen, dieser Kontrast von Größe und Zartheit macht mir Angst um eine kostbare Erhaltung, von der das Wohl mehrerer Millionen von Untertanen abhängt.«[1]

Maria Theresia fürchtete den Tod ihrer geliebten Schwester, wie sie ihren eigenen fürchten musste. Man darf nicht vergessen, dass im 18. Jahrhundert die Wehen der »Krieg« der Frauen sind. Sie überstehen diesen Krieg unversehrt, verkrüppelt oder tot, so wie die Männer, die in die Schlacht ziehen. Die Müttersterblichkeit in dieser Zeit ist beträchtlich, und jede schwangere Frau hat guten Grund, das Schlimmste zu befürchten.[2] Daher versteht man die Angst Maria Theresias, die, zum elften Male schwanger, gegenüber Tarouca ihr Widerstreben zu erkennen gibt: »Es ist das letzte Mal, dass ich Ihnen davon spreche […], schwanger zu sein, so sehr fühle ich in diesem Moment, in dem ich Ihnen schreibe, den ganzen Schrecken.«[3] Was nicht verhindert, dass sie noch weitere fünf Male schwanger werden wird; man vermag sich kaum vorzustellen, welchen zentralen Platz Schwangerschaften und Entbindungen in ihrem Leben hat-

1 Undatierter Brief (Dezember 1744), ebd., fol. 74 r. Man bewundert das psychologische Feingefühl Taroucas, der befürchtete, ein Übermaß an verdrängtem Schmerz werde der Gesundheit der Königin schaden. Er war beruhigt, als er erfuhr, dass sie sich bei der Nachricht vom Tod ihrer Schwester in ihre Gemächer zurückzog, um dort einen Strom von Tränen zu vergießen (Brief an Kaunitz, 30. Dezember 1744, ebd., fol. 69 v).

2 Zum Vergleich: Die Rate der Müttersterblichkeit in Frankreich im 18. Jahrhundert schwankte zwischen elf und zwölf Toten pro tausend Geburten. Heute liegt die Sterblichkeitsrate im weltweiten Durchschnitt bei zwölf Toten pro hunderttausend Geburten (Zahlen der Weltgesundheitsorganisation). Siehe Hector Gutierrez und Jacques Houdailles, »La mortalité maternelle en France au XVIIIᵉ siècle«, in: *Population*, Bd. 38, Nr. 6, 1983, S. 978.

3 Randnotiz Maria Theresias zu einem undatierten Brief Taroucas (1749–1750?). ÖStA HHStA *LA Belgien* DD-B blau 1–2, fol. 191 r.

ten – nicht nur für sie selbst, sondern später für ihre Töchter und Schwiegertöchter. Jedes Mal erschauert sie bei dem Gedanken, sie zu verlieren, in ihren Briefen spricht sie von nichts anderem und erteilt zahlreiche Ratschläge. Niemand als sie kennt besser die wohltuenden Wirkungen einer Spülung nach der Geburt (ein Rat, den die Ärzte vergessen); sie versteht sich auf die Wahl der richtigen Amme und berät auch die Frauen ihrer näheren Umgebung, sogar Antonia von Sachsen bei deren erster Schwangerschaft, »denn von dieser hängen alle anderen ab«. Sie sendet ihr Pillen in einer kunstvoll geschnitzten Dose mit der Anweisung: »Sie tun keinen Schaden, antworte ich darauf, denn ich selbst habe sie immer genommen; man nimmt davon fünf, sieben oder sogar elf auf einmal, wenn man sich ängstigt oder sich matt fühlt. Ich bitte um Verzeihung dafür, dass ich das alte Weib spiele, doch zu meinem großen Bedauern bin ich ziemlich erfahren über all die Jahre hinweg, und seit zwei Monaten bin ich erneut schwanger.«[1]

Als Kriegsherrin stand Maria Theresia nicht in Gefahr, im Kampf zu sterben, und konnte kühlen Kopf behalten, was immer geschehen mochte. Als Mutter jedoch musste sie sich fast jedes Jahr der höchsten Prüfung aussetzen, gegen ihren Willen und in Todesangst. Kein Zweifel, dass diese zwiefache Situation von Männlichkeit und Weiblichkeit, von Autorität und Unterwerfung der Herrschaft Maria Theresias ihren prägenden, eigentümlichen Stempel aufgedrückt hat.

1 Mitte Juli 1750. Woldemar Lippert (Hrsg.), *Kaiserin Maria Theresia und Kurfürstin Maria Antonia von Sachsen. Briefwechsel*, a.a.O., S. 10 f. Maria Theresia wurde die Patin von Antonias erstem Sohn.

Der Friedensvertrag von Aachen, mit dem im November 1748 der Erbfolgekrieg endet, kann die Herrscherin kaum zufriedenstellen. »Die angenommene Grundlage war die Wiederherstellung der vor dem Krieg bestehenden Ordnung durch gegenseitige Rückerstattungen [...], jedoch mit Ausnahme der [...] durch die Kaiserin getätigten Abtretungen«[1], so dass nach acht Jahren Krieg der Verlust Schlesiens und der Grafschaft Glatz besiegelt war.[2] Der König von Preußen, der nicht Unterzeichner des Vertrages war, ging als großer Sieger aus dem Krieg hervor, den er ausgelöst hatte. Nicht nur hatte er sich auf Kosten Maria Theresias vergrößert, sondern er setzte auch der Vormachtstellung Habsburgs über das Heilige Römische Reich ein Ende. Kaum war der Vertrag unterzeichnet, dachte sie nur noch an Vergeltung. Der Krieg hatte ihr den beklagenswerten Zustand ihres Landes in administrativer und ökonomischer wie in militärischer Hinsicht vor Augen geführt. Die Armee war völlig desorganisiert, die Generäle und Offiziere wenig tauglich. Um ernsthaft auf Revanche gegen Friedrich II. sinnen zu können, musste sie Österreich zunächst einmal wieder ertüchtigen und leistungsfähig machen, und anschließend neue Bündnisse schmieden.

Die sieben folgenden Jahre werden der Modernisierung des Landes und der Geburt von sechs Kindern gewidmet sein, vier Mädchen und zwei Knaben: Johanna Gabriela (4. Februar 1750), Maria Josepha (19. März 1751), Maria Karolina (13. August 1752), Ferdinand Karl Anton (1. Juni 1754), Maria Antonia (2. November 1755) und Maximilian Franz (8. Dezember 1756).

---

1 Victor Tapié, *Maria Theresia. Die Kaiserin und ihr Reich*, a.a.O., S. 85.
2 Sowie der Verlust der italienischen Herzogtümer Parma, Piacenza und Guastalla.

Geld ist der Nerv des Kriegs und der Unabhängigkeit. Weil es ihr daran mangelte, wurde Maria Theresia, abhängig von englischen Subsidien, zweimal von London gezwungen, den Forderungen Friedrichs nachzugeben. Sie wird alles tun, damit sich das nicht wiederholt. Da das Geld hauptsächlich aus Steuern, aus Handel und Industrie stammt, wirft sie sich mit mehr oder weniger Erfolg auf diese Festungen. Sie nimmt sich die Lage der Bauern zu Herzen, die die Steuern zahlen und fortwährend von den Großgrundbesitzern enteignet werden. Sie richtet ein Handelsdirektorium ein, das direkt ihr verantwortlich ist und die Aufgabe hat, das Zollwesen im ganzen Land zu regeln. Sie schafft neue Manufakturen, reformiert das Bildungswesen[1], reorganisiert mit van Swieten die medizinische Fakultät der Universität und nimmt, wie wir gesehen haben, eine grundlegende Steuerreform in Angriff. All das geht einher mit der zentralen Heeresreform, die bereits Anfang 1748 beginnt.

Die Kommission, die unter der Ägide der Königin mit der Modernisierung der Armee beauftragt ist, muss alles verändern: die Befehlsstrukturen vereinheitlichen, die sich von einem Land zum anderen unterscheiden, die Disziplin wiederherstellen, der Ausplünderung der Zivilbevölkerung ein Ende setzen, Exerzierplätze schaffen, die für große Manöver geeignet sind und die dazu taugen, eine feste Truppe zusammenzuschweißen (wie Friedrich II. es längst verstanden hatte), vor allem aber fähige Offiziere ausbilden. 1752 gründet Maria Theresia eine Militärakademie für Adlige[2], deren Leitung sie Feldmarschall Daun anvertraut, und ergänzt sie zwei Jahre später durch eine Akademie für das Ingenieurkorps, die nicht Kindern aus dem Adel vorbehalten ist. Sie bemüht sich, mit allen Mitteln junge Leute in die Militärlaufbahn zu ziehen, und erweist ihnen be-

---

1 Sie führt eine allgemeine Unterrichtspflicht ein und gründet eine Vielzahl von »Normal-, Haupt- und Trivialschulen«.
2 Die aber auch Bürgerlichen offenstand.

sondere Aufmerksamkeit, namentlich indem sie nichtadlige Offiziere für hoffähig erklärt. Mit der Reform des Offizierskorps unternimmt sie die Modernisierung der Artillerie, der Infanterie und der Bewaffnung.

Maria Theresia hatte stets großes Interesse an der Armee. Sie liebte das Militär, sein Prestige, seine Männer. Sie bemühte sich darum, ihnen eine bessere Behandlung zu verschaffen, und zeigte sich am Schicksal des einzelnen Soldaten interessiert. Häufig unternahm sie Inspektionsreisen zu den Feldlagern, die im Sommer abgehalten wurden, achtete auf Ernährung, Urlaubsgenehmigungen, die Qualität der Mäntel, und zögerte nicht, mit den Mannschaften zu sprechen und hier und da ein Goldstück zu verteilen. Sie war tatsächlich beliebt. Sie galt als »Mater castrorum«.[1]

Ab 1754 setzt der Botschafter Frankreichs in Wien seinen Minister von Kriegsvorbereitungen in Kenntnis. Man bereitet sich für den Sommer – wenn die Kaiserin ihre Schwangerschaften hinter sich hat – auf die Abhaltung von Feldlagern in Böhmen und Mähren vor. Die Königin will marschbereite Pferde und volle Magazine. Der Botschafter d'Aubeterre bemerkt jedoch, dass diese »weise und aufgeklärte Fürstin sich in das Abenteuer eines neuen Kriegs erst stürzen wird, wenn dessen Erfolg gleichsam bewiesen ist […]. Sie wartet auf eine Situation, in der sie dezidiert überlegen ist.«[2] Dafür hebt sie in all ihren Ländern Truppen aus, lässt die Festungen instand setzen, schenkt den kleinsten Details Aufmerksamkeit, damit es an nichts fehle, und borgt in Holland Millionen Gulden. 1755 intensi-

1 Victor Tapié, *Maria Theresia. Die Kaiserin und ihr Reich*, a.a.O., S.106. Wenige Tage nach der Schlacht von Kolin stiftete sie 1757 den Militär-Maria-Theresien-Orden »für aus eigener Initiative unternommene, erfolgreiche und einen Feldzug wesentlich beeinflussende Waffentaten, die ein Offizier von Ehre hätte ohne Tadel auch unterlassen können«.

2 Wien, 30. März 1754. MAE *CP Autriche*, vol.253, fol.74v–75r.

vieren sich die Vorbereitungen noch. Sie versetzt die Grenzen Ungarns in Verteidigungsbereitschaft, ordnet geheime Artillerieübungen in Böhmen an, verstärkt die Kavallerie und die Dragoner und kauft Pferde in großem Umfang. Doch all das wäre unnütz gewesen ohne eine wirkliche »diplomatische Revolution«.

Maria Theresia konnte dem mächtigen König von Preußen nicht allein die Stirn bieten. Sie brauchte feste Verbündete, die nicht wie England Interesse daran hatten, ihn zu schonen. Das war der Fall bei der Zarin Elisabeth, die die territorialen Ansprüche Friedrichs im Osten fürchtete. Doch Russland, das ein Heer von mehr als hunderttausend Mann ausheben konnte, hatte kein Geld, und man wusste nicht, was diese Armee wert war. Außerdem hätte sie die Neutralität Frankreichs erreichen müssen. 1749 wusste der glänzende Diplomat Kaunitz Maria Theresia davon zu überzeugen, sich Frankreich anzunähern und damit ein diplomatisches System außer Kraft zu setzen, das seit dem Ende der Regierungszeit Ludwigs XIV. galt. Bis dahin gehörten die Bourbonen und die Habsburger zwei gegensätzlichen Lagern an. Die Ersten waren mit Preußen verbündet, die Zweiten mit Großbritannien. Da England sie gezwungen hatte, Schlesien abzutreten, glaubte Maria Theresia auf diesen Alliierten nicht mehr zählen zu können, um Schlesien zurückzubekommen. Gegen den Rat ihrer Minister und noch mehr gegen den ihres Mannes entfaltete sie enorme diplomatische Anstrengungen, um an ihr Ziel zu gelangen. Sie ernannte Kaunitz zum Botschafter in Versailles von 1750 bis 1753 mit der Anweisung, das französische Misstrauen zu zerstreuen, während sie selbst die französischen Abgesandten in Wien mit tausend Aufmerksamkeiten überhäufte: Blondel, den Marquis von Hautefort, dann den Marquis von Aubeterre. Doch weder Kaunitz' Geschick in Paris noch ihre Verführungsversuche reichten aus. Also ergriff sie 1755 die Initiative zu Geheimverhandlungen mit Frankreich, um einen Vertrag zu einem Verteidigungsbündnis zu erwirken. Diese Verhandlungen wurden erst im Mai 1756 abgeschlossen, als man erfuhr, dass Preußen und Engländer im Januar 1756 unter größter Geheimhaltung ihrerseits einen Bündnisvertrag unterzeichnet hatten.[1] Diese Diplomatie mit vertauschten Fronten hat man als *renversement des alliances* (»Umkehrung der Bündnisse«) bezeichnet.

Da sie auf keinen Fall als Angreifer erscheinen wollte, tat Maria Theresia alles, um Friedrich über ihre Absichten zu beunruhigen[2] und ihn dazu zu bringen, die Initiative zum Krieg zu ergreifen. Das tat er nach seiner Gewohnheit ohne vorherige Kriegserklärung, indem er am 29. August 1756 in Sachsen (als Verbündetem Österreichs) einmarschierte, um nach Böhmen vorzudringen. Für die Kaiserin hatte die Stunde der Revanche geschlagen, doch dieser Krieg, der sieben Jahre dauern sollte, war umsonst. Sie musste die Hoffnung, Schlesien wiederzuerlangen, endgültig aufgeben.[3]

---

1 Die Geheimkonvention von Westminster, unterzeichnet am 16. Januar 1756, ein Neutralitätsvertrag zwischen dem König von Preußen und dem König von England, wurde den Kanzleien rasch bekannt. Mit dem Vertrag von Versailles, unterzeichnet am 1. Mai des Jahres, versprachen sich Frankreich und Österreich gegenseitigen Beistand im Falle eines Angriffs durch andere Mächte. Es war ein Defensiv- und noch kein Offensivvertrag. Erst am 1. Mai 1757 unterzeichneten Österreich und Frankreich einen zweiten Vertrag, diesmal ein Angriffsbündnis.

2 Dreimal zwischen Juli und August sandte Friedrich seinen Wiener Botschafter Klinggraeffen zu Maria Theresia, um sie nach ihren Absichten zu fragen und ihr Frieden vorzuschlagen. Jedes Mal weigerte sie sich, klar zu antworten. »Diese gesamte Nation«, schreibt Aubeterre, »und vor allem das Militär […] scheint sich nur nach Krieg zu sehnen.« Wien, 7. August 1756. MAE *CP Autriche*, vol. 255, fol. 329 r.

3 Als die russische Armee Preußen an der Gurgel hielt, lösten der Tod der Zarin Elisabeth am 5. Januar 1762 und der Machtantritt des preußenfreundlichen Peter III. die Schlinge, in der sich Friedrich befunden hatte. Der Vertrag von Hubertusburg, der am 15. Mai 1763 den Krieg beendete, führte die kriegführenden Parteien auf den Ausgangspunkt zurück.

Während der sieben Jahre, in denen sich die österreichische Armee nicht sehr ruhmreich schlug, konnte sich Maria Theresia trotz der drängenden Bitten Frankreichs nie zum Frieden entschließen. Mehr noch als die Rückeroberung Schlesiens wollte sie die endgültige Auslöschung ihres Feindes erreichen, um niemals mehr bedroht zu sein. Wozu, sagte sie sich, mit ihm Frieden schließen, wenn das nur heißt, weiter mit der Waffe in der Faust zu leben? Trotzdem, trotz der ungeheuren Sorgen und Ängste, die ein Krieg bedeutet, hat Maria Theresia ein Familienleben geführt, halb bürgerlich, halb offiziell, das sie sehr beschäftigte. Offiziell wurde jeder Geburts- und Namenstag eines jeden Familienmitglieds mit großen Galaveranstaltungen am Hof gefeiert, zu denen ein Diner, ein Konzert oder ein Ball und manchmal eine Theatervorstellung gehörten, bei der die kleinen Erzherzöge und Erzherzoginnen auftraten.[1] Privat organisierte Maria Theresia sehr gern kleine Feste für ihre Kinder und einige andere aus dem Adel: Maskenball bei der Großmutter Elisabeth Christine[2], Verkleidung der zwölf Kinder einschließlich des kleinsten, der zwei Monate alten Maria Antonia; alle Erzherzoginnen werden als Blumen ausstaffiert.[3] Die Eltern nehmen die Kinder schon in sehr frühem Alter zu den Schauspielen der Stadt mit. Pantomime für die Kleinsten[4], Theater für die Größeren. Doch das Familienleben beschränkt sich nicht auf Feste und Vergnügungen, aber dank der Zeugnisse Taroucas und

---

1 Der Wiener Hof hatte bei Madame de Graffigny, einer renommierten Autorin, vertraglich kleine Theaterstücke bestellt, die von den Kindern der kaiserlichen Familie gespielt werden sollten. Maria Theresia urteilte jedoch, die Themen und Texte seien dem Alter der Kinder wenig angemessen, und beendete die Aufträge an sie 1752.

2 Johann Josef Khevenhüller-Metsch, *Aus der Zeit Maria Theresias. Tagebuch*, 22. Februar 1748, a.a.O., Bd. 2, S. 211.

3 10. Februar 1756. Ebd., Bd. 4, S. 7.

4 29. Juli 1747. Ebd., Bd. 2, S. 169.

Khevenhüllers begreift man, wie viel sie Maria Theresia bedeuteten. Täglich wacht sie über die Erziehung der Kinder und insbesondere über die Studien der kleinen Erzherzöge, vor allem die des Thronerben. Alle zwei Monate nimmt sie an den Examina Josephs in Jurisprudenz und Geschichte teil und achtet sehr streng auf die religiöse Erziehung aller Kinder. Bei zahlreichen kirchlichen Veranstaltungen, die ihr Leben als Gläubige begleiten, gehen die Älteren mit ihr in die Kirche, zu Prozessionen und oft auch auf Wallfahrten.

Familienleben bedeutet in dieser Epoche auch Krankheiten und Tod der Kinder. Jede Krankheit weckt Angst, und die weitverbreiteten Pocken verursachen Schrecken.[1] Zu Beginn des Siebenjährigen Kriegs sind drei ihrer Kinder befallen: Joseph, Maria Christina und Johanna. Jedes Mal muss man sie isolieren, und Maria Theresia, die sich diese Krankheit noch nicht zugezogen hat, darf sie nicht sehen. Sie lebte also in heftigster Unruhe. Die ersten Monate des Jahres 1757 waren ein Albtraum. Joseph, fünfzehn Jahre alt, erkrankt am 19. Januar. Es sind »kopiöse« Pocken.[2] Kaum beginnt er sich zu erholen, sehr abgemagert und das Gesicht pockennarbig, wird seine jüngere Schwester, die vierzehnjährige hübsche Maria Christina, von derselben Krankheit befallen. Jeder fragt sich, ob sie dabei ihre Schönheit verlieren wird.[3] Doch die Erkrankung ist leicht und wird keine Spuren hinterlassen. Ende Februar ist ihre ältere Schwester

---

1 Pocken waren der Hauptgrund der Sterblichkeit im 18. Jahrhundert und die am meisten gefürchtete Krankheit. Man schätzt, dass sie jedes Jahr vierhunderttausend Tote in Europa forderte. Insgesamt wurden sieben Kinder Maria Theresias von Pocken befallen; zwei ihrer Schwiegertöchter sollten daran sterben.

2 Johann Josef Khevenhüller-Metsch, *Aus der Zeit Maria Theresias. Tagebuch*, 19. und 20. Januar 1757, a.a.O., Bd. 4, S. 63f.

3 Briefe Taroucas an Karl von Cobenzl vom 18., 19., 21. und 23. Februar 1757. MLA *FA Silva-Tarouca*, G 445, 16, Nr. 89 23-C-2. Ihre Krankheit brach am 16. Februar aus. Die hinreißende Maria Elisabeth, die 1767 an Pocken erkrankte, überlebte die Krankheit, von Narben entstellt, und war nicht mehr zu verheiraten.

Maria Anna an der Reihe. Sie leidet an anhaltendem Fieber mit schweren Kopfschmerzen, die niemand zu lindern weiß. Es ist eine Krankheit, die namenlos bleibt und bis Mitte April kommt und geht. Am 9. April fühlt sie sich so schlecht, dass man ihr die Krankensalbung gibt. Da sie nichts essen kann, wird sie mit der Milch einer Amme und mit Bouillons ernährt. Sehr langsam kommt sie wieder zu Kräften. Doch Maria Anna, achtzehn Jahre alt, bleibt für ihre Eltern ein Sorgenkind. Von Geburt an gesundheitlich anfällig, ist sie, wie man sagt, »verwachsen«[1] zur Welt gekommen, also nicht zu verheiraten. Beim geringsten Schnupfen fürchtet man um ihr Leben. Sie war die Lieblingstochter ihres Vaters und lange auch die ihrer Mutter, die Tarouca nach einem Familienfest anvertraute: »Maria Anna hat mich fast zu Tränen gerührt, als ich sie singen hörte, und ich fühlte, dass ich sie mehr liebe als die anderen, weil sie noch ein Kind der Erzherzogin ist und nicht dieser unglücklichen Königin.«[2] Soll heißen: weil sie geboren wurde, als ihr Mann sie allen anderen vorzog.

Die großen Kümmernisse sind die Todesfälle der Kinder. Der kleinen wie der großen. Zwanzig Jahre nach dem Tod der beiden Töchterchen (Elisabeth, drei Jahre, im Juni 1740 und Karolina, ein Jahr, im Januar 1741) muss sie mit dem Tod ihres Lieblingssohnes, Erzherzog Karl, im Januar 1761 fertigwerden. Dieser junge Mann von kaum sechzehn Jahren war der brillanteste und bezauberndste. Auch wenn er seines Hochmuts wegen oft bestraft wurde, konnte Maria Theresia ihre Vorliebe für ihn nicht verbergen. Er starb binnen weniger Wochen an Skorbut, begleitet von einem Faulfieber. Er wurde wie die Übrigen in der Kapuzinergruft bestattet, und seine Mutter konnte

---

1 Sie wird von mehreren Zeugen für »verwachsen« erklärt, doch niemand hat je ihre Missbildung genau beschrieben. Manche haben angedeutet, sie sei bucklig, anderen zufolge hinkte sie oder sei zwergenhaft. Geboren am 6. Oktober 1738, starb sie am 19. November 1789.

2 6. Oktober 1759. ÖStA HHStA *LA Belgien* DD-B blau 3–4, fol. 138 r.

ihren Schmerz nur so bewältigen, dass sie am Abend lange Stunden an seinem Grab verbrachte. Ein wenig anders war es beim Tod ihrer Tochter Johanna im Alter von fast dreizehn Jahren am 23. September 1762, wiederum infolge von Pocken. Tarouca, verblüfft über die scheinbare Gefühllosigkeit seiner Freundin, versucht sie so zu erklären: »Ich hege keinen Zweifel, dass Ihre Majestät, die auf dieses Ereignis vorbereitet war, es standhaft überstehen wird, doch ich bezweifle, dass sie darum weniger leidet. Diese äußere Ruhe ist wie die Benommenheit eines Kranken. Man glaubt, dass er schläft, doch es ist eher eine Erschöpfung als ein Schlaf. Was man für Standhaftigkeit oder Gefühllosigkeit hält, ist oft Erschöpfung [...].«[1]

Eheliche Eifersucht und Sittenpolizei

Im Gegensatz zum zeitgenössischen Adel, der außereheliche Liebesverhältnisse ohne weiteres zuließ, betrachtete Maria Theresia die Ehe ausschließlich unter dem Zeichen unbedingter Treue. Insofern hing sie einem Modell des bürgerlichen Ehepaars an, wie es hätte prüder nicht sein können. Für ihren Standpunkt gibt es mehrere Motive. Sie sind moralischer und religiöser, gefühlsmäßiger und sexueller Natur. Untreue ist der Bruch eines feierlichen Eides vor Gott, der Lüge und Illoyalität gegenüber dem Gatten voraussetzt. Die Wahrscheinlichkeit ist hoch, dass die prüde und fromme Maria Theresia niemals auch nur daran dachte, eine solche Sünde zu begehen. Übrigens hat sie trotz ihrer Enttäuschungen ihren Gatten bis zu dessen Tod 1765 niemals zu lieben aufgehört.[2]

---

1 Brief an die Gräfin Burghausen, Buda, 27. Dezember 1762. MLA *FA Silva-Tarouca*, G 445, 14, Nr. 86 23-B-3, fol. 424 r–v.
2 Sie hatte den Mann geheiratet, den sie liebte, was in der Epoche der arrangierten Ehen ein seltenes Privileg war.

Zeugen und Kommentatoren haben sich über die eheliche Intimität der Königin nur sehr zurückhaltend geäußert. Alle Welt wusste, dass sie ein gemeinsames Bett teilten, was eher unüblich war, doch niemand hätte es gewagt, darüber öffentlich zu sprechen. Es ist der preußische Botschafter Podewils, der auf der Grundlage von Klatsch, den man sich ins Ohr flüstert, und einer Anekdote den Schleier hebt. »Man behauptet«, sagt er, »dass ihre Freundschaft für diesen Fürsten zum Teil von ihrem Temperament und den guten Qualitäten, die er hat, um es zu befriedigen, herrührt.« Um seine Meinung zu illustrieren, berichtet er, dass der unzufriedene Kaiser nach einem demütigenden Wortwechsel mit seiner Gemahlin sich bei einem seiner Günstlinge darüber beklagte und dieser ihm antwortete: »Sie stellen sich mit Madame ungeschickt an. Wäre ich an Ihrer Stelle, würde ich sie nötigen, besser mit mir zu verfahren, und ich würde sie fügsam und geschmeidig machen wie einen Handschuh [...]. Ich würde im eigenen Schlafzimmer schlafen. Glauben Sie mir, auf diesem Wege wird sie Sie lieben, und Sie werden alles von ihr bekommen können.«[1]

Klarer konnte man die Dinge nicht ausdrücken.

Die Treulosigkeit Franz Stephans

Im Gegensatz zu seinem Sohn Joseph, der jungfräulich bis zur Ehe blieb, hatte Franz schon Abenteuer, lange bevor er seine Erzherzogin heiratete. Er ist ein Mann, der hübsche Frauen liebt und darauf nicht verzichten konnte. Der ganze Hof weiß es und lässt sich den Tratsch darüber nicht entgehen. Man hält ihn für einen so eifrigen Schürzenjäger, dass den Schönsten geraten wurde, nicht allein mit ihm in Ge-

---

1 Brief an Friedrich II., Wien, 18. Januar 1747. Adam Wolf (Hrsg.), »Tableau de la cour de Vienne«, a.a.O., S. 492.

sellschaft zu bleiben.[1] Wenn es auch schwerfällt, zwischen Klatsch und Realität abzuwägen, besteht doch kein Zweifel daran, dass er Affären von kurzer Dauer hatte, Mätressen und am Ende seines Lebens sogar eine dominierende Leidenschaft.

Unter all denen, die namentlich genannt wurden, erscheint die hinreißende Tänzerin Eva Marie Veigel[2], die Maria Theresia nach England geschickt hätte, hätte sie in den 1740er Jahren das starke Interesse ihres Mannes an ihr bemerkt. Zur gleichen Zeit soll er Affären mit der Gräfin Colloredo, der Frau des (selbst sehr galanten) Vizekanzlers, und der Gräfin Pálffy, einer Hofdame Maria Theresias, gehabt haben, ganz zu schweigen von all den anderen, mit denen er sich zu diskreten Soupers verabredet und Jagdpartien unternimmt. Um der Überwachung durch seine Gemahlin zu entgehen und freie Hand für zwei seiner Hauptvergnügen (die Frauen und die Jagd) zu haben[3], bricht er gelegentlich in fröhlicher Gesellschaft für ein paar Tage nach Holitsch in Ungarn auf, wo er ein schönes Anwesen besitzt.

Der Großkammerherr Johann Josef Khevenhüller-Metsch, der dem Kaiser sehr nahesteht, ist ein unmittelbarer Zeuge für die Eskapaden seines Herrn und hat davon Andeutungen in seinem Tagebuch hinterlassen, besonders aus dem Jahr 1757. Während Maria Theresia über Maria Anna wacht, die von Frauenmilch ernährt wird, hielt »der Kaiser [...] die erste Parforce Jagd in der Gegend [...] und soupierte au retour auf des Prinzen Seiten [seines Bruders Karl], jedoch nicht

---

1 Nathaniel William Wraxall, *Memoirs of the Courts of Berlin, Dresden, Warsaw and Vienna in the Years 1777, 1778 and 1779*, London 1806, Bd. 2, S. 358. Der Autor berichtet von Aussagen und Klatschgeschichten, die nach dem Tod des Kaisers umliefen.

2 Eva Marie Veigel (1724 bis 1822) heiratete 1749 den großen englischen Schauspieler David Garrick.

3 Das dritte war das Theater. Da er über eine eigene Loge verfügte, konnte er auch dorthin diskret Damen einladen.

mit alleinigen Chapeaux, sondern mit einigen deren schönen jungen Frauen, welche der Jagd en birocce [Birutsche/Kalesche] zugesehen hatten. Dergleichen Parties fines sahe mann seit der Zeit, da wir so galant zu werden angefangen, nur gar zu oft und hat es nicht an den gutten Willen [Maria Theresias] gefählet, dass nicht mehrere Demonstrationen geschehen; allein die nöthige Circumspection et la nécessité de cacher son jeu liesse es nicht allzeit zu.«[1]

Am 13. Mai 1757 feiert Maria Theresia ihren vierzigsten Geburtstag, doch sie sieht älter aus. Man beginnt sie »die Dicke« zu nennen, und sie weiß es. Eine Woche zuvor brachten die Preußen ihrer Armee bei Prag eine demütigende Niederlage bei. Es herrscht allgemeine Bestürzung. Anders als üblich gibt es keine öffentliche Veranstaltung zu ihrem Geburtstag. Die Königin ist betrübt, in sich verschlossen und erträgt nur die Gesellschaft ihrer nächsten Umgebung. Khevenhüller notiert: »So musste der Kaiser malgré lui dises Amusements berauben und sich lediglich mit der alten Societé et avec ses anciennes amies et connaissances begnügen, welche Contrainte freilich immerzu auf den Humor rejaillirte, dessen üble Disposition nur gar zu vill echappirte.«[2] Diesmal sind es nicht gewöhnliche Amüsements.

Franz Stephan ist äußerst angetan von einer sehr jungen Frau im Alter seiner ältesten Tochter, neunzehn Jahre, während er fast neunundvierzig ist. Es handelt sich um die Tochter seines alten Freundes Marschall Neipperg, der sie zwei Jahre zuvor mit dem Fürsten von Auersperg verheiratet hatte. Sie heißt Maria Wilhelmine.[3]

---

1 Johann Josef Khevenhüller-Metsch, *Aus der Zeit Maria Theresias. Tagebuch*, 15. April 1757, a.a.O., Bd. 4, S. 78f.

2 24. Mai 1757. Ebd., S. 93.

3 Maria Wilhelmine von Auersperg (30. April 1738 bis 21. Oktober 1775), deren Vater Gouverneur von Luxemburg gewesen war, hatte ihre Kindheit in Brüssel und Spa verbracht und wurde beim Wiener Hof erst 1754, mit sechzehn Jahren, vorgestellt. Sie starb kinderlos mit siebenunddreißig Jahren.

Noch zwanzig Jahre später sprachen diejenigen, die sie gekannt hatten, gegenüber einem englischen Reisenden mit Ergriffenheit von ihr. Letzterer hat ihre Beschreibung, vielleicht geschönt, in seinen Reiseerinnerungen überliefert: »Alle haben mir versichert, dass keine Beschreibung eine angemessene Vorstellung von ihrem Charme geben könnte […]. Kein Maler hat es je vermocht, dem Ausdruck ihres Gesichts Gerechtigkeit widerfahren zu lassen, denn wenn sie sprach, war es von tausendfacher Anmut erleuchtet, welche die Kunst nicht wiederzugeben wusste. Ihr Benehmen war ausgezeichnet, von der geringsten Affektiertheit frei […]. Sie brauchte nur zu erscheinen, um bewundert und angebetet zu werden. Ihre Schönheit war ohnegleichen, ihre Manieren unwiderstehlich. Sie weckte die Liebe des männlichen Geschlechts, ohne den Neid und die Rivalität der Frauen zu provozieren […]. Ihre Konversation war fröhlich, leicht und amüsant, ohne besonders geistig und kultiviert zu sein.«[1]

Dieser unvergleichliche Engel hatte auch seine Schattenseiten. Sie lebte extravagant auf großem Fuße, verlor viel Geld im Spiel[2] und war sehr flatterhaft. Das ist die Frau, an die der Kaiser sein Herz verlor, so sehr, dass er ohne sie nicht mehr sein konnte.[3] Er verbrachte die Abende mit ihr im kleinen Kreis, weilte mit ihr unter dem Vorwand der Jagd in dem einen oder anderen seiner Schlösser, und wenn

---

1 Nathaniel William Wraxall, *Memoirs of the Courts of Berlin, Dresden, Warsaw and Vienna*, a.a.O., S.359f.

2 Wie es heißt, verlor sie in dem Sommer, der ihrer Heirat folgte, ihr gesamtes Vermögen im Spiel.

3 Khevenhüllers Tagebuch ist auch ein wertvoller Hinweis auf den Beginn ihrer Liaison zu verdanken. Am 3. Mai 1756 (a.a.O., Bd.4, S.17) notiert er: »Den 3. fuhre die Kaiserin in der Früh in die Statt und hielte in der Josephi Capellen das Creutzfest […]. Der Kaiser hatte indessen eine Partie de plaisir mit einer kleine compagnie […]. Dergleichen kleine Courses und Amusemens wurden dieses Jahr frequenter, worzu vornehmlich die junge Fürstin von Auersperg Anlaß gegeben, als für welche der Kaiser bereits seit dem letzten Fasching eine besonderer Neigung bezeiget, die man sogar pour une inclination marquée auslegen wollen.«

Maria Theresia nicht mit ins Theater ging, traf er sie, vor Blicken ge-schützt, in seiner Loge.[1] Es wurde oft gesagt, er habe sehr darauf ge-achtet, seine Frau nicht zu verletzen, indem er ihr alle Zeichen von Respekt und Aufmerksamkeit habe zuteil werden lassen. Trotzdem scheute er sich nicht, seiner Mätresse ein Haus in Laxenburg zu kau-fen, ganz in der Nähe der kaiserlichen Wohnung, und sie sogar zu Familienfeiern wie der Hochzeit seines Sohnes, Erzherzog Leo-pold, 1765 in Innsbruck einzuladen. Zwar gab es am Wiener Hof den Titel der offiziellen Mätresse nicht, doch wurde sie von allen als die »Freundin« des Kaisers betrachtet.

Alle Beobachter haben die extreme Eifersucht Maria Theresias ge-genüber Frauen notiert, die ihren Mann umschwirrten, und ihre Jagd auf die Libertins, die zu seiner bevorzugten Gesellschaft zählten. Be-reits 1747 berichtet Podewils: »Sie ist sehr eifersüchtig auf diesen Fürsten und tut alles in der Welt, um zu verhindern, dass er irgend-eine Anhänglichkeit entwickelt. Sie hat einigen Damen gegenüber, mit denen der Kaiser schönzutun begann, eine sehr böse Miene ge-zeigt. Nach demselben Grundsatz möchte sie jede Galanterie am Hof verbannen; sie zeigt viel Verachtung für Frauen, die Liebschaften ha-ben, und bekundet sie fast ebenso sehr gegenüber Männern, die sol-che suchen [...]. Sie bemüht sich, all diejenigen vom Kaiser fern-zuhalten, die sich der Galanterie ergeben, und man behauptet, dass

---

1 Der Fürst de Ligne, dessen Mätresse sie ebenfalls war, erzählte folgende pikante Anekdote: »In der Zeit, in der ich die Reize der schönsten Frau der Welt und der größten Dame Wiens mit dem Kaiser teilte [...]. Die Kaiserin ging gelegentlich ins Schauspiel, und dann wagte der Kaiser nicht, seine Loge zu verlassen. Als er sie eines Tages besetzt fand, schlüpfte er in diejenige, die ich damals zu benutzen pflegte. Seine Mätresse und ich waren ein wenig beunruhigt über sein Erscheinen. Er fragte mich, was das für ein Stück sei, das gerade gegeben wurde. Es war *Crispin, Nebenbuhler seines Herrn* [eine erfolgreiche Komödie von Lesage]. Ich wusste nicht, wie ich es ihm sagen sollte [...].« Charles-Joseph de Ligne, *Mémoires, lettres et pensées*, hrsg. von Alexis Payne, Paris 1989, S. 117f.

der Graf Colloredo, der daraus eine Profession gemacht hat, niemals ihr Wohlwollen finden wird. Er ist sogar eine Zeitlang in eine Art Ungnade gefallen, weil er gewisse Lustpartien mit dem Fürsten unternommen hat.«[1]

Überall hat sie Spione um den Kaiser und weiß schließlich alles. Wenn die Dinge zu weit gehen, verfolgt sie die Freunde ihres Mannes, was so weit gehen kann, dass sie deren Abreise vom Hof durchsetzt. So geschehen bei dem lothringischen Oberst, der Franz zu getrennten Schlafzimmern geraten hatte, und vieler anderer, die der Ausschweifungen verdächtigt wurden.

Als Franz Stephan sich 1757 in Wilhelmine von Auersperg verliebt, hat sich die Situation Maria Theresias verändert. Sie ist gerade mit ihrem sechzehnten Kind, Maximilian[2], niedergekommen und will von Schwangerschaften nichts mehr wissen. Es ist nicht ausgeschlossen, dass sie, dem Vorbild Maria Leszczýnskas als Gemahlin Ludwigs XV. folgend, beschlossen hat, den ehelichen Beziehungen ein Ende zu setzen, erst recht, da sie nicht mehr begehrenswert ist. Vielleicht hat sie selbst den Geschmack am Eheleben verloren. Dem steht nicht entgegen, dass sie ihren Mann immer noch liebt und dass ihre Eifersucht nicht erloschen ist. In den ersten Jahren seiner Liaison musste Franz Stephan immer noch Jagdpartien und Geschäftsreisen zum Vorwand nehmen, von denen sich freilich niemand täuschen ließ, sie selbst so wenig wie der Hof, an dem es viel Klatsch gab. Dann erfährt man von Khevenhüller, dass Maria Theresia im Juni 1759[3] dazu bereit war, zwei Tage auf Schloss Hof zu ver-

---

1 Wien, 18. Januar 1757. Adam Wolf (Hrsg.), »Tableau de la cour de Vienne«, a.a.O., S. 492f.

2 Geboren am 6. Dezember 1756.

3 Johann Josef Khevenhüller-Metsch, *Aus der Zeit Maria Theresias. Tagebuch*, 25. Juni 1759, a.a.O., Bd. 5, S. 110. Es ist eines der wenigen Male, bei denen Khevenhüller die Fürstin namentlich nennt.

bringen, wo ihr Mann mit Freunden auf der Jagd ist, unter ihnen der Fürst und die Fürstin von Auersperg. Offenbar war es das erste Mal, dass sie sich zu einer solchen privaten Begegnung bereiterklärt hatte. Die Kaiserin macht aus der Notwendigkeit eine Tugend. Nach und nach gewöhnt sie sich an die Anwesenheit dieser Frau, sei es, um ihren Mann nicht vollends zu verlieren, sei es, um nicht einen ständigen Krieg führen zu müssen. Sie empfängt sie also in Laxenburg, und man entdeckt nicht ohne Überraschung in einem Brief an ihre Tochter Maria Christina, dass sie die Waffen gestreckt hat und beinahe Gleichgültigkeit gegenüber Franz Stephans Mätresse zeigt: »Nicht nur, dass die schöne Prinzessin mich nicht stört, sondern sie ist angenehmer und sogar hübscher als seit langem. Man sieht sich und spricht miteinander nur bei Tische [...]. Wir sitzen [dort] die Maria Anna, die Amalia bei mir, die Elisabeth und die Auersperg beim Kaiser. Alle Welt ist auf der Jagd; ich bin allein im Logis.«[1]

Als der Kaiser im Sommer 1765 in Innsbruck unerwartet stirbt, zeigt sich Maria Theresia gegenüber ihrer Rivalin sehr nobel. Am Tag vor seinem Tod hatte Franz Stephan eine Order an seinen Bankier gezeichnet, der Fürstin zweihunderttausend Gulden auszuzahlen. Wider den allgemeinen Rat respektiert Maria Theresia diese Zuwendung ihres Mannes. Später kauft sie ihr das Haus in Laxenburg, das ihr der Kaiser vermacht hatte, zu dem geforderten aberwitzigen Preis ab und bezeigt ihr stets die größte Höflichkeit. Doch das war die Ausnahme, die die Regel bestätigt.

1 Alfred von Arneth (Hrsg.), *Briefe der Kaiserin Maria Theresia an ihre Kinder und Freunde*, Wien 1881, Bd. 2, S. 356.

Infolge ihrer eigenen Prüderie oder (und) des unerträglichen Verrats ihres Gatten erklärt Maria Theresia ab den späten 1740er Jahren der unrechtmäßigen Sexualität den Krieg, am Hof wie in der Stadt. Am Hof spannt sie ihr Netz von Spionen (und Spioninnen) auf und beginnt mit dem Überwachen und Strafen derer, die im Verdacht stehen, ehebrecherische Beziehungen zu unterhalten, selbst solche, die in größter Diskretion unterhalten werden. Jedes außereheliche Verhältnis sollte unterdrückt werden. Podewils berichtet Friedrich II. im Jahr 1747: »Da man bei einer Dame von der Oper einige junge Leute von Stande gefunden hat, hat die Kaiserin-Königin sie in ein äußerst strenges Gefängnis setzen lassen und hat aus diesem Anlass dem Kollegium, das man Sicherheitskommission nennt, soeben befohlen, genaue Nachforschungen anzustellen und alle Häuser, die es ihr gut scheine, zu untersuchen, mit alleiniger Ausnahme der der fremden Minister und der Hofräte. Sie hat ihm dabei zur Pflicht gemacht, alle ohne Ansehen der Person und ohne Ausnahme der Fürsten und Geheimräte festzunehmen, bei denen sie Damen von der Oper oder andere Personen von entsprechendem Lebenswandel finden würden. [...] Die Kaiserin hat darüber hinaus erklärt, eine Dame von der Oper, die einen jungen Mann bei sich empfange, werde für den Rest ihres Lebens in ein Kloster in Temesvar eingesperrt werden, und diejenigen, die man bei ihr finden werde, würden ihrer Ämter enthoben und für immer aus Wien verbannt werden.«[1]

Besonderer Überwachung unterlag der Lebenswandel von Künstlerinnen. Schauspielerinnen, Tänzerinnen und Sängerinnen wurden häufig von Männern des Hofes oder reichen Bourgeois umworben.

---

1 Brief vom 25. Oktober 1747. Carl Hinrichs (Hrsg.), *Friedrich der Große und Maria Theresia. Diplomatische Berichte von Graf Otto Christoph von Podewils*, Berlin 1937, S. 112f.

Das traf zu auf den Grafen Colloredo und den Fürsten von Trautson, Obersthofmeister der Kaiserin. Letzterer hatte die Chance,
dem Schlimmsten zu entgehen: »Fürst Trautson ist bei einer Dame
von der Oper gefunden worden. Die Kommissäre für die pudicité
publique [öffentliche Schamhaftigkeit] haben jedoch die Höflichkeit
gehabt, ihn warnen zu lassen, dass er sich sofort zurückziehen solle,
da sie sonst nach den Befehlen, die sie vom Hofe hätten, gezwungen seien, ihn verhaften zu lassen.«[1] Andere hatten weniger Glück,
wie jenes ehebrecherische Paar, das aus der jungen Gräfin Esterházy,
geborene Starhemberg, und Graf Schulenburg bestand, die nach
Zürich flohen. Maria Theresia ließ die Gräfin ausweisen, um sie in
ein Kloster zu stecken. Es gelang ihr, nach Holland zu fliehen, wo
sie als Bettlerin lebte. Ihr Liebhaber wurde zum Tod durch Enthaup-
ten verurteilt, doch die Königin wandelte die Strafe in Deportation
um. Generell wurden Frauen härter bestraft als Männer. Sie wurden
häufig deportiert, oft unter grausamen Bedingungen. Die schuldig-
gesprochenen Ausländerinnen wurden in ihr Heimatland repatri-
iert, wie in dem von Khevenhüller berichteten Fall: »[Es] war erst vor
wenig Tägen eine der besten Dänzerinnen, die Santini, wegen üb-
ler Conduite auf specialen Befehl der Kaiserin von hier weg geschaf-
fet und von einem Sicherheits Commissario nach Venedig geführet
worden.«[2]

Dieser unerträgliche Despotismus der Königin nährte Klatsch,
den sie selbstgefällig zur Kenntnis nahm. Tarouca hat ihr deswegen
Vorhaltungen gemacht, indem er sie auf »ein Tausend Anklagen«[3]
hinwies, die manchmal von A bis Z erfunden seien. Schon 1747 stellt

---

1 Brief vom 15. November 1747. Ebd., S. 114.
2 Johann Josef Khevenhüller-Metsch, *Aus der Zeit Maria Theresias. Tagebuch,*
   15. Mai 1759, a.a.O., Bd. 5, S. 102.
3 Undatierter Brief (1750er Jahre). ÖStA HHStA *LA Belgien* DD-B blau 1–2,
   fol. 158 v.

Podewils fest: »Die Unzufriedenheit herrscht überall, und es läuft eine Reihe von Schmähschriften gegen die Regierung um, vor allem aber gegen die Kommission, die für die öffentliche Keuschheit eingerichtet worden ist, und die Kaiserin wird in ihnen keineswegs geschont.«[1] Das hielt sie nicht davon ab, ihren Krieg gegen die unrechtmäßige Fleischeslust und insbesondere gegen die Prostituierten, von denen es in Wien ebenso wie in London oder Paris wimmelte, zu verstärken. Ein Dekret vom 26. März 1751 ordnet die Deportation der »liederlichen Frauenpersonen« an, »welche mit Wasserschub nach Temesvar befördert« werden und denen »gegen Verzichtsausstellung die Rückkehr nach Wien verboten« wird.[2] In der Hauptstadt sind nicht weniger als dreihundert Zivilpolizisten mit dem Auftrag unterwegs, diese Frauen – einschließlich derer, die nur ein Abenteuer haben – auf den Straßen und bis in die Häuser zu verfolgen. Es ist nicht ganz gleichgültig zu notieren, dass der erste Vorsitzende der »Keuschheitskommission« 1752 der persönliche Beichtvater Franz Stephans war, der Jesuit Ignaz Parhamer.

Eher erheiternd und belanglos, doch nicht weniger erhellend für den prüden Despotismus der Königin war das Dekret vom 1. Mai 1753, das die weibliche Garderobe betraf: Kurze Röcke wurden ebenso verboten wie zu weit dekolletierte Korsetts. Am Eingang zu den

---

1 Brief vom 2. Dezember 1747. Carl Hinrichs (Hrsg.), *Friedrich der Große und Maria Theresia. Diplomatische Berichte von Graf Otto Christoph von Podewils*, a.a.O., S. 114. Zu dieser Zeit war dieses von der Öffentlichkeit als »Keuschheitskommission« bezeichnete Kollegium Bestandteil der Sicherheitskommission.

2 Josef Schrank, *Die Prostitution in Wien in historischer, administrativer und hygienischer Beziehung*, Wien 1886, Bd. 1, S. 161. Im Jahr 1769 wird das Dekret von 1751 aufgehoben und die Verbannung durch die Einweisung in Besserungsanstalten ersetzt. Die Situation der deportierten Frauen war entsetzlich. Schrank erwähnt (S. 163) die Erniedrigungen, Entbehrungen beziehungsweise Foltern, denen sie unterlagen. Ihm zufolge (S. 161) wurden fünfzig im Jahr 1751 und dreihundert im Jahr 1763 deportiert. Insgesamt seien dreitausend Frauen Opfer dieser Maßnahmen geworden.

Bällen, die um dreiundzwanzig Uhr enden mussten[1], überprüfte man die Bekleidung einer jeden, ungeachtet der sozialen Klasse. Ausländische Reisende, die sich in Wien amüsieren wollten, kehrten nicht wieder. Sie hinterließen Spuren der Entrüstung, von Casanova[2] bis zu dem Diplomaten Hennin und jenem Jura-Professor, der von seinem Gastgeber gewarnt wurde, er müsse damit rechnen, dass Kommissare in seinem Zimmer auftauchten, um zu prüfen, ob er allein oder mit einem Mädchen schlafe. Erzürnt schreibt der Reisende: »Nicht einen Augenblick länger wollte ich in einer Stadt bleiben, in der solche Leute und solche, die mit ihnen im Einverständnis sind, Spione und Schikaneure, jedermann nach Belieben demütigen können.«[3]

Diese inquisitive Verfolgung des Geschlechtslebens ihrer Untertanen sollten bis zum Tod der Kaiserin anhalten. Erst recht nach dem Tode ihres Gatten versinkt Maria Theresia nach und nach in äußerster Bigotterie. Ihre prüde Tyrannei ließ ganz Europa hämisch lachen, und dieses abscheuliche Bild blieb für immer mit ihrem Namen verbunden, mehr noch als die Verfolgung der böhmischen Juden oder der ungarischen Protestanten. Je älter sie wurde, desto mehr traten trotz ihrer Versuche, sie zu verbergen, ihre düsteren Seiten hervor.

---

1 Dekret vom 6. Februar 1752. Ebd., S. 166.

2 Giacomo Casanova, *Histoire de ma vie*, Paris 1993, Bd. 1, S. 643: »Zu jeder Tageszeit las man auf den Straßen von Wien alle Mädchen auf, die allein gingen, um sich ihren Lebensunterhalt zu verdienen, sogar ehrenhafte, und brachte sie ins Gefängnis [...]. [Sie] waren gezwungen, einen Rosenkranz in der Hand zu halten [...], und sagten, sie gingen zur Kirche.«

3 Carlo Antonio Pilati di Tassulo, *Voyages en différens pays de l'Europe en 1774, 1775 et 1776*, Den Haag 1777, Bd. 1, S. 16 f.

Keiner ihrer Zeitgenossen hat jemals diese Begriffe benutzt, um die Persönlichkeit der Kaiserin zu beschreiben. Trotzdem: Liest man Zeugnisse aus erster Hand und vertrauliche Mitteilungen Maria Theresias selbst, findet man diese beiden Stimmungen abwechselnd, manchmal auch nebeneinander bei ihr. Damals sprach man von Melancholie oder Mutlosigkeit und umgekehrt von ungewöhnlicher Lebhaftigkeit und Vitalität. Der Tod Franz Stephans bezeichnet einen Wendepunkt in ihrer Gemütsverfassung.

Während es der Kaiserin bis 1765 mehr oder weniger gelingt, ihre Pein vor der Öffentlichkeit zu verbergen, fühlt sie sich nun als tief trauernde Witwe berechtigt, sich in eine permanente Betrübnis zurückzuziehen. Die Schwermut hat endgültig die Oberhand gewonnen.

Die Kaiserin hat etwas von der düsteren Seite der Habsburger geerbt. Schon ihr Vater, Karl VI., litt vorübergehend unter schweren depressiven Verstimmungen. Die erste, vom französischen Gesandten gemeldete Krise geht auf das Jahr 1722 zurück. Sie folgt auf den Tod seines Günstlings Graf Althann. Der Kaiser kann sich davon nicht erholen, es geht sichtlich bergab mit ihm.[1] Zehn Jahre später dieselbe Feststellung, ohne erkennbaren Grund. Monatelang bemerken alle, die ihm nahe- oder weniger nahestehen, seine »tiefe Melancholie«.[2] Er trinkt mit seiner Frau und seiner Tochter Karlsbader Wasser. Vergeblich, nichts verschafft ihm Erleichterung. Das gleiche Übel tritt

---

1 Wien, 11. April 1722. MAE *CP Autriche*, vol. 140, fol. 157 r–v. »Dieser Fürst schwindet zusehends dahin und ist schwach auf den Beinen […]. Er findet an nichts Vergnügen und sagt, dass ihm alles gleichgültig sei.« Im Juli des Jahres notiert ein anderer Zeuge »einen neuen Tiefpunkt an Traurigkeit, Melancholie und sogar Indolenz, die nur zu deutlich auf seinem Gesicht und in seinem ganzen Verhalten erscheint«. Ebd., fol. 332 r.

2 18. Juni 1732. Ebd., vol. 172, fol. 258 r, und 4. Oktober 1732, vol. 173, fol. 166 r.

immer öfter auf, und gegen Ende seines Lebens, mitten im Krieg gegen die Türken, heißt es, er sei auf Melancholie »abonniert«.

Der Fall Maria Theresias ist komplexer und schwieriger fassbar, insbesondere in der ersten Hälfte ihrer Regierungszeit. Während sie manchmal eine verblüffende Energie zeigt, verbirgt sie sorgsam ihre düsteren Gedanken. Wie es scheint, ist die einzige Person, der sie sich öffnet, der Freund Tarouca. Man erfährt aus ihrer Korrespondenz[1], dass die Krankheit älter ist, als man angenommen hat. Seit Beginn ihrer Regierungszeit äußert die Königin, die sich mit Gewalt dem König von Preußen entgegenstemmt, ihren »Abscheu vor dem Herrschen« und ihre Lust, »die Zügel der Regierung aus der Hand zu legen«. Worauf er ihr unwirsch antwortet, dass es sich dabei um »ein periodisch wiederkehrendes Übel« handelt, »das sie alle sechs Monate ergreift [...], und besonders stark Mitte Herbst«.[2] Er rät ihr zu Spaziergängen und Gesprächen mit Freunden. Manchmal, sagt sie, sei sie so trübe gestimmt, dass sie ihm aus dem Weg gehe, weil sie »nicht die Kraft [habe] zu sprechen«.[3] Seit Ende der 1740er Jahre findet man aus ihrer Feder immer öfter die Ausdrücke: »Ich bin krank an Körper und Geist« oder »Ich bin wie ein Stück Vieh«.

Im Dezember 1748 scheint Maria Theresia auf dem Tiefpunkt ihrer Depression: »Ich bin in einem kläglichen Zustand. Ich erinnere mich nicht, mich im Leben je schon einmal so schlecht befunden zu haben. Was ich in der Öffentlichkeit noch mache, tue ich mechanisch, nicht aus Vernunft, denn mir bleibt keine mehr. Ich bin wie ein Stück Vieh, unfähig zu denken, extrem niedergeschlagen, [unfähig zu] sprechen, denn ich treibe mich zu sehr an und gerate zu sehr in

---

1 Hauptsächlich in ÖStA HHStA *LA Belgien* DD-B blau 2–5, aus den Kommentaren, die sie an den Rand von Briefen Taroucas schreibt, sowie aus dessen Briefen.

2 Undatiert (Oktober 1743). Ebd., 5, fol. 1 r–2 r.

3 5. August 1745. Ebd., 3, fol. 8 v.

Verzweiflung [...]. Es bleibt mir kein Ausweg mehr, als mich allein einzuschließen.«[1]

Trotzdem dringt nichts nach außen durch. Die Diplomaten, die sonst so prompt dabei sind, die Herrscherin auszuforschen, merken nichts. Im Gegenteil, man betont stets ihre phänomenale physische und psychische Energie: ihre außergewöhnliche Arbeitsfähigkeit[2], ihre Ausritte, bei denen sie die Männer hinter sich lässt, ihre Nächte beim Spiel, ihre Zähigkeit und ihre denkwürdigen Zornesausbrüche. Man konnte die Momente von Traurigkeit oder Erschöpfung den Entbindungen und ihren Folgen zuschreiben – der Depression *post partum* – oder auch den Dramen des Kriegs. Gewiss mag die Königin nach 1758 wegen ihrer militärischen Niederlagen deprimiert sein oder wegen des Platzes, den die Fürstin von Auersperg im Herzen ihres Gatten einnimmt; von der Angst und den Strapazen der Geburten ist sie jedoch befreit, und ihre Kinder sind bei guter Gesundheit. Sie spricht erneut von Mattigkeit, von ihrem Gefühl der Leere, des Kummers, und erwähnt erstmals die Frage der Erbfolge: »Ich weiß nicht, was mit mir am Ende geschehen wird, doch ich bin mit vierzig Jahren das, was mein Vater bei seinem Tod empfunden hat.«[3] Dann stimmt sie den Refrain an, den sie bis zum Ende ihrer Tage wiederholen wird: »Ich habe genug gelebt. Ich bin am Ende meines Lateins

---

1 Undatiert (23. Dezember 1748). Ebd., 5, fol. 56 r.
2 Briefe an Cobenzl vom 2., 5. und 16. März 1757, die ihre »ungeheure« Arbeitskraft betonen. MLA *FA Silva-Tarouca*, G 445, 16, Nr. 89 23-C-2. Am 9. Juni des Jahres, bei der Rückkehr von einer Prozession, scheint die Herrscherin »keineswegs ermattet oder erhitzt. Sie könnte es durchaus sein bei einer so anstrengenden und kontinuierlichen Arbeit, die mir immer noch schlimmer zu werden scheint. Doch sie hat die entsprechende Gesundheit und die entsprechenden Kräfte.« Dennoch schreibt sie in einem Brief aus derselben Zeit (Juni 1757) an Tarouca: »Ich bin nicht in der Stimmung, dass ich reden möchte [...]. Ich wage es, Ihnen zu gestehen, dass ich mich ganz isoliert und niedergeschlagen fühle.« Siehe Theodor Georg von Karajan, *Maria Theresia und Graf Sylva-Tarouca*, a.a.O., S. 40 f.
3 Undatiert (1757? 1759?). ÖStA HHStA *LA Belgien* DD-B blau 3–4, fol. 142 r.

und weiß nicht mehr, was tun, ich bin unglücklich in jedem Sinne, mir selbst und den anderen eine Last.«[1]

Der Tod Franz Stephans 1765 war gewiss der größte Kummer ihres Lebens. Tags darauf legte sie die schwarze Witwentracht an und trug keine andere mehr. Sie schnitt sich die Haare ab und gab alles auf, was ihr noch an Koketterie blieb. Sie konnte ihrer Schwermut nun freien Lauf lassen und so tun, als wäre daran nur dieser unwiederbringliche Verlust schuld. Fünf Jahre später vertraute sie ihrem getreuen Graf Rosenberg an: »Sie werden mich noch dicker und sogar mit freundlicher Miene finden, doch es kostet mich viel, mich so zu halten. Mein Herz ist von Kummer zerfressen, mein Kopf leer und meine Kräfte sind fast gänzlich erlahmt; eine totale Mutlosigkeit, die ich mein Leben lang gefürchtet habe – wie sie unser großer und unvergleichlicher Herr und Meister, mein Vater, hatte –, lastet auf mir. Solange es meinen Gatten gab, stützte er mich; ich brauchte ihn nur zu sehen, und alles war vergessen, selbst die größten Schicksalsschläge; doch seit der liebe Gott ihn mir entrissen hat auf die Weise, [wie] ich ihn verloren habe, brach alles gleichzeitig zusammen, und nichts erfüllt mich mehr mit Leben. Ich bin meiner Natur überlassen.«[2]

Trotzdem bezeichnet der Tod ihres Mannes nicht das Ende ihrer politischen Tätigkeit. Weit davon entfernt, sich von den Staatsgeschäften zurückzuziehen und 1765 die Zügel Joseph zu überlassen, beginnt die Kaiserin mit einer neuen Erfahrung der Machtteilung, die mit dem Sohn natürlich komplizierter ist als mit dem Gatten.

---

1 Undatiert (13. März 1760, am Geburtstag ihres Sohnes Joseph). Ebd., fol. 189 r.
2 Brief vom 20. Mai 1770. KLA *FA Orsini-Rosenberg* 77, Fasz. 65/355 a-2.

Siebtes Kapitel

Die zweite Mitregentschaft: Mutter und Sohn

Als Kaiser Franz Stephan am 18. August 1765 in Innsbruck[1] plötzlich an einem Gehirnschlag stirbt, bewegt eine Frage alle Gemüter: Wird Maria Theresia die Macht ihrem Sohn Joseph überlassen, der vierundzwanzig Jahre alt ist und im Jahr zuvor zum Römischen König gekrönt worden war?[2] Diese Frage ist nicht abwegig, wenn man die Situation der Mutter und des Sohnes betrachtet. Der Tod ihres Mannes macht Maria Theresia schwermütig und, wie es heißt, unfähig zur geringsten Entscheidung. Sie verbringt mehrere Tage in größter Einsamkeit, im Gebet versunken, außerstande, mit dem Weinen aufzuhören. Es ist Joseph, der sich um alles Praktische kümmert und die Rückkehr nach Wien organisiert. Mit dem Tod seines Vaters wird er deutscher Kaiser und könnte auch das Erbe seiner Mutter antreten, die ein Jahr jünger als er gewesen war, als sie ihrem Vater nachfolgte.

---

1 Der gesamte Wiener Hof hatte die Reise nach Innsbruck unternommen, um am 5. August bei der Heirat des zweiten Erzherzogs Leopold mit der Infantin Maria Ludovica von Spanien dabei zu sein. Das junge Paar reiste anschließend in das Großherzogtum Toskana, dessen Herrscher Leopold werden sollte.

2 Dieser Titel wurde im Heiligen Römischen Reich Deutscher Nation verwendet, um den Kandidaten für den Kaiserthron zwischen dem Zeitpunkt seiner Wahl und seinem Regierungsantritt zu bezeichnen. Joseph war am 27. März 1764 einstimmig in Frankfurt gewählt und am 3. April gekrönt worden.

Trotzdem drängt sich allen der Gedanke einer zweiten Mitregentschaft aus technischen[1] und persönlichen Gründen sehr bald auf. Zu Letzteren gehört zunächst ein fast allgemeines Misstrauen gegenüber Joseph. Er ist nicht populär, in der Öffentlichkeit wenig bekannt, und diejenigen, die in seine Nähe gelangen, misstrauen seinem Charakter: unter ihnen insgeheim seine Mutter, die die Juristen zu Nutzen und Nachteilen einer Mitregentschaft konsultiert. Man erinnert sie daran, dass er als Kaiser allein über die Außenpolitik des Kaiserreichs entscheidet, die mit derjenigen der Habsburgermonarchie in Konflikt geraten kann, und dass er über gewisse Prärogative verfügt, die sie stören könnten. Das beste Mittel, dies zu verhindern, ist, ihn ins Geschirr zu spannen und ihn zum Mitregenten Österreichs zu ernennen. Was seine Machtbefugnisse angeht, sind sie denkbar begrenzt, weil man ihn daran erinnern wird, dass sie absolute Herrscherin – und nicht seine Mitregentin – bleibt und dass er nichts entscheiden kann ohne ihre Unterschrift. Im Falle einer Uneinigkeit zwischen beiden wird sie die Meinung des Staatsrats erfragen, dessen Mitglieder von ihr ausgewählt wurden.

Es wird deutlich geworden sein – der wahre Grund für diese zweite Mitregentschaft ist der unbeugsame Wille Maria Theresias, die Macht zu behalten. Der Schein war 1765 manchmal trügerisch. Weder Maria Theresia noch Joseph entsprachen genau den Beschreibungen, die von ihnen umliefen. Als sie den Gefühlsschock ihres Witwentums erlitt, war Maria Theresia weniger betäubt, als behauptet wurde. Drei Tage nach dem Tod ihres Mannes berichtet der fran-

---

1 Derek Beales erläutert, dass Joseph 1765 insgesamt weniger Territorien besaß als sein Vater 1740. Nun verlangte aber die kaiserliche Verfassung, dass der Kaiser genügend Länder besitzen musste, um das Reich ungeteilt zu erhalten und den Türken zu widerstehen. Da es wegen der Pragmatischen Sanktion ausgeschlossen war, ihm einen Teil der Staaten der Monarchie abzutreten, blieb nur die Lösung der Mitregentschaft. Siehe Derek Beales, *Joseph II.*, Bd. 1: *In the Shadow of Maria Theresa 1741-1780*, Cambridge 1987, S. 136f.

zösische Botschafter, Graf Du Châtelet, von einem Gespräch mit Kaunitz, der zu verstehen gibt, dass »sie sich nach ihrer gegenwärtigen Schwäche wieder fangen [...] und das Gefühl haben wird, dass das Interesse des Reiches verlangt, dass sie die Zügel der Regierung wieder in die Hand nimmt. Kaunitz, der gerade von ihr kam, als er mich sah, vertraute mir an, er sei außerordentlich zufrieden mit der Gemütslage, in welcher er sie verlassen hatte, und versicherte mir, es werde keine Veränderung in der Situation geben; die Kaiserin werde sich gewiss entschließen, ihren Sohn wie den verstorbenen Kaiser als Mitregenten anerkennen zu lassen.«[1]

Du Châtelet, weiter blickend als andere, fügt seinerseits hinzu: »Sobald die Kaiserin die Staatsgeschäfte wieder in die Hand genommen hat, wird sie sie nicht mehr loslassen. Ihre Gesundheit ist übrigens so gut wie nur möglich.«

Nach Wien zurückgekehrt, ist die Kaiserin in strengster Trauer und erscheint nicht mehr am Hof. Sie lebt fast allein in ihren schwarz ausgekleideten Gemächern. Gegenüber ihrer Freundin Sophie von Enzenberg spricht sie von ihrem Schmerz und gesteht ihr: »Der Aufenthalt scheint mir unerträglich, mein Schmerz wächst von Tag zu Tag. [...] Ständig am Grab in Innsbruck. [...] Die Sonne selbst erscheint mir schwarz.«[2] Trotzdem notiert Du Châtelet, der seine Spione in ihrer Nähe hat, schon am 4. September, dass sie »die Zügel der Staatsgeschäfte wieder ergriffen hat und die Beschlüsse der verschiedenen Departements eigenhändig unterzeichnet«. Einige Tage später: »Sie lässt sich nichts anmerken, auch wenn sie Schlaf und Appetit noch nicht wiedergefunden hat. Sie ist ganz wie zuvor den Staatsangelegenheiten hingegeben. Sie gewährt allen Chefs der Ab-

1 Innsbruck, 21. August 1765. MAE *CP Autriche*, vol. 303, fol. 34 v–37 r.

2 Monika Czernin und Jean-Pierre Lavandier (Hrsg.), *Maria Theresia: »Liebet mich immer«. Briefe an ihre engste Freundin*, Wien 2017, Briefe vom 12. September (Brief 18) 9. November (Brief 21) und 7. Dezember 1765 (Archiv Tratzberg).

teilungen regelmäßig Audienz, und es scheint gewiss, dass es keine weiteren Veränderungen in ihrer Lebensführung geben wird als ein wenig mehr Zurückgezogenheit [...] entsprechend ihrer natürlichen Neigung.«[1] Anders gesagt, als Frau mag sie niedergeschlagen sein, als Herrscherin bleibt sie aufrecht.

Was Joseph anbetraf, war Du Châtelet weniger hellsichtig. Noch am Abend des Todestags des Kaisers schreibt er: »Dieses Ereignis vermag im gegenwärtigen Moment das System gewiss nicht umzustoßen [...]. Die kaiserliche Autorität wird, von einigen Nuancen abgesehen, in den Händen des Römischen Königs sicherlich nicht von größerem Wert sein als in denen seines Vaters [...]. Die gleichen Erfordernisse werden bei ihm die gleichen Abhängigkeiten von der Kaiserin und ihrem Ministerium nach sich ziehen.«[2]

Als die Kaiserin am 17. September Joseph zum Mitregenten erklärte, wollte jeder glauben, der Sohn werde sich verhalten wie sein Vater, sich dem Willen seiner Mutter unterordnen und im Wesentlichen auf den Vizekanzler des Reiches, Reichsfürst Colloredo, verlassen. »Niemals hat der Kaiser, Gemahl der Kaiserin-Königin, Rechte missbraucht oder auch nur in Anspruch genommen, die ihm die Mitregentschaft verlieh, und es hat den Anschein, dass der Kaiser, ihr Sohn, davon mit ebensolcher Zurückhaltung Gebrauch machen wird«[3], hieß es. Damit aber verkannte man den ehrgeizigen jungen Mann, der in dem neuen Kaiser schlummerte, und unterschätzte die Komplexität der Gefühle, die Mutter und Sohn, die Herrscherin und ihren Nachfolger, miteinander verbanden.

1 Briefe vom 4., 11. und 14. September 1765. MAE *CP Autriche*, vol. 303, fol. 74 r, 101 r und 109 r–v.
2 Innsbruck, 18. August 1765. Ebd., fol. 17 v–18 v.
3 Wien, 14. September 1765. Ebd., fol. 108 r.

Der rätselhafte Joseph

Der Mensch

Von seiner frühen Kindheit an bis zum Erwachsenenalter kehren immer die gleichen Adjektive wieder, um ihn zu beschreiben. Man nennt ihn intelligent, doch oberflächlich, geizig, asketisch, verschlossen, herablassend, schroff, zynisch, misstrauisch bis zum Äußersten. Im Gegensatz zu seiner Mutter fliegen ihm die Sympathien nicht spontan zu. Trotzdem war er wohl eine komplexere Persönlichkeit, als es den Anschein hatte. Die große Schwierigkeit liegt darin, den inneren Panzer zu durchdringen, den er nur selten und nur im Privaten ablegt. Selbst seine Brüder und Schwestern wissen nicht genau, wer er ist. Was den Fürsten Rohan sagen lässt: »Der Kaiser ist selbst denen ein Rätsel, die ihn am ehesten ergründen könnten.«[1]

Als großer Frauenverächter hat er weder versucht noch es verstanden, sich bei den Damen beliebt zu machen. Was ihn nicht daran hinderte, seiner Mutter ein aufmerksamer Sohn und seiner kleinen Tochter ein zärtlicher und präsenter Vater zu sein. Zweimal verheiratet, hat er seine erste Frau, Isabella von Bourbon-Parma, angebetet und die zweite, Maria Josepha von Bayern, so sehr gehasst, dass er sich ihr gegenüber von einer Grausamkeit ohnegleichen zeigte. Isabella[2] starb nach dreijähriger Ehe an den Pocken und hinterließ ihm ein Kind von achtzehn Monaten. Sie verstand es am besten, hinter sein Geheimnis zu kommen. Isabella war von überlegener Intelligenz und Meisterin in der Kunst, ihresgleichen zu manipulieren. Ihrer Schwägerin, Erzherzogin Maria Christina, enthüllte sie einen

---

1 Wien, 5. Mai 1773. MAE *CP Autriche*, vol. 321, fol. 315 r.
2 Isabella von Bourbon-Parma war mütterlicherseits Enkelin Ludwigs XV. und väterlicherseits Philipps V. Sie heiratete Joseph am 6. Oktober 1760 und starb am 27. November 1763.

Teil des Charakters des zwanzigjährigen Joseph und wie sie seine Liebe empfand. Sie beschreibt ihn als einen von großem Misstrauen geprägten Mann, der Intrigen und die »Atmosphäre des Geheimnisvollen« verabscheut, der empfindlich und verklemmt ist: »Niemals ihn in Gesellschaft necken, die Gelegenheiten ergreifen, in denen man sieht, dass er es hören könnte, um Gutes über ihn zu sagen, ohne sich anmerken zu lassen, dass man weiß, dass er in Hörweite ist.« Man darf ihm nie widersprechen, muss ihm seine »Kindereien« durchgehen lassen. Doch vor allem muss man seine Wertschätzung gewinnen, »denn sein Herz ist nicht so empfindsam, dass Freundschaft es frühzeitig erweichen könnte; doch sobald sich Wertschätzung beimischt, folgt die Freundschaft ganz natürlich.«[1]

In einem allgemeineren Text, der den Titel »Abhandlung über die Männer« trägt, ahnt man, dass es Joseph ist, den sie beschreibt, wenn sie unverblümt behauptet: »Der Mann ist ein unnützes Tier in der Welt, das nur dazu dient, Böses zu tun, die Geduld zu strapazieren, Verwirrung zu stiften, alle Welt schwindlig zu machen [...]. Gefühllos, wie sie sind, wissen sie nur sich selbst zu lieben. Das ist das einzige Gut, an dem sie hängen; sofern ihnen das Befriedigung schafft und sie damit zufrieden sind, ist es alles, was sie sich wünschen. Alles bei den anderen zu tadeln und bei sich selbst zu billigen, ist ihre Gewohnheit.«[2]

Die Karikatur entbehrt nicht der Wahrheit, auch wenn Joseph im Laufe seines Lebens Gelegenheit haben wird zu zeigen, dass er auch ein Herz hat.

---

1   Isabelle de Bourbon-Parme, *»Je meurs d'amour pour toi ...« Lettres à l'archiduchesse Marie-Christine, 1760–1763*, hrsg. von Élisabeth Badinter, Paris 2008, S. 87–89, Brief 34, Februar 1761.
2   Ebd., S. 38.

Abgesehen von dem kleinen Leopold, dem älteren Bruder Maria Theresias, der nur sechs Monate lebte[1], hatte das Geschlecht der Habsburger seit Karl VI., geboren 1685, keinen männlichen Erben mehr hervorgebracht. Was bedeutet, dass die Geburt Josephs sehnsüchtig erwartet und gefeiert wurde. In den ersten Jahren wurde der kleine Junge wie ein König behandelt und führte sich wie ein solcher auf. Das Kind, dem bewusst war, der Erbfolger zu sein, wird arrogant, starrköpfig und so ungehörig, dass Maria Theresia darüber beunruhigt ist. Zum großen Missfallen des Hofes droht sie ihm sogar damit, ihn mit dem Rohrstock zu züchtigen, eine Bestrafung, die noch nie einem Erzherzog auferlegt worden war. Bis zur Geburt seines jüngeren Bruders Karl[2] vier Jahre nach ihm war Joseph das Lieblingskind. Mit den Jahren wurde Karl der Liebling seiner Eltern, die von seinem Charme, seiner Intelligenz und seinen Talenten restlos erfüllt waren. Man kann sich den Schock des Älteren vorstellen, nicht mehr der Erwählte zu sein und den Titel des Ersten in ihrem Herzen verloren zu haben.

Maria Theresia, die eine aufmerksame, aber strenge – vielleicht allzu strenge – Mutter war, stellte sich seit Beginn der 1750er Jahre viele Fragen über ihren Sohn. Mehrfach vertraute sie Tarouca ihre Ratlosigkeit und ihre mütterliche Angst an. Als Joseph erst zehn oder elf Jahre alt ist, lädt sie ihn zu einem kleinen Dîner tête-à-tête ein und setzt »die sanfteste Miene« auf, zu der sie fähig ist. »Er war dafür sehr empfänglich, hat sich jedoch vor meinen Leuten bezwungen. Das Après-Dîner habe ich mit ihm bis 5 Uhr verbracht, und ich war mit der Lektion sehr zufrieden [...]. Es ist die erste Gelegen-

---

1 13. April bis 4. November 1716.
2 1. Februar 1745 bis 18. Januar 1761.

heit, die mich überzeugt hat, dass er Fähigkeiten besitzt, woran ich zweifelte.«[1]

Etwas später fragt sie sich: War sie nicht zu distanziert und zu streng mit ihm? Tarouca beruhigt sie: »Die Zeit hat [Sie] milder gestimmt. Der Sohn liebt die Mutter zärtlich und achtet sie.« Sie antwortet ihm: »Sie haben mich mitfühlend [zu Dank] verpflichtet dadurch, dass Sie mir den Zug von Großzügigkeit und Gefühl bezeichnet haben bei dem Sohn, den die Mutter für gefühllos hielt und den sie mit dreizehn Jahren allzu heftig züchtigte.«[2]

Trotz der Bemühungen des kleinen Joseph bleibt bei der Mutter ein Gefühl des Misstrauens und Argwohns ihm gegenüber, das in den Jahren 1760 bis 1765 erlosch, um in den fünfzehn Jahren der Mitregentschaft wieder zutage zu treten. Beim Tod Franz Stephans notiert Du Châtelet: »Der Römische König ist sehr respektvoll und sehr zärtlich gegenüber seiner Mutter; doch sie liebt ihn mehr, weil er ihr Sohn ist, als wegen einer Übereinstimmung in Geschmack und Gemüt, welche die Zuneigung unabhängig von den Banden des Blutes ausmacht.«[3]

Was das Verhältnis zu seinem Vater betrifft, liegen die Dinge klarer. Glaubt man dem Botschafter, gab es kaum Liebe zwischen Vater und Sohn. »Ich glaube, dass der Verlust, den er gerade erlitten hat, seinem Herzen nicht besonders nahegeht. Zwischen dem Kaiser und ihm gab es keinerlei Sympathie, und er war stets das am wenigsten geliebte seiner Kinder.«[4] Liest man hier und da die lapidaren Bemer-

---

1 Undatiert (1751–1752). ÖStA HHStA *LA Belgien* DD-B blau 1–2, fol. 131 r.

2 Undatiert (1755?). Ebd., fol. 214 r.

3 18. August 1765. MAE *CP Autriche*, vol. 303, fol. 19 r–v.

4 Ebd., fol. 20 r. Drei Tage nach dem Tod Franz Stephans berichtet Du Châtelet von dem Eindruck, den ein Gespräch mit Joseph bei ihm hinterließ: »Ich habe kein Zeichen von Rührung bemerkt, und ich gestehe, dass mich das erstaunt hat.« 21. August 1765. Ebd., fol. 34 r.

kungen Josephs über Franz Stephan, stellt man fest, dass sie stets voller Verachtung sind. Als er auf der Suche nach dem Testament die Papiere seines Vaters durchsucht, bemerkt er: »Unglaublich ist die Menge der Dinge, die ich finde; *und es ist so viel Erbärmliches und Gemeines darunter, das nur weggeworfen zu werden verdient.*«[1] Auch Fremden gegenüber macht Joseph aus seinen Gefühlen keinen Hehl: »Oft rügt er die Genügsamkeit seines Vaters, den er einen nachlässigen, ständig von Schmeichlern umgebenen Menschen nennt.«[2] Schließlich wird er in einer schweren Krise, die ihn in Gegensatz zu seiner Mutter bringt, ihr ohne Umschweife erklären, er wolle nicht die Rolle seines Vaters spielen.[3] Für Maria Theresia die größte Kränkung.

In den Augen Josephs ist das Urteil über seinen Vater unwiderruflich. Wie sollte man einen Mann bewundern, der gegenüber seiner Frau so unterwürfig war, dass er ihr alle Macht überließ? Einen Vater, der nur die Jagd, die Frauen, das Spiel und das Theater liebt und sich nur damit beschäftigt, sein Geld zu vermehren[4] und alte Orden zu sammeln? Einen Faulpelz, der sich nicht selbst um die Führung der Staatsgeschäfte des Reichs kümmert und dies seinem Vizekanzler, dem mediokren Colloredo, überließ? Einen Vater schließlich, der in seiner Militärlaufbahn gescheitert ist – nach dem Urteil des Soh-

---

1 An seinen Bruder Leopold, 12. September 1765. Alfred von Arneth (Hrsg.), *Maria Theresia und Joseph II. Ihre Correspondenz sammt Briefen Joseph's an seinen Bruder Leopold*, Bd. 1, Wien 1867, S. 129. Der Herausgeber hat den hervorgehobenen Satz zensiert. Er findet sich im Originaltext, ÖStA HHStA *HausA SB* 7-1, fol. 5 v.

2 Wien, 18. August 1770. MAE *CP Autriche*, vol. 313, fol. 284 r.

3 9. Dezember 1773. Alfred von Arneth (Hrsg.), *Maria Theresia und Joseph II. Ihre Correspondenz*, a. a. O., Bd. 2, S. 23.

4 Man wird die Undankbarkeit Josephs bemerken, der als Einziger von seinem Vater ein immenses Vermögen erbte, nämlich mehr als zwanzig Millionen Gulden.

nes die wichtigste von allen für einen Mann, der dieser Bezeichnung würdig ist? Mit einem Wort, er betrachtet ihn als Versager, der echte Männlichkeit nicht zu verkörpern vermag. Dagegen träumt Joseph von nichts anderem als militärischem Ruhm und davon, sich bei der Eroberung von Ländern hervorzutun. Sein Vorbild ist Friedrich II., der geniale Krieger, den er über alles bewundert, obwohl er die *bête noire* seiner Mutter und öffentlicher Feind Nummer eins ist. Er ist es, der in Josephs Augen Ruhm und Macht verkörpert, also die beiden beneidenswertesten Attribute der Männlichkeit. Da ihm die Gelegenheit fehlt, sich darin zu erproben, kleidet sich der junge Joseph bereits sehr jung als Soldat und wird die Uniform bis zu seinem Tode nicht ablegen.

Mutter und Sohn

Im Jahr 1765 ist ihre Beziehung ungetrübt. Seit 1760 gibt es in vielen Dingen ein Einverständnis zwischen ihnen, im Glück wie im Unglück. Ihre Korrespondenz bezeugt ein starkes emotionales Band vonseiten Josephs und eine große mütterliche Zuwendung von ihrer Seite. Zunächst hat sie für ihn in der Person Isabellas von Bourbon-Parma die Frau seines Lebens gefunden. Der Zufall wollte es, dass Maria Theresia auf den ersten Blick von ihrer Schwiegertochter hingerissen ist, so sehr, dass sie sie wie ihre Tochter liebt – und vielleicht mehr noch als ihre eigenen Töchter. Als Isabella im November 1763 stirbt, teilt Maria Theresia den ungeheuren Kummer ihres Sohnes. Der Schmerz, den sie beide zum Ausdruck bringen, geht weit über die konventionellen Formeln hinaus. Joseph, dem man ein hartes Herz nachgesagt hat, schreibt seinem Schwiegervater über seinen Zusammenbruch: »Ich habe alles verloren. Meine anbetungswürdige Gemahlin und meine einzige Freundin ist nicht mehr [...]. Denken Sie sich meine tiefe Not! Ich weiß kaum, ob ich noch existiere [...]. Ob ich es überleben kann? Ja, um für mein ganzes Leben unglücklich zu sein.«[1] Seine Mutter spricht ihm gleichsam nach: »Ich wusste, was es mich alles kostete, und dankte [Gott] täglich dafür, dass er es mir gewährte […]. Unglücklich für den Rest meiner elenden Tage, werden meine Tränen niemals versiegen. Ich hatte wenige glückliche Tage im Leben […]. Diejenigen, die ich in den letzten drei Jahren verbracht habe, lassen mich all mein früheres Unglück vergessen.«[2]

Als Isabella starb, hinterließ sie eine kleine Maria Theresia von achtzehn Monaten, die auf zärtlichste Weise von ihrem Vater und ihrer Großmutter umsorgt wurde. Bei dem geringsten Fieber des Kindes weichen die Kaiserin-Königin und Kaiser Joseph II. nicht von ihrer Wiege. 1766 schreibt Du Châtelet: »Der kleinen Maria Theresia (fast vier Jahre alt) geht es unendlich viel besser […]. Die Freude, die Ihre Kaiserlichen Majestäten an ihr haben, entspricht den Sorgen, zu denen diese junge Prinzessin Anlass gegeben hatte. Die zärtliche Sorge, die der Kaiser ihr während des ganzen Krankheitsverlaufs gezeigt hat, übersteigt alle Worte und alles Lob.«[3]

Doch wie reizend das Kind auch sein mag, das seiner Mutter so ähnelt – es wird seinem Vater wohl eines Tages nicht auf den Thron folgen. Denn es galt, Joseph entgegen seinem laut und deutlich geäußerten Widerwillen erneut zu verheiraten. Seine Mutter mochte so behutsam vorgehen wie nur möglich, so sehr, dass sie ihm die Wahl zwischen mehreren Prinzessinnen ließ und es ihm gestattete, ihnen vor seiner Entscheidung zu begegnen.[4] Am 23. Januar 1765 heiratete

1 Joseph an den Infanten von Parma, 29. November 1763. Emilio Bicchieri, »Lettere famigilari dell'Imperatore Giuseppe II a Don Filippo e Don Ferdinando (1760–1767)«, in: *Atti e Memorie delle R. R. Deputazioni di Storia Patria per le Province Modenesi e Parmensi*, Bd. 4, Modena 1868, S. 111.

2 Maria Theresia an den Infanten Philipp, 30. November 1763. Staatsarchiv Parma, *Carteggio Borbonico Germania*, Nr. 99.

3 18. Januar 1766. MAE *CP Autriche*, vol. 304, fol. 110 v.

4 Damals war das für Fürsten völlig unüblich. Ein solches Vorgehen erschien in den Augen aller als die Laune eines verwöhnten Kindes.

Joseph schweren Herzens aus politischem Kalkül die Prinzessin von Bayern.[1] Dennoch verübelte er Maria Theresia diese erzwungene und unglückliche Heirat nicht und behielt nur die Bemühungen im Sinn, die sie vergeblich unternommen hatte, um für ihn um die Hand der jüngeren Schwester Isabellas, Maria Luise, anzuhalten, die bereits dem Sohn des Königs von Spanien versprochen war[2] – die einzige Frau, die zu heiraten er sich hätte vorstellen können. Das bezeugen die täglichen Briefe an seine Mutter in der Zeit zwischen der Trauerzeit und seiner Wiederverheiratung, während seiner Krönung in Frankfurt zum Römischen König. Es sind Zeugnisse zärtlicher Liebe, Bewunderung und sogar Ergebenheit. Er bezeichnet sich darin als »einen Sohn, dessen Anhänglichkeit an seine Mutter weiter reicht als alle Worte, der kein anderes Glück empfindet, als sich ihren Beifall zu verdienen«.[3] Am folgenden Tag, dem Krönungstag: »Betrachten Sie mich nur weiterhin als Sohn und Untertanen, ich werde überglücklich sein [...]. Befehlt, verbietet, weist mich zurecht wie früher, denn ich werde Ihre Führung brauchen, und das wenige Gute, das vielleicht in mir ist, verdanke ich einzig Ihrer Sorge [...]. Ich werde versuchen, ganz wie Sie zu sein, und das wird mir genügen in dem Glauben, die Vollkommenheit erreicht zu haben, sowohl in den politischen Ansichten als auch in der Auffassung des

1 18. November 1764. MAE *CP Autriche*, vol. 21, supplément, fol. 170 v: »Bei seiner Rückkehr [von ihrer Begegnung] sagte der Römische König mehr Schlechtes von der Prinzessin von Bayern als [...] von der Prinzessin von Sachsen. Ihm schienen ihre Züge gewöhnlich, die Zähne wie die eines alten Weibes [sie war fünfundzwanzig und er dreiundzwanzig Jahre alt], der Atem unrein, die Brüste wie die einer Kuh; zudem ist sie ihm zufolge völlig schüchtern, geistlos, ohne Anmut und Intelligenz.« Und um dem ganzen Unglück noch die Krone aufzusetzen: Sie wird sich als unfruchtbar erweisen!

2 Maria Theresia musste bei dieser Gelegenheit sogar eine recht demütigende Abfuhr seitens des spanischen Königs hinnehmen.

3 26. März 1764. Alfred von Arneth (Hrsg.), *Maria Theresia und Joseph II. Ihre Correspondenz*, a.a.O., Bd. 1, S. 46.

privaten Lebens.«[1] Ein Brief folgt dem anderen in diesem Ton. »Sie haben die Gabe«, sagt er ihr, »mit den wundervollen Worten, die Sie Ihren Zeilen verleihen, die Menschen glücklich zu machen […]. Welch beneidenswertes Schicksal, eine solche Herrin und eine solche Mutter zu haben!«[2] Als sie ihm schließlich ihre Demarche beim König von Spanien ankündigt, ist er in heller Begeisterung und antwortet: »Es mag gelingen oder nicht, Sie haben alles getan, liebste Mutter.«[3]

Kein Zweifel, Joseph hat seine Mutter leidenschaftlich geliebt. Als sie 1767 besonders heftig an Pocken erkrankte und man um ihr Leben fürchtete, »wich er keinen Augenblick [von ihr] […]. Er fand einige Stunden Ruhe auf einem schlichten Polster, das ins Zimmer der Kaiserin gebracht wurde, und erwies ihr die zärtlichsten Dienste.«[4] Als er ihn »mit weinenden Augen« das Zimmer der Kranken verlassen sah, notiert Khevenhüller in seinem Tagebuch: »woraus in der That abzunehmen, dass dieser junge Herr kein so hart und böses Hertz und Gemüth haben müsse, als mann es ihm zumuthen will […]«.[5] Maria Theresia wiederum liebt Joseph auf ihre Weise, doch als Mutter und Herrscherin wird sie niemals aufhören, den jungen Kaiser des Römischen Reiches, den Mitregenten Österreichs, als gehorsamspflichtigen Sohn zu betrachten.

1 27. März 1764. Ebd., S. 50.
2 28. März und 1. April 1764. Ebd., S. 54 und 70.
3 2. Mai 1764. Ebd., S. 12. Maria Theresia hatte den spanischen König darum gebeten, auf die Verheiratung seines ältesten Sohns mit Maria Luise von Bourbon-Parma zu verzichten, was der König unmissverständlich ablehnte.
4 27. Mai und 3. Juni 1767. MAE *CP Autriche*, vol. 308, fol. 38 r und 47 v.
5 Johann Josef Khevenhüller-Metsch, *Aus der Zeit Maria Theresias. Tagebuch*, 1. Juni 1767, a.a.O., Bd. 6, S. 242 f.

Der französische Botschafter täuscht sich gewaltig, als er seinem Hof mitteilt, die zärtliche Liebe Josephs zu seiner Mutter sei so groß, dass »ihrem Herzen und dem Glück ihrer Untertanen nichts mangeln« werde.[1] Die Sohnesliebe schließt bei ihm weder Absolutismus noch ungeduldigen Herrschaftswillen aus. Der absolute Autoritätsanspruch ist bereits in einem Text erkennbar, den er mit zwanzig Jahren unter dem Titel »Rêveries«, Träumereien, verfasst hatte.[2] Der junge Mann sieht sich künftig als aufgeklärter Despot und beansprucht »die unumschränkte Macht, für den Staat alles Gute tun zu können [...], woran man durch Vorschriften, Satzungen und Eide, die die Länder für ihr Palladium halten und die sich, vernünftig betrachtet, nur zu ihrem Nachteil auswirken, gehindert wird [...]. Ich erachte es als ein Prinzip, dass zur Lenkung der großen Maschine ein einziger Kopf, selbst ein mittelmäßiger, besser ist als zehn ausgezeichnete, wenn es zwischen ihnen über alle Maßnahmen zu einer Verständigung kommen muss. [...] Deshalb würde ich vorsehen, mit den Ländern ein Abkommen auszuhandeln, indem ich sie auf zehn Jahre um die uneingeschränkte Macht bäte, alles für ihr Wohl tun zu können, ohne ihre Zustimmung einzuholen.«[3]

1 11. September 1765. MAE *CP Autriche*, vol. 303, fol. 101r.

2 Veröffentlicht von Derek Beales, »Joseph II's ›Rêveries‹«, in: *Mitteilungen des Österreichischen Staatsarchivs*, Bd. 33, Horn 1980, S. 142–160. Dieser Text, auf den 3. April 1761 datiert, war zuvor nie vollständig ediert worden. Deutsche Übersetzung in: *Der Josephinismus. Ausgewählte Quellen zur Geschichte der theresianischen Reformen*, hrsg. von Harm Klueting, Darmstadt 1995, S. 78–84.

3 Im Weiteren präzisiert er: »Sobald ich das erreicht habe, werde ich die Grundherren angreifen«: Verdopplung der Dominikalsteuer, Verringerung der Einkünfte und Bezüge der Adligen. »Alles beruhe auf persönlichem Verdienst! [...] Die Guten belohnen, die Unfähigen entlassen, die Schlechten bestrafen [...].«

Wenn der neue Kaiser vier Jahre später über dieses schöne Programm kein Wort mehr verliert, hält er doch an dessen Geist und an der Hoffnung fest, es auf die eine oder andere Weise zu verwirklichen. Dem Charme seiner Mutter und ihrer Verhandlungspolitik, die nicht immer zu den erhofften Ergebnissen geführt hat, soll nach seinem Willen eine eiserne Hand ohne Samthandschuh folgen.

Kaum ist er Kaiser, zeigt sich seine Ungeduld zu herrschen. Er will die alten Rechte und Prärogative des Römischen Reiches wiederherstellen, die vernachlässigt zu haben er seinem verstorbenen Vater vorwirft. Aus Nonchalance, sagt er, aber auch aus politischen Rücksichten. Etwa in der Angelegenheit des Herzogtums Parma, eines ehemaligen Reichslehens. Um dessen Lehensstatus zu bewahren, verlangt er von dem neuen Herzog, dem Infanten Ferdinand von Bourbon-Parma[1], die Erfüllung seiner Lehnspflichten und die vorgeschriebenen Schritte bei der Erklärung seiner Großjährigkeit.[2] Das geht jedoch gegen die Interessen Frankreichs, das davon nichts wissen will. Da Ludwig XV. seit der »Umkehrung der Bündnisse« 1756 der getreue Verbündete Österreichs ist, hat Österreich gute Gründe, bei ihm kein Missfallen zu erregen. Ein Motiv für Franz Stephan, die Ansprüche des Reiches verfallen zu lassen. Doch Joseph kümmert sich nicht darum: »Der neue Kaiser scheint zu versuchen, dem [römisch-deutschen] Reich gefällig zu sein und auf diese Weise der kaiserlichen Autorität wieder aufzuhelfen, über die er eifersüchtig wacht. Ich glaube, dass er in diesem ersten Moment darauf erpicht ist zu zeigen, dass er dessen angebliche Rechte verteidigen will.«[3] Da-

---

1 Der Infant Ferdinand von Parma (1751 bis 1802) war mütterlicherseits Enkel Ludwigs XV. und väterlicherseits Philipps V. von Spanien. Sein Vater Philipp von Parma wurde im Frieden von Aachen (1748) zum Herzog von Parma, Piacenza und Guastalla bestimmt.

2 23. August 1765. MAE *CP Autriche*, vol. 30, fol. 54 r–v.

3 September 1765. Ebd., fol. 144 v–145 r.

mit will er gleich zu Beginn auch seine Autorität und seine Unabhängigkeit von seiner Mutter demonstrieren. Obwohl sie der Entscheidung ihres Sohnes ablehnend gegenübersteht, verzichtet Maria Theresia offenbar achselzuckend darauf, daraus ein Streitthema werden zu lassen. Es bedarf mehrerer Wochen, bis die Sache niedergeschlagen ist.

Dieser erste Interessenkonflikt zwischen dem römisch-deutschen Reich und den österreichischen Ländern veranlasst Du Châtelet zu der Bemerkung, dass »alles auf einen stürmischen Regierungsbeginn hindeutet, was die Angelegenheiten des Reiches angeht, und auf eine Verdopplung der kleinen Scherereien«.[1] Eine weitgehend richtige Vorhersage, die ein paar Monate später durch einen zweiten Interessenkonflikt bestätigt wird, die sogenannte San-Remo-Affäre.[2] Joseph träumte davon, die Hoheit des Reiches über einen Teil Italiens auszudehnen auf die Gefahr hin, sich mit den Franzosen und den Spaniern zu zerstreiten und seiner Mutter neue Unannehmlichkeiten zu bereiten. Es dauerte viel länger, bis diese Affäre, die Maria Theresia und Kaunitz ärgerte, unter den Teppich gekehrt war, und sie erzeugte heftige Spannungen zwischen Mutter und Sohn, zu denen andere, persönlichere hinzukamen. Als Kaiser gedachte Joseph allein zu regieren und dem Reich ein Höchstmaß an Glanz und Macht zu verleihen. Das war sein gutes Recht, und für Maria Theresia war es nicht einfach, ihm offen zu widersprechen. Sie griff also nicht persönlich in seine Angelegenheiten ein und beauftragte ihren Minister Kaunitz, die Anfälle von Hitzköpfigkeit ihres Sohnes zu dämpfen.

1 Ebd., fol. 147 v.
2 Diese staatsrechtliche Affäre, die im Frühjahr 1766 ausbrach, brachte die Republik Genua, die als Souverän über San Remo herrschte, in Gegensatz zu einer Gruppe Bürger von San Remo, die den Reichshofrat anrief, um die Stadt als Lehen des römisch-deutschen Reiches anerkennen zu lassen. Nun war aber Genua ein »Mandant« Frankreichs, das nicht die Autorität des römisch-deutschen Reiches über Italien bestätigt sehen wollte.

Ganz anders war die Beziehung zwischen der Herrscherin der österreichischen Länder und dem Mitregenten. Er saß bereits im Staatsrat seit dessen Gründung im Januar 1761, aber man musste ihm natürlich noch weitere Verantwortlichkeiten übertragen. Zunächst wurde er zuständig für die Haus- und Hofwirtschaft, die angesichts der irrwitzigen Summen, die bedenkenlos für Feste, Pensionen und Ausgaben aller Art verschwendet wurden, dringend der Aufsicht bedurfte. Der asketische und geizige Joseph war der richtige Mann dafür, binnen kurzer Zeit durch Kürzung sämtlicher Budgets dem Hof seine Sparsamkeit aufzuzwingen. Solche Maßnahmen waren gewiss notwendig, aber man muss natürlich zugeben, dass eine solche Verantwortlichkeit unbedeutend war und einem Hofrat für Finanzen hätte übertragen werden können. Als Feldmarschall Daun im Februar 1766 starb, übertrug Maria Theresia die Führung des Militärs, das er so sehr liebte, an Joseph. Du Châtelet zufolge »ein Knochen zum Abnagen für Ihre Kaiserliche Majestät, die keinen großen Einfluss auf die übrigen Beratungen zu haben scheint und die, wie man mir versichert, mit der Rolle, die sie spielt, nicht immer zufrieden ist«.[1] Wenngleich diese neue Verantwortlichkeit dem Bewunderer Friedrichs II. zweifellos gefallen musste, machte sich Joseph nichts vor. Er wusste, dass der Titel der Realität überhaupt nicht entsprach und dass all seine Entscheidungen der Billigung der Herrscherin, das heißt ihrer Unterschrift bedurften. Wie Du Châtelet weiter bemerkt: »Man wird sein Urteil zurückhalten müssen über das, was in der Folge zwischen Mutter und Sohn geschehen mag.«[2]

1 8. Februar 1766. MAE *CP Autriche,* vol. 304, fol. 161 v–162 r. Der Tod Dauns am 6. Februar bereitete Maria Theresia größten Kummer.

2 Ebd.

Maria Theresia und Joseph bildeten gewiss ein Paar. Ein Paar, das sich liebt, aber das sich über die Machtverteilung zankt. Der ungeduldige, energische und ruhmsüchtige junge Mann will unablässig die Grenzen sprengen, die ihm auferlegt werden. Sie mag sich müde und bedrückt nennen und behaupten, Glück finde sie einzig in Einsamkeit und Gebet – will aber nichts aus der Hand geben. Was für beide zu unangenehmen Szenen führt. Während Joseph oft die Rolle des unterwürfigen Sohnes spielt und mit der Waffe der Demission droht, lässt Maria Theresia es sich nicht nehmen, die strenge, manchmal demütigende Mutter zu sein, die sich verhält, als wäre Joseph bloß ein Kind. Die Korrespondenz beider zeugt von ihrer Wut und einer wirklichen Unvereinbarkeit ihres Naturells. Mit dieser Letzteren geht allmählich ein tiefes politisches Zerwürfnis einher. In diesem heiklen Tête-à-tête kann die Herrscherin auf ihren getreuen Minister, den mächtigen Kaunitz, zählen, der gleichzeitig die Wogen glättet, mit Joseph verhandelt, als Puffer zwischen beiden dient und manchmal die Schläge erhält, die eigentlich der Herrscherin gelten.

Viele Historiker haben mit Recht von einem Triumvirat gesprochen, um die letzten fünfzehn Regierungsjahre Maria Theresias zu charakterisieren. Zwar waren Mutter und Sohn ein Paar, doch bildete sie gewiss ein weiteres, friedlicheres mit ihrem Minister. Josephs Beziehungen mit Kaunitz waren dagegen oft stürmisch. Für den Sohn war es leichter, ihn anzugreifen und manchmal zu malträtieren, als eine Frau, die zudem seine Mutter war. Trotzdem kam es auch vor, dass sich die beiden Männer insgeheim verbündeten und dass der Minister den Sohn gegen die alternde Mutter ausspielte. Der loyale Kaunitz musste auch an die Zukunft denken.

Aus einer böhmischen Adelsfamilie stammend, tritt Kaunitz[1] im Juni 1734 in die Dienste des Hauses Österreich. Doch erst 1741 beginnt seine rasante Karriere als Diplomat dank des Vertrauens der neuen Herrscherin. 1742 wird er zum Gesandten in Turin und zwei Jahre später zum bevollmächtigten Minister in den österreichischen Niederlanden ernannt. Dieser Posten ist nicht unbedeutend, denn er zeigt bereits die besondere Wertschätzung, die Maria Theresia für ihn hat. Wenn sie ihn zum Bevollmächtigten bei ihrer Schwester Maria Anna ernennt, die – soeben verheiratet mit ihrem Schwager Karl Alexander von Lothringen – zur Mitregentin der Niederlande ernannt worden war, weiß Maria Theresia, dass er ein wertvoller Berater sein wird. Kaum in Brüssel angekommen, stirbt die Erzherzogin im Wochenbett, und Kaunitz übernimmt die Funktion des Generalstatthalters[2] bis zur französischen Invasion im Februar 1746. Zurück in Wien, führt er ein glänzendes Leben am Hof und knüpft freundschaftliche Verbindungen mit Maria Theresia. Sehr intelligent, einfallsreich und vorsichtig, vertraut er der Herrscherin seine politische Vision Europas nach dem Frieden von Aachen 1748 an. Er überzeugt sie davon, eine diplomatische Kehrtwende zu vollziehen, nämlich sich mit Frankreich, dem bisherigen Feind, zu verbünden, statt von England abhängig zu bleiben. Er braucht nicht weniger als acht Jahre, um sein Ziel eines *renversement des alliances*, einer Umkehrung der Bündnisse, zu erreichen.

Er ist es, der die ersten Schritte in Frankreich unternimmt, nachdem Maria Theresia ihn zu ihrem Botschafter in Versailles ernannt

---

1 Wenzel Anton Reichsfürst von Kaunitz-Rietberg wurde am 2. Februar 1711 in Wien geboren und starb ebendort am 27. Juni 1794.

2 Prinz Karl von Lothringen hatte Brüssel verlassen, um am Erbfolgekrieg teilzunehmen.

hat.[1] Er hat die Aufgabe, neue Verbindungen zwischen den beiden Ländern herzustellen.

Nach seiner Rückkehr nach Wien 1753 wird ihm der Posten des Staatskanzlers mit Zuständigkeit für die Außenpolitik anvertraut. Kompetent, raffiniert, integer, gut organisiert, wird er rasch zum einflussreichsten Mann des Hofes, denn die Kaiserin fragt ihn zu allen Themen um Rat. Er hat ihr Vertrauen und ihre Freundschaft. Im Dezember 1760 richtet er einen Staatsrat ein, in dem alle Verwaltungsangelegenheiten zu besprechen sind. Er besteht – mit der Billigung Maria Theresias – aus drei Männern ersten Ranges, Daun, Haugwitz, Blümegen, und drei auf ihrem Gebiet sachkundigen Beamten. Kaunitz beansprucht für sich das Recht, daran teilzunehmen oder nicht, und die ausschlaggebende Stimme. Anschließend werden die Vorschläge des Staatsrats der Herrscherin vorgelegt. Der französische Botschafter, Comte de Choiseul, bemerkt dazu: »Kaunitz erweist sich faktisch als Kanzler, da er bereits die Auswärtigen Angelegenheiten innehat […]. Die innere Verwaltung der österreichischen Länder ist sehr mangelhaft, es gibt vieles zu reformieren und zu erneuern, und Kaunitz ist der fähigste Mann dieses Landes.«[2]

Und er ist der mächtigste Mann der Monarchie. Bis zum Tod Franz Stephans hat er die eigentliche Rolle des Mitregenten. Maria Theresia stützt sich immer stärker auf ihn, denn sie haben dieselben politischen Vorstellungen davon, welche Reformen durchzuführen sind – und vor allem auf welche Weise. Wenngleich zwischen ihnen ein wirkliches Einverständnis entstanden ist – man kann sogar von Zuneigung sprechen –, kann man Kaunitz dennoch nicht als Vertrauter der Herrscherin betrachten. Beide sind von sehr unterschied-

---

1 Er wird im Sommer 1749 ernannt, kommt aber erst Anfang November 1750 in der französischen Hauptstadt an.

2 3. Januar 1761. MAE *CP Autriche*, vol. 281, fol. 32 r–33 v.

lichem Charakter, jeder bewahrt eine gewisse Distanz. Selbst wenn sie sich beide den Anschein von Arglosigkeit und Offenheit geben, der ihnen das Vertrauen ihres Gegenübers einbringt, teilen sie weder den gleichen Geschmack noch die gleiche Lebensweise, noch die gleichen persönlichen Überzeugungen. Seit seiner Zeit als Botschafter in Versailles lebt Kaunitz »à la française«. Er führt einen offenen Salon, hat eine Leidenschaft für Pferde sowie für die Künste und versagt es sich auch nicht, Mätressen zu halten.[1] Die prüde Kaiserin, der davon nichts entgeht, hat es nie gewagt, ihn deshalb oder wegen seiner religiösen Nachlässigkeit zu tadeln. Er liebt die Lektüre, insbesondere die der Philosophen, die sie verabscheut. Ihm ist stets kalt, ihr ist stets heiß, doch sie sorgt dafür, dass die Fenster geschlossen werden, wenn er zu ihr kommt. Dieser als der größte Diplomat Europas gefeierte Mann, der sich auch dafür hält, ist von grenzenlosem Stolz und grenzenloser Eitelkeit, die er nur aus List verbirgt.

Hypochondrisch bis zum Äußersten, wird er krank bei jedem seiner Misserfolge. Vor Krankheit und Tod hat er solche Furcht, dass es seiner Entourage verboten ist, diese Wörter in seiner Gegenwart zu benutzen. Es bedarf vieler Verrenkungen, um ihn von einem Todesfall in Kenntnis zu setzen. Scheinbar gleichgültig gegenüber dem Urteil der anderen, verblüfft er seine Gäste, wenn er sich am Ende einer Mahlzeit vor ihnen ausführlich den Mund und die Zähne reinigt. Maria Theresia, der Inbegriff der guten Erziehung, erträgt alles an ihrem Minister und versteht sich darauf, Autorität mit Schmeichelei und Honneurs zu verbinden.

Umgekehrt entgeht Kaunitz keine der Schwächen und Sorgen seiner Herrscherin, und er weiß sie von den anstehenden Entscheidun-

---

1 Er war verheiratet mit Maria Ernestine Starhemberg, die ihm sieben Kinder geschenkt hatte, und ab 1749 verwitwet, ohne eine neue Ehe zu schließen.

gen zu überzeugen[1], auch wenn sie keineswegs eine Marionette in seiner Hand ist.

Auch Kaunitz ist vor allem ein Machtmensch, der mit Geschick jeden potentiellen Rivalen beseitigt. So tat er es mit seinem ehemaligen Schützling, Fürst Starhemberg, den er dazu ausersehen hatte, ihm in Versailles nachzufolgen und die Umkehrung der Bündnisse zu vollziehen. Maria Theresia hielt große Stücke auf ihn und dachte an ihn, um Kaunitz eines Tages zu ersetzen. Ende 1765 erschien dieser lustlos und viel träger in seiner Arbeit. Es wurde daran gedacht, Starhemberg nach Wien zurückzuholen, um ihn auf die Nachfolge vorzubereiten. Während der ganzen ersten Jahreshälfte 1766 musste Kaunitz die schlechte Laune des Kaisers wegen der San-Remo-Affäre ertragen, und am Hof schwirrten die Gerüchte von den Intrigen der Freunde Starhembergs[2], die diesen bereits zum Kanzler ernannt und Kaunitz zum »Großkanzler« befördert, das heißt weggelobt sahen. Im Juli wurde die baldige Rückehr des Rivalen angekündigt, doch Kaunitz zögert nicht, einen großen Coup zu landen. Am 4. Juni reicht er bei Maria Theresia sein Rücktrittsgesuch ein unter Verweis auf seine Gesundheit und auf die Ankunft Starhembergs: »Bisher«, schreibt er ihr, »hat man in meinen Departements niemals Intrigen, Kabalen oder Feindschaften gekannt [...]. [Nun aber] werden wir, Fürst Starhemberg und ich, niemals verhindern können, dass Parteiungen zum Schaden der Behörden Ihrer Majestät aufkommen; und da im Übrigen nicht auszuschließen wäre, dass wir nicht immer derselben Meinung sind, würden sich daraus notwendig Verlegenheiten und beträchtliche Unannehmlich-

---

1 Wie erwähnt, war es hauptsächlich Kaunitz, der sie davon überzeugte, die Bündnisse umzukehren und die zweite Mitregentschaft zu akzeptieren.

2 Starhembergs Clan warf Kaunitz seine Zerstreutheit und Trägheit vor, was nicht ganz falsch war. Von daher der Gedanke, ihm eine Hilfe zur Seite zu stellen, um den Gang der Staatsgeschäfte zu beschleunigen.

keiten für das Wohl der Behörde ergeben, über die ich untröstlich wäre.«[1]

Wie vorausgesehen, ist Maria Theresia entsetzt. Es kommt für sie überhaupt nicht in Frage, auf einen so wertvollen Mann zu verzichten. Sie antwortet ihm sogleich mit einer Annahmeverweigerung: »Sie haben mich vierundzwanzig bittere Stunden durchleben lassen […]. Als Herrscherin und Ihre Freundin sende ich Ihnen dieses Papier zurück und will von dessen Inhalt nichts mehr hören. Als Herrscherin kann ich Ihnen einen solchen Schritt nicht erlauben und biete Ihnen gleichzeitig jede notwendige Hilfe und jede Art Schonung an, um Ihre kostbaren Tage zu erhalten. Gerade Sie haben mir so sehr gepredigt, die Zügel der Regierung nicht aus der Hand zu geben; war das, um mich nach zehn Monaten [seit dem Tod ihres Mannes] ohne irgendeinen vernünftigen Grund sitzenzulassen? Ich erkenne Ihre Anhänglichkeit, Ihr Herz nicht wieder. Ist es Eifersucht, ist es Argwohn […], sind es meine Fehler, warum sagen Sie sie mir nicht […]? Nachdem ich Ihnen das Geheimnis meines Herzens, meine Schwächen, meine Mängel anvertraut hatte, lebte ich in Frieden, zählte auf das Ihre […]. Bedenken Sie mein Unglück.« Zum Schluss appelliert sie an seine Gefühle: »Ich bin nachsichtig und gut, ich kann sogar versichern, dass ich zu keinem Groll fähig bin […]. Ich biete Ihnen wie zuvor meine ganze Freundschaft und mein Vertrauen an, Sie werden niemals Tadel von meiner Seite erhalten; alles ist hiermit gesagt.«[2]

Kaunitz kann triumphieren, er hat den Beweis geführt, dass er unersetzlich ist. Übrigens wird er sich bis 1792 an der Macht halten, unter Joseph II., dann Leopold II.

---

1 Adolf Beer (Hrsg.), *Joseph II., Leopold II. und Kaunitz, ihr Briefwechsel*, Wien 1873, S. 495–497.
2 Undatiert (5. Juni 1766). Ebd., S. 501–503.

Die ersten Monate der Mitregentschaft verliefen friedlich. Abgesehen davon, dass Joseph San Remo sein Gesetz aufzwingen wollte, ist sein Verhalten das eines fügsamen Sohnes. Da Maria Theresia nicht willens ist, sich mit dem Rang einer Kaiserinwitwe zu begnügen und ihrer Schwiegertochter den Vortritt zu lassen, beschließt sie am 12. September 1765, ihren Titel als Kaiserin-Königin zu bekräftigen, um ihn von Maria Josepha zu unterscheiden, die künftig den Titel Kaiserin, das heißt Kaisergemahlin, trägt. Die Organisation der beiden verschiedenen Höfe, des ihren und des seinen, ruft einige Spannungen hervor[1], doch alles kommt sehr rasch wieder ins Lot. Das erste Gerücht über Unstimmigkeiten ist durch Friedrich II., den bestinformierten Kenner des Wiener Hofes, zu uns gelangt. »Aus allem, was Sie mir von den Umständen mitteilen, die seit kurzem zwischen Mutter und Sohn eingetreten sind, glaube ich zu der Folgerung Anlass zu haben, dass das gute Einverständnis zwischen ihnen seinem Ende entgegengeht und dass sie bald miteinander zerstritten sein werden.«[2] Die Streitthemen sind die herablassende, fast verächtliche Art, in der Joseph Kaunitz behandelt, und zugleich sein Plan, den König von Preußen zu treffen, ohne die Sache zuvor seiner Mutter vorgelegt zu haben.[3] Maria Theresia beklagt sich darüber ausführlich bei Du Châtelet: »Die Kaiserin hat mir nicht verborgen, dass sie in mehreren Hinsichten mit der Gefälligkeit ihres Sohnes [gegenüber

---

1 Johann Josef Khevenhüller-Metsch, *Aus der Zeit Maria Theresias. Tagebuch,* a.a.O., Bd. 6, S. 141; und 11. September 1765, MAE *CP Autriche,* vol. 303, fol. 102 r.

2 Friedrich II. an Rohde, Minister in Wien, Potsdam, 16. März 1766. *Politische Correspondenz Friedrich's des Großen,* a.a.O., Bd. 25, S. 63, Brief 15 956.

3 Kaunitz und sie waren der Meinung, dass der junge Kaiser bei dem gegenseitigen Examen, dem sich die beiden Herrscher unterziehen würden, nur verlieren könne. Schließlich fand das Treffen in jenem Jahr nicht statt.

Friedrich] und seiner Nachgiebigkeit gegenüber seinen Wünschen und seinem Willen ganz und gar nicht zufrieden ist.«[1]

Joseph, der nicht in Wien ist, weil er Feldlager inspiziert, bemerkt nicht die wachsende Irritation seiner Mutter. Im Gegenteil, er schreibt ihr Brief auf Brief, um sich über ihr gutes Einverständnis zu freuen: »Wie leicht ist es, für Sie zu arbeiten, und wie gut wird man belohnt durch die Güte, mit der Sie die kleinsten Dinge entgegennehmen, die man Ihnen zu Diensten tut [...]! Ich kann nicht genügend Dank sagen für die Güte Ihrer Majestät, mit der Sie mir Ihre Zufriedenheit über mein Verhalten bezeugt [...].«[2] Stets ist sie in seinen Augen »die beste alle Mütter«.[3] Gleichzeitig verbirgt Maria Theresia jedoch nicht ihren Unmut. Ihrer Freundin Sophie von Enzenberg vertraut sie an: »Wie der Hof mehr für den Kaiser und die regierende Kaiserin ist als für mich [...]. Ich mische mich in alles, was den Hof angeht, überhaupt nicht mehr ein, und mir scheint, dass ich überzählig und überall eine Last bin.«[4]

Ein paar unselige Zeilen Josephs über Kaunitz vom 10. September bringen das Pulverfass zur Explosion.[5] Vier Tage später prasselt eine herbe Kritik auf ihn nieder. Es bekümmere sie zu sehen, schreibt sie, dass er »Befriedigung darin findet, andere zu betrüben, ironisch zu

---

1 25. Juni 1766. MAE *CP Autriche*, vol. 305, fol. 69 r.

2 5. und 10. Juli 1766. Alfred von Arneth (Hrsg.), *Maria Theresia und Joseph II. Ihre Correspondenz*, a.a.O., Bd. 1, S. 182 und 186.

3 10. September 1766. Ebd., S. 192.

4 Wien, 3. September 1766. Archiv Tratzberg. Der unterschwellige Vorwurf an ihrem Sohn scheint wenig begründet; schließlich ist sie es, die die Welt flieht und ihr Hofleben auf das strengste Mindestmaß beschränkt.

5 Alfred von Arneth (Hrsg.), *Maria Theresia und Joseph II. Ihre Correspondenz*, a.a.O., Bd. 1, S. 193: »Ich habe gerade das Projekt des Fürsten Kaunitz zur San-Remo-Affäre überflogen, mir scheint, dass seine Grundlage die Untätigkeit ist [...], der Hintergrund des ganzen Briefes Geschwafel und der Beweggrund eine kindische Angst vor einer sehr fernliegenden und gewiss folgenlosen Verstimmung [Frankreichs] [...]. Die Antwort wird folgen.«

demütigen. Ich muss Ihnen sagen, dass das genau das Gegenteil dessen ist, was ich aus [*sic*] meinem Leben gemacht habe. Ich habe lieber mit guten Worten die Welt dazu gebracht, meinem Willen zu folgen, sie lieber überzeugt, als sie zu zwingen. Mir erging es wohl dabei. Ich wünschte, dass Sie ebenso viel Mittel in Ihren Ländern und in den Menschen finden, wie ich sie in ihnen fand [...]. Bedenken Sie meine Situation gegenüber Kaunitz! [...] Am meisten bin ich darüber bestürzt, dass es Ihnen nicht in einer ersten Regung [...], sondern nach reiflicher Überlegung gefallen hat, den Dolch ins Herz zu stoßen [...]. Ich fürchte, dass Sie niemals Freunde finden werden, die Joseph zugeneigt sind, denn weder vom Kaiser noch vom Mitregenten gehen diese beißenden, ironischen, bösartigen Züge aus, sondern vom Herzen Josephs, und das ist es, was mich alarmiert und was das Unglück Ihrer Tage ausmachen und das der Monarchie und unser aller nach sich ziehen wird [...].« Dann wirft sie ihm vor, sich den König von Preußen zum Vorbild genommen zu haben: »Dieser Heros, der so viel von sich reden gemacht hat, dieser Eroberer, hat er einen einzigen Freund gewonnen? Muss er nicht aller Welt misstrauen? Was für ein Leben, aus dem die Menschlichkeit verbannt ist! In unserer Religion ist vor allem die Barmherzigkeit die stärkste Grundlage, nicht als Ratschlag, sondern als Vorschrift, und glauben Sie sie zu üben, wenn Sie die Leute ironisch betrüben und bekümmern, selbst diejenigen, die große Dienste geleistet und nur Schwächen haben wie jeder von uns [...]? Hüten Sie sich gerade davor, sich in Boshaftigkeiten zu gefallen! Ihr Herz ist noch nicht schlecht, doch es wird es werden.«[1]

Dieser sehr strenge Brief, unterzeichnet mit »Ihre gute, alte, treue Mama« erinnert an seinen primären Status als Sohn. Schon am folgenden Tag antwortet er ihr als liebendes und demütiges Kind: »Ich bin durchdrungen von Ihrer Güte, und ich fühle wohl, dass es sehr

1 14. September 1766. Ebd., S. 200–204.

sanfte Rutenstreiche sind, mit denen Sie mich schlagen. Sie werden aber von diesem unvergleichlichen Mutterherzen geführt, und ich küsse Ihnen dafür demütig die Hände. Glauben Sie nicht, dass das keine Wirkung habe […]. Ich verspreche Ihnen, künftighin alles zu vermeiden, was den geringsten peinlichen Eindruck auf Sie hervorbringen kann […]. Verzeihen Sie, teuerste Mutter, diesen Fehler einem Sohn, der Sie ganz unaussprechlich liebt.«[1]

Abgesehen davon, dass die mütterliche Ermahnung am Verhalten Josephs nichts ändert, spricht diese Ermahnung das Wesentliche nicht aus. Den Berichten des französischen und des deutschen Repräsentanten zufolge ist der wahre Grund für Maria Theresias Unzufriedenheit der »Geist der Unabhängigkeit des Kaisers, der tägliche Fortschritte zu machen scheint. Sie sieht mit Sorge, dass er danach strebt, die gesamte Autorität an sich zu ziehen, und dass er wenig Rücksicht auf sie nehmen wird.« Der Diplomat ergänzt: »Auf seine Herzensgüte darf man nicht viel zählen […]. Seine Befehlssucht wird ihn Fehler begehen lassen, vor allem wenn er von seiner Mutter nicht mehr zurückgehalten wird […]. Die Lust, die er daran findet, sich hervorzutun und ein großer Mann zu werden, kündigt eine eher stürmische als ruhige Regierungszeit an.«[2]

Ähnliche Töne kommen Friedrich II. zu Ohren: »Was Sie mir über die Eifersucht berichten, mit der diese Fürstin den Teil zu verringern sucht, den der Kaiser, ihr Sohn, ihrer Autorität nehmen könnte, lässt mich glauben, dass es böses Blut zwischen ihnen geben wird […] und dass, wenn einige Jahre vergangen sind, der Kaiser die Geduld verlieren wird.«[3] Unterdessen hat Maria Theresia Gegenmaßnahmen

---

1 15. September 1766. Ebd., S. 205f.
2 15. August 1766. MAE *CP Autriche*, vol. 305, fol. 246 v, 248 v.
3 Friedrich II. an Baron von Edelsheim, seinen Repräsentanten in Wien, Potsdam, 22. Oktober 1766. *Politische Correspondenz Friedrich's des Großen*, a.a.O., Bd. 25, S. 272, Brief 16 307.

ergriffen auf dem Gebiet, das sie ihm überlassen zu haben schien, dem Militär: »Der Kaiser scheint von Tag zu Tag mehr Einfluss in den Staatssachen zu verlieren; wenn man ihm bisher auch nur in den kleinen Dingen der Heereswirtschaft gänzlich freie Hand gelassen hat, wird behauptet, dass die Kaiserin, um dem Grenzen zu setzen, sich des Vorwandes bedient habe, Unbeständigkeit könne dem Kriegswesen zum Nachteil gereichen, derart, dass man ihn sogar auf diesem Gebiet an den Rand gedrängt hat.«[1]

Ergebnis: Joseph verbirgt weder seinen Missmut noch seine Melancholie. Zerrissen zwischen seinem Machtdurst und dem Wunsch, mit seiner Mutter nicht zu brechen, entscheidet er sich dafür, Wien so oft wie möglich zu verlassen. Nachdem er im Sommer 1767 erneut verwitwet (und froh darüber) ist, reist er durch seine zahlreichen Länder, besucht mit seinem Bruder Leopold, Großherzog von Toskana, Italien und verbringt jeden Sommer mit der Inspektion von Feldlagern. Wenngleich Maria Theresia all diese Reisen missbilligt – weil es angeblich dem Bild eines Herrschers schade, landauf, landab ständig unterwegs zu sein –, herrscht während der Jahre 1767 und 1768 eine ruhigere Phase zwischen Mutter und Sohn. Kein Wunder: In Josephs Abwesenheit regiert Maria Theresia allein mit Kaunitz.

---

1 Bericht des Barons von Edelsheim, Wien, 29. Oktober 1766. Ebd., S. 287f., Brief 16330.

Die Rebellion des Sohnes

Das Jahr 1769 bezeichnet das Ende des Kampfes mit stumpfem Florett. Mit achtundzwanzig Jahren will Joseph nicht mehr die Nebenrolle spielen, und seine Mutter mit ihren zweiundfünfzig Jahren versteht es nicht, ihm die Hauptrolle zu überlassen. Abgesehen von ihren gegensätzlichen Charakteren haben sie nicht dieselbe Auffassung von der Ausübung der Macht und auch nicht dieselben Pläne für Österreich. Zwei besonders schwere Krisen lassen die Spannungen aufleben. In den Augen der besser Informierten ist die Mitregentschaft nichts als ein Trugbild, das nur schlecht das Duell verbirgt, das sich eine alternde, an der Macht hängende Mutter (die Macht ist »das Einzige, das ihr als Amüsement und Zerstreuung ihrer Traurigkeit dient«[1]) und ein Sohn, der keinen anderen Ehrgeiz als den zu regieren hat, liefern. Ein umso schmerzhafterer Kampf, als er die Sohnes- und die Mutterliebe auf die Probe stellt. Bleibt die Frage, wer der Stärkere sein wird.

Die Mitregentschaft in der Krise

Zweimal wird Joseph rebellisch, und beide Male aus dem gleichen Grund. Es geht um die Reorganisation der zentralen Verwaltung, die die ihm überlassene Macht regelt. Alles beginnt Ende 1768, als man den Staatsrat reformieren will. Es ist eine banale Sache der Unterschriften, die das Pulverfass zur Explosion bringt. Joseph weigert sich, all die Berichte abzuzeichnen, die ihm vorgelegt werden, weil seine Unterschrift nichts wert ist. In der Tat entscheidet Maria Theresia letztlich über alles, und sehr oft gegen seine Meinung, die zwischen ihnen vertraulich bleiben muss. Erste Salve Josephs:

---

1 Bericht von Rohde, Wien, 12. Februar 1766. Ebd., S. 46, Brief 15 928.

»[…] durch die Natur der Sache darf mein Gefühl und meine Denkungsart nirgendwo anders sein denn auf Seiten meiner erhabenen Mutter. Ich bin nichts und selbst in Geschäften nur so weit ein denkendes Wesen, als ich Ihre Befehle zu stützen […] habe. […] Wenn man unter dem leeren Titel des Mitregenten etwas anderes verstehen will, so erkläre ich hier […], dass man mich nie bewegen wird, dazu meine Einwilligung zu geben, und dass mich nichts in diesem Grundsatz erschüttern wird, von dem meine gegenwärtige Ruhe wie mein Glück, selbst mein zukünftiger Ruf und Ruhm abhängen.«[1] Prahlerei des Sohnes, der nach der betrübten Antwort seiner Mutter – in der sie ihm bedeutet, dass sie zur Mitregentschaft nur »in der Hoffnung« bereit gewesen sei, in ihm »einen Sohn zu finden, der seines Vaters würdig ist«[2] – einen anderen Ton anschlagen wird. »Sind Sie nicht meine einzige Freundin«, antwortet er ihr, »die ich allein auf der weiten Welt liebe […]? Können Sie denn glauben, dass ich […] eine so schwarze und undankbare Seele habe, um Ihnen ohne zwingenden Grund wehzutun? […] Aber ist es möglich, liebe Mutter, dass Sie um diesen Preis das fordern, was für Sie von keiner und für mich von der größten Folge ist?«[3] Diesmal ist sie es, die sich erzürnt: »Ihr Eigensinn und Ihre Vorurteile werden das Unglück Ihrer Tage sein und sind gegenwärtig das meine. Sie selbst würden mich verachten, wenn ich in einer einfachen Sache nachgäbe, die bis zu dieser Stunde so geschehen ist und die sich nach Ihrer Laune ändern soll, ohne mir irgendeinen triftigen Grund zu nennen. Kehren Sie um und erfüllen Sie Ihre Pflichten, Sie werden keinerlei Tadel von meiner Seite hören.«[4] Nach drei Tagen eines nutzlosen Widerstands

---

1 19. Januar 1769. Alfred von Arneth (Hrsg.), *Maria Theresia und Joseph II. Ihre Correspondenz*, a.a.O., Bd. 1, S. 233f.
2 Januar 1769. Ebd., S. 235.
3 26. Januar 1769. Ebd., S. 236.
4 26. Januar 1769. Ebd., S. 236f.

unterwirft sich Joseph und kündigt an, er werde alle Papiere unterschreiben, die sie von ihm unterschrieben haben möchte. Die Mutter hat über den Sohn die Oberhand behalten, doch vielleicht zum letzten Mal.

Wie gewöhnlich beschließt Joseph, auf Reisen zu gehen, nicht weil er Verzicht geleistet hätte, sondern um im Ausland seine Fäden zu ziehen. Der Römische Kaiser stattet dem Papst einen Besuch ab, lässt sich in der Ewigen Stadt umjubeln, bevor er seine Schwester Maria Karolina und seinen Schwager Ferdinand, Königin und König von Neapel, besucht, über die er seiner Mutter Bericht erstatten soll. Kaum nach Wien zurückgekehrt, bricht er nach Neiße in Schlesien auf, wo ihn der König von Preußen erwartet. Diese so ersehnte Begegnung fand von 25. bis 28. August 1769 gegen den Willen der Mutter statt.[1] Von den Gesprächen zwischen den beiden Herrschern weiß man wenig, doch Friedrich war redseliger als Joseph[2], zumindest über die Persönlichkeit des Letzteren. Es gibt zwei Versionen. Die erste, an alle deutschen Höfen verbreitete, quoll über vor manchmal so übertriebenen Lobreden, dass sie ironische Züge bekamen. Zum Beispiel, als es dem preußischen König gefiel zu wiederholen, der junge Monarch werde eines Tages Karl V. übertreffen! Die an-

---

1 Maria Theresia fürchtete, man könne diese Begegnung als Annäherung an Preußen zum Nachteil Frankreichs interpretieren, womit das durch die Umkehrung der Bündnisse hergestellte »System« wieder in Frage gestellt worden wäre.

2 Dresden, 11. Oktober 1769. MAE *CP Saxe*, vol. 54, fol. 369 v–370 r: »Man versichert, der Kaiser habe bei seiner Rückkehr nach Wien der Kaiserin-Königin viele Dinge verschwiegen, die in Neiße erörtert worden sein müssen; man fügt hinzu, die Fürstin habe diese Verheimlichung ihres Sohnes vorausgesehen, weshalb sie ihn, jedoch gegen seinen Willen, verpflichtet habe, Herzog Albert [den verehrten Schwiegersohn Maria Theresias] als Begleitung mitzunehmen, um, wie es heißt, bei dem Kaiser einen Vertrauten zu haben, der ihr über alles Bericht erstatten könne. Es hat den Anschein, dass dieser Versuch keinen glücklichen Ausgang hatte, denn man versichert, Herzog Albert sei zu keinem der langen und häufigen Gespräche von Neiße zugelassen worden.«

dere, realistischere und den engen Vertrauten vorbehaltene Version spricht von »einem Mann, der sich vor Ehrgeiz verzehrt, der einen großen Plan hegt und der, gegenwärtig noch von seiner Mutter zurückgehalten, ungeduldig an dem Joch zu zerren beginnt, das er trägt, und der, sobald er freies Spiel hat, mit irgendeinem großen Coup debütieren wird [...]. Man kann, ohne sich zu täuschen, darauf zählen, dass Europa in Flammen steht, sobald er der Herr sein wird.«[1]

Zu einem der letzten Momente wirklicher Verbundenheit zwischen Mutter und Sohn kam es im Januar 1770 am Bett der kleinen Erzherzogin Maria Theresia, die an einer Rippenfellentzündung erkrankt war. Nach einer Woche starken Fiebers verschied sie am 23. Januar. Joseph, der sie vergötterte, hatte ihr Krankenbett keinen Augenblick verlassen, und jeder konstatierte den »unermesslichen Schmerz der Großmutter und des Vaters«.[2] Sie war das letzte Band, das sie in der Erinnerung an Isabella vereinte, der ersten, so sehr geliebten Gemahlin, das aber tiefer noch sie beide miteinander verband. Tatsächlich datiert Maria Theresia auf diese Zeit eine grundlegende Wandlung in der Beziehung mit ihrem Sohn, die ihr das Leben »unerträglich« mache.[3] »Ich wage zu behaupten, dass dies die Zeit der völligen Veränderung im Herzen meines Sohnes war, der seit der Krankheit seiner Tochter sich von mir abzukehren begann

1 An seinen Staatsminister Graf von Finckenstein, Breslau, 29. August 1769. *Politische Correspondenz Friedrich's des Großen*, a.a.O., Bd. 29, S. 53, Brief 18 360. Friedrich fügt hinzu, ihm sei klargeworden, dass der junge Mann »*der Reputation nachläuft*«. Vgl. Dresden, 11. November 1769. MAE *CP Saxe*, vol. 54, fol. 422 r. Hervorhebung im Original.

2 23. Januar 1770. MAE *CP Autriche*, vol. 312, fol. 225 v. Das Kind, das sehr begabt gewesen sein soll, starb mit sieben Jahren und zehn Monaten.

3 Vertrauliche Mitteilung an Mercy-Argenteau, ihren Botschafter in Versailles, 1. September 1770. Alfred von Arneth und Auguste Mathieu Geffroy (Hrsg.), *Correspondance secrète entre Marie-Thérèse le comte de Mercy-Argenteau*, Paris 1874, Bd. 1, S. 48.

und damit immer weiter fortfuhr, so dass wir jetzt darauf beschränkt sind, nur um den äußeren Schein zu wahren, uns nur noch […] zum Diner zu sehen. Ich habe meine schmerzlichen Gefühle darüber bei drei verschiedenen Gelegenheiten zum Ausdruck gebracht […], was zu Szenen Anlass gab, an die ich mich nicht mehr erinnern möchte. Ich sehe mich darauf beschränkt, die Rolle der Kaiserin Josepha zu spielen. Die Gleichgültigkeit, wenn nicht mehr, ist deutlich […]. Das ist bitterer als der Tod. Die Stimmung wird von Tag zu Tag gereizter, und es fehlt nicht an Streit […]. Ich bemühe mich nur noch, den Eklat zu vermeiden, auch wenn die Öffentlichkeit darüber [mehr weiß], als sie sollte.«[1]

Man muss anerkennen, dass Joseph Grund hatte, wütend zu sein. Nicht nur delegiert sie ihm nichts, sondern sie spielt ihm Streiche, die ihm jede Autorität nehmen. So bei den militärischen Beförderungen, für die offiziell er verantwortlich ist und die Ende 1770 großes Aufsehen erregen. Sie beklagt sich laut und deutlich, dass er nur seine Wunschkandidaten berücksichtigt. Doch sie ersetzt seine personale Wahl durch ihre eigenen Favoriten und schafft dadurch viele Unzufriedene, um dann in alle Richtungen zu verkünden, dass er dafür der einzige Grund sei. »Alle Welt macht mir deshalb Vorwürfe«, schreibt er seinem Bruder, »ich gelte bei mehreren meiner Bekanntschaften als falsch und doppelzüngig und sogar als Lügner.«[2] Ergebnis: Er weicht ihr aus und will sie nicht mehr unter vier Augen sehen.

Maria Theresia weint um einen verlorenen Sohn: »Die Umkehr Josephs ist nicht mehr zu erhoffen […]. Wie soll ich mich gütig mit

1 Joseph Kervyn de Lettenhove (Hrsg.), *Lettres inédites de Marie-Thérèse et de Joseph II* (Mémoires couronnés et autres mémoires, Bd. XX), Brüssel 1868, S. 21f. Dieser Brief vom 10. Januar 1771 ist an ihre geliebte Freundin Marquise de Herzelles gerichtet, die die Gouvernante der kleinen Maria Theresia war.

2 Brief an Leopold, 10. Januar 1771. Alfred von Arneth (Hrsg.), *Maria Theresia und Joseph II. Ihre Correspondenz*, a.a.O., Bd. 1, S. 322.

meinem Sohn aussprechen? Er meidet sorgsam alle Gelegenheiten, mir zu begegnen und mit mir allein zu sein [...]. Um nicht zu streiten, schweige ich zu allem und schlucke dieses Gift.«[1]

Die Streitigkeiten häufen sich. Nicht nur wirft sie ihm vor, sie (und ebenso Kaunitz) herunterzumachen, sich in alles einzumischen, sondern sie seufzt auch über seinen Mangel an Religion, ein weiteres großes Streitthema. Er wiederum beklagt sich bei seinem Bruder immer deutlicher über die Regierungsweise seiner Mutter, die sich auf Kaunitz stützt. Sie will nichts ändern, sagt er, ist unfähig, eine Entscheidung zu treffen und dabei zu bleiben. Es gibt nur Befehle, denen Gegenbefehle folgen. Monat für Monat zögert sie die Stellungnahme Österreichs zum Russisch-Türkischen Krieg hinaus. Kurz, sie ist nicht mehr fähig zu regieren.[2]

In diesem erstickenden Klima bricht 1773 die heftigste Krise dieser Mitregentschaft aus. Zweimal hatte Joseph seiner Mutter vorgeschlagen, ihre Verwaltung zu reformieren, den Staatsrat abzuschaffen, einen Kanzler zu ernennen, bei dem die Gewalten konzentriert sind.[3] Natürlich wollte sie nichts davon hören und nichts dazu sagen, Kaunitz schon gar nicht. Doch sie beauftragt Letzteren, einen Bericht über die Mittel zur Verbesserung des Verwaltungsapparats anzufertigen. Nach dessen Lektüre erklärt sich Maria Theresia damit vollends zufrieden, Joseph hält ihn für undurchführbar, »eine

---

1 An die Marquise de Herzelles, 1. März 1771. Joseph Kervyn de Lettenhove (Hrsg.), *Lettres inédites de Marie-Thérèse et de Joseph II*, a.a.O., S. 24f.

2 Im April 1773 schreibt Joseph an Leopold: »Die Ungewissheiten haben hier ein unglaubliches Maß erreicht [...]. Die Arbeiten nehmen täglich zu, und es geschieht nichts [...]. Intrigen bringen alles zum Stillstand und verhindern alles [...]. Adieu, Respekt und Ruhm! Ich nehme wider Willen an der Zerstörung [der Monarchie] teil, und mein patriotisches Herz wird davon zerrissen.« Siehe Alfred von Arneth (Hrsg.), *Maria Theresia und Joseph II. Ihre Correspondenz*, a.a.O., Bd. 2, S. 5.

3 Im Dezember 1771 und im Juni 1772. Doch wie das Übrige verlief die Sache im Sande.

Menge von Sentenzen und Gemeinplätzen«. Er macht alsbald Gegenvorschläge und wiederholt die Idee eines »wahren Kabinetts [...], das unter den Befehlen Ihrer Majestät und meiner Leitung arbeiten würde«.[1] *Exit* Kaunitz. Am 7. Dezember reicht dieser seine Demission ein und fordert, man möge so schnell wie möglich seinen Nachfolger ernennen. Der Rücktritt wird von Maria Theresia sofort abgelehnt; sie antwortet ihm: »Ich erwarte von Ihrer Verbundenheit und sogar Freundschaft, dass Sie mich in meiner grausamen Lage nicht im Stich lassen.«[2] Am 9. Dezember ist es Joseph, der ihr nach einer langen Liste von Vorhaltungen seine Demission anbietet. Er hält eine Mitregentschaft, die bloß Fassade ist und ihn auf ein Nichts reduziert, nicht mehr aus. Noch weniger erträgt er es, sie ständig klagen zu hören, »dass die Dinge gegen ihren Willen, ihr Wissen oder ihre Meinung geschehen«, während sie zugleich absolut über alles entscheidet. Er fordert von ihr daher ihre Zustimmung zu der von ihm erwünschten Trennung und schließt seinen Brief mit den Worten: »Ich liebe nur Sie auf der Welt und den Staat; möge Sie entscheiden, möge Sie handeln!«[3]

Diesmal ist es Maria Theresia, die genug hat. Jetzt erklärt sie sich bereit, »Ihnen das Ganze zu überlassen, ohne mir irgendetwas vorzubehalten, mich sogar zurückzuziehen, sei es hier oder anderswo, doch Ihr habt mir so oft versichert, diesen Gedanken nicht ertragen zu können [...]. Zwei Dinge halten mich zurück: Ihre Opposition und der Zustand unserer Staatsangelegenheiten.«[4] Doch sie verspricht ihm ihr ganzes Vertrauen und fordert von ihm sogar, er solle sie auf ihre Fehler aufmerksam machen. Zum Schluss er-

---

1 Joseph an Leopold, 22. April 1773. Alfred von Arneth (Hrsg.), *Maria Theresia und Joseph II. Ihre Correspondenz*, a.a.O., Bd. 2, S. 6 und 7.
2 Undatiert. Ebd., S. 22.
3 9. Dezember 1773. Ebd., S. 23–27.
4 9. Dezember 1773. Ebd., S. 27–29.

mahnt sie ihn, er solle ihr mitteilen, was sie nach seinem Willen tun solle.

Diese Krise ist die entscheidende in der Geschichte der Mitregentschaft. Sie beweist zunächst, dass weder sie noch er den Rückzug des anderen wünschten. Sie zeigt weiter, dass beide zwar wiederholt auf den Vorschlag ihres Rückzugs zurückkommen, dass es aber erstmals Maria Theresia ist, die ihrem Sohn den Vortritt lassen und, wenn es ihr auch schwerfällt, eine Neuverteilung der Machtbefugnisse erlauben will. Joseph wird, mit Kaunitz als Komplizen, seinen ganzen Einfluss in der Außenpolitik geltend machen, so sehr, dass er sein eigenes Spiel spielt, das den Prinzipien der Mutter direkt zuwiderläuft. Im Übrigen wird diese scheinbar gelöste Krise Spuren hinterlassen. Die Tränen Maria Theresias sind noch nicht endgültig versiegt, zumal ihre psychische Anfälligkeit ihr keinen Frieden schenkt.

Moral kontra Politik

Abgesehen von dem Kampf um die Macht zeigt die Affäre um die Zerschlagung Polens einen sehr tiefen prinzipiellen Gegensatz zwischen den beiden. Die fromme Maria Theresia, die ihren Ruhm auf die Achtung vor Recht und Gerechtigkeit gegründet hat, möchte ihn nicht aus politischen Gründen verlieren. Die eifrige Leserin der Evangelien wird also, so gut sie kann, den Vertretern des politischen Realismus Widerstand leisten, in diesem Falle Joseph[1], Kaunitz und Friedrich II. Der Anlass zu diesem neuen Konflikt ist der russische Expansionismus Katharinas II., der Österreich ebenso wie Preußen beunruhigt.[2] Da es nicht in Frage kommt, gegen eine so große Macht

---

1 Wie Friedrich war Joseph ein gründlicher Leser Machiavellis.

2 Die Armee Katharinas II. war dabei, die Türken zu vernichten, und hatte den Fuß schon auf polnisches Gebiet gesetzt. Der Russisch-Türkische Krieg wird sechs Jahre dauern, von 1768 bis 1774.

Krieg zu führen, zudem gegen einen früheren Verbündeten, gedenkt man ihren Elan zu besänftigen. Darum geht es bei der zweiten Begegnung Josephs – diesmal in Begleitung von Kaunitz – und Friedrichs in Neustadt im September 1770. Die Idee Friedrichs ist es, der Zarin vorzuschlagen, sich eines Teils von Polen zu bemächtigen und das Land, abhängig von den Grenzen jeder der drei Mächte Preußen, Österreich und Russland, dreizuteilen. Zweifellos ist das Vorhaben für Joseph II. und sogar für seinen Minister verführerisch[1]; sie sehen darin eine schöne Gelegenheit zur Gebietserweiterung und das Mittel, den Appetit des russischen Vielfraßes zu stillen. Ein Problem war nur noch, Maria Theresia von der Richtigkeit eines solchen Plans zu überzeugen, der bedeutete, Krieg gegen ein befreundetes Land zu führen und sich seiner als Beute zu bemächtigen.

Zum großen Missfallen Josephs will Maria Theresia von Krieg nichts hören, schon gar nicht gegen Polen. »Seit einem Jahr habe ich festgesetzt, dass man nicht an dem Krieg teilnimmt [...]. Ich stehe ganz allein gegen seine Wünsche, sich einen Namen zu machen; und was ich beschließe, verschlechtert meine Situation; ich glaube, dass man mir unterstellen wird, eifersüchtig auf seinen Ruhm zu sein.«[2]

Ab Februar 1771 schwirren in allen Kanzleien nur noch Gerüchte über die bevorstehende Teilung Polens, und man erwartet die Entscheidung Österreichs. Doch je mehr Maria Theresia sich weigert, desto mehr quält sie Joseph, indem er ihr aus dem Weg geht und seine Gleichgültigkeit zeigt, wenn er es nicht vermeiden kann. Eine

---

1 Friedrich zufolge hat Kaunitz den Vorschlag zunächst ablehnend aufgenommen; er sei dann aber ziemlich rasch umgeschwenkt, da die Diplomaten im Februar 1771 glaubten mitteilen zu können, die Aufteilung sei bereits arrangiert; Dresden, 10. Februar 1771. MAE *CP Saxe*, vol. 58, fol. 43 r. – MAE *CP Autriche*, vol. 316, fol. 105 v: »Beim Verlassen einer Sitzung des Kriegsrats hatte die Kaiserin Tränen in den Augen [...]. Der Krieg [in Polen] ist nicht mehr fern.«

2 An Madame de Herzelles, 1. März 1771. Joseph Kervyn de Lettenhove (Hrsg.), *Lettres inédites de Marie-Thérèse et de Joseph II*, a.a.O., S. 26.

Situation, die für sie noch unerträglicher ist als für ihn. Im Dezember 1771 gibt sie nach und akzeptiert im Prinzip Verhandlungen mit Friedrich, der sich bereits mit Katharina II. geeinigt hat. Kaunitz musste ihr beweisen, dass schon die bloße Gebietserweiterung Preußens und Russlands eine echte Bedrohung für Österreich darstellte. »Ich kann nichts mehr verhindern«, schreibt sie an Madame de Herzelles.[1]

Maria Theresia unternahm also einen Schritt hin zum Krieg und fuhr trotzdem fort, gegenüber allen ihren tiefen Widerwillen dagegen zu bekräftigen. Als Beleg dafür mag folgender Brief an ihren Unterhändler in Berlin dienen, den sie am Vorabend der Unterzeichnung des preußisch-russischen Vertrages schrieb[2]: »Es kostet mich viel, mich in einer Sache zu entscheiden, in der ich keineswegs sicher bin, ob sie richtig oder auch nur nützlich ist [...]. Das Einfachste wäre zu akzeptieren, was man uns von Polen anbietet; doch mit welchem Recht einen Unschuldigen berauben, den zu verteidigen und zu unterstützen man sich immer gerühmt hat? Der einzig zweckmäßige Grund, um nicht zwischen den beiden anderen Mächten allein zu bleiben, ohne daraus irgendeinen Vorteil zu ziehen, scheint mir ungenügend und auch kein ehrenhafter Vorwand dafür zu sein, sich zwei ungerechten Usurpatoren anzuschließen, um ohne irgendeinen weiteren Rechtstitel einen Dritten in den Abgrund zu stoßen. Ich begreife nicht die Politik, die es erlaubt, dass in dem Falle, dass zwei sich ihrer Überlegenheit bedienen, um einen Unschuldigen niederzuwerfen, der Dritte aus reiner Vorsicht für die Zukunft [...] ebenso handeln und die gleiche Ungerechtigkeit begehen kann und muss; das scheint mir unhaltbar. Ein Fürst hat keine anderen Rechte als jeder Einzelne [...]. Ich bekenne, dass dies ein förmlicher Widerruf all

1 16. Dezember 1771. Ebd., S. 31.
2 Der am 6. Februar 1772 unterzeichnete Vertrag bestätigte die Aufteilung eines Teils von Polen zwischen den beiden Ländern.

dessen wäre, was in den dreißig Jahren meiner Regierung geschehen ist [...]. Lieber wollen wir für schwach als für ehrlos gelten.«[1]

Die Skrupel Maria Theresias und ihr Vorschlag, Polen zu entschädigen, indem man ihm die Fürstentümer Walachei und Moldau zuspricht[2], wurden von Friedrich vom Tisch gefegt, und so wurde die Teilungsvereinbarung am 19. Februar 1772 in Wien geschlossen. Zum Zeitpunkt der Unterzeichnung macht die Kaiserin Kaunitz gegenüber ihre Scham und ihre Verlegenheit deutlich: »Ich muss gestehen, dass ich mein ganzes Leben lang keine solche Verwirrung empfunden habe, und ich schäme mich, mich dem Volk zu zeigen. Möge der Fürst [Joseph] bedenken, welches Beispiel wir der Welt geben, wenn wir für ein elendes Stück Polens, für Moldawien und die Walachei den Verlust unserer Ehre und unseres Ansehens in Kauf nehmen. Ich fühle mich allein, habe weder Gesundheit noch Kraft mehr; deshalb lasse ich nicht ohne mein größtes Bedauern zu, dass die Dinge ihren Lauf nehmen.«[3]

Während den österreichischen Truppen der Befehl gegeben wird, in Polen einzufallen[4], ist Maria Theresia sehr darum besorgt, ihre Verzweiflung lauthals *urbi et orbi* zu beteuern, so als wollte sie zeigen, dass sie nicht die Moral aufgegeben habe, die ihre Reputation ausgemacht hatte, und dass sie ihre Schwäche beklagte. »Ich gestehe Ihnen«, schreibt sie an Rosenberg, »ich fühle mich tief gedemütigt und möchte mich vor mir selbst verstecken. Was wird Frankreich,

---

1 Maria Theresia an Gottfried van Swieten, Botschafter in Berlin, Anfang Februar 1772. Alfred von Arneth, *Geschichte Maria Theresia's*, a.a.O., Bd. 8, S. 595f., Anm. 453.

2 Kaunitz hatte Friedrich auch vorgeschlagen, Österreich einen Teil Schlesiens und der Grafschaft Glatz im Gegenzug zu seinem Verzicht auf die Teilnahme an der Teilung Polens zurückzugeben. Der preußische König wollte davon nichts hören.

3 Carl E. Vehse, *Memoirs of the Court, Aristocracy and Diplomacy of Austria*, Bd. 2, London 1856, S. 210.

4 Am 18. April 1772.

was Spanien [ihre Verbündeten] sagen, und sie werden recht haben.« Etwas später, an denselben Adressaten: »Unsere heimlichen Ungerechtigkeiten kommen ans Tageslicht [...]. Wir werden zur Schande der ganzen Welt. Was mich verblüfft, [ist die] Gleichgültigkeit derer, welche die Ursache dafür sind. Ich wage es nicht, mich zu zeigen, und sie [Joseph] gehen erhobenen Hauptes. Ich bin zutiefst bedrückt.«[1] Gegenüber dem Botschafter Frankreichs ist sie noch verlegener. Nicht nur hat sie Polen verraten, sondern sie hat ihr Handeln vor Frankreich, ihrem privilegierten Verbündeten, dem traditionellen Freund der Polen, verheimlicht. Sie bekennt ihm, »dass sie verleitet wurde, dass ihre gegenwärtige Ratlosigkeit groß ist, dass der Kummer sie umbringt, dass ihr einziger Trost in der Rechtschaffenheit liegt und dass sie alles unternommen hat, um Ereignisse zu verhindern, an denen teilzunehmen sie gezwungen ist«.[2]

Im November wird in den Kanzleien erneut über ihre Bedenken berichtet: »Sie behauptet, Gewissensbisse über die Vereinbarung der Teilung zu haben, und in ihren Anwandlungen von Unmut soll sie dem Kaiser lebhaft vorwerfen, seine Begegnungen mit [Friedrich] seien die Hauptquelle ihrer Verstimmungen [...]. Der Kaiser war sehr schockiert über ihre Invektiven, und man versichert mir, dass die Querelen, die täglich zwischen Mutter und Sohn stattfinden, gegenwärtig häufiger und schärfer denn je sind.«[3] Es ist nicht ausgeschlossen, dass ihr Beichtvater dafür verantwortlich ist. Man sagt, dass sie ihn befragt und er ihr geantwortet habe, ihr Handeln sei sehr verwerflich. Doch andere Geistliche beeilen sich, das Gegenteil zu sagen.

1 Briefe vom 21. April und von Mitte Juni 1772. KLA *FA Orsini-Rosenberg* 76, Fasz. 64/353 c.

2 8. Mai 1772. MAE *CP Autriche*, vol. 319, fol. 78 r.

3 Bericht des preußischen Ministers in Wien an Friedrich II., 15. November 1772. *Politische Correspondenz Friedrich's des Großen*, a. a. O., Bd. 33, S. 44, Brief 21 500.

Um ihren ausgezeichneten Ruf zu schützen, tat Maria Theresia alles, um die Idee zu verbreiten, man habe sie gezwungen und ihr moralisch gewissermaßen Gewalt angetan. Doch es ist nicht sicher, ob das die ganze Wahrheit ist. Die Version Friedrichs II., sicherlich mit Vorsicht zu behandeln, ist zynischer: »Ich schickte Edelsheim nach dem Beichtvater, der [sie davon] überzeugte, sie sei um ihres Seelenheils willen dazu verpflichtet, den Anteil, der ihr zugesprochen war, zu nehmen. Da fing sie schrecklich an zu weinen. Inzwischen fielen die Truppen der drei Mächte in Polen ein und bemächtigten sich ihres Anteils, sie dabei ständig in Tränen; doch plötzlich erfuhren wir zu unserer großen Verwunderung, dass sie viel mehr genommen hatte als den Teil, den man ihr zugesprochen hatte, denn *sie weinte und eroberte ständig*, und wir hatten viel Mühe zu erreichen, *dass sie sich mit ihrem Teil des Kuchens begnügte*. So ist sie.«[1]

Dieses Bild ähnelt demjenigen, das der Botschafter Frankreichs, Kardinal de Rohan, von ihr zeichnet: »Ich habe Maria Theresia in der Tat weinen sehen über das Unglück des unterworfenen Polen; doch dieser Fürstin, geübt in der Kunst, sich niemals durchschauen zu lassen, fließen, wie mir scheint, Tränen auf Kommando; in der einen Hand hält sie das Taschentuch, um sich die Tränen zu trocknen, in der anderen das Schwert der Verhandlungen, um die dritte Teilungsmacht zu sein.«[2]

Man muss die Behauptungen zweier Männer, die nicht ihre Freunde sind, nicht unbedingt für bare Münze nehmen. Doch ein Brief Maria Theresias an den alten Feldmarschall Lacy vom 23. Au-

1 Edgar Boutaric, *Correspondance secrète inédite de Louis XV sur la politique étrangère avec le comte de Broglie, Tercier, etc.*, Paris 1866, Bd. 1, S. 174f. Hervorhebung im Original.

2 Dieser private Brief Rohans an seinen Minister wird zitiert von Jean-François Georgel, seinem Sekretär in Wien, in dessen *Mémoires pour servir à l'histoire des événements de la fin du dix-huitième siècle, depuis 1760 jusqu'en 1806–1810*, Paris 1820, Bd. 1, S. 251.

gust 1772 scheint ihnen partiell recht zu geben: »Der Petersburger Kurier hat berichtet, dass die unglückselige Teilung unterzeichnet sei. Ihnen, nur Ihnen verdanke ich diesen großen Vorteil, wenn es einer ist. Sicher ist aber, dass Sie den Plan dazu gemacht und es verstanden haben, so sehr zu drängen und dadurch dem Staat dieses Gut zu verschaffen, ohne in die Frage einzutreten, ob das gerecht war oder nicht.«[1] Maria Theresia ist dieses neue, unrecht erworbene Gut also nicht gleichgültig. Österreich hatte einen Teil Kleinpolens und ganz Galizien (mit Ausnahme der Stadt Krakau) erhalten, also 2,6 Millionen zusätzliche Untertanen. Für die Politiker, wie Joseph und Kaunitz, gab es keinen Grund, ihre Freude zu verhehlen. Diese territoriale Erweiterung, ganz ohne militärische Unkosten, war unverhofft.

Bei Maria Theresia steht die Gefühlsambivalenz im Vordergrund. Beschämt und verzückt zugleich, ist ihre Gier mit Gewissensbissen vermischt. Einerseits kann sich die Thronerbin der Habsburger darüber nur freuen. Andererseits hindern sie mächtige Motive daran. Erstens peinigt sie ihr Gewissen als Christin. Ob es nun der Beichtvater war oder nicht, sie weiß, dass sie übel gehandelt hat und bald dafür vor ihrem Gott Rechenschaft ablegen muss. Sie hat sich gegenüber Polen verhalten, wie es dreißig Jahre zuvor Friedrich ihr gegenüber getan hatte. Zweitens hat sie durch ihren Wortbruch und ihren Raub an einem befreundeten Land ihren Ruf als loyale und moralische Herrscherin aufs Spiel gesetzt und gilt nun als Heuchlerin. Doch ihr Ruf ist ihr ganzer Ruhm. Daher das tiefe Unbehagen, das sie ergriffen hat und für das sie zum Teil Joseph verantwortlich macht. Er hatte als Politiker, »auf preußische Art«, in Einklang mit seinem Vorbild Friedrich und in geradem Gegensatz zu seiner Mutter gehandelt. In ihren Augen war das gleichsam Verrat, aber

---

1 Charles de Hesse, *Mémoires de mon temps dictés par S. A. le Landgrave Charles, prince de Hesse*, Kopenhagen 1861, S. 116f.

auch das Scheitern der Weitergabe ihrer Werte, ein Scheitern, das sie selbst zur Mitschuldigen gemacht hatte. Umgekehrt hoffte Joseph auf den Ruhm des großen Eroberers, der die Länder seiner Vorfahren vermehrt.[1] Noch fehlte es ihm an Talent und an starken Schultern dafür. Einstweilen hatte der Mitregent einen Wendepunkt markiert, und alle begriffen, zu Recht oder zu Unrecht, dass er dabei war, zum wahren Herrscher zu werden.

1 Wien, 10. Juli 1773. MAE *CP Autriche*, vol. 322, fol. 16 v–17 r. Mitten im Russisch-Türkischen Krieg notiert der Fürst von Rohan, Botschafter Frankreichs: »Zwei Willen wirken einander entgegen. Die Kaiserin will den Frieden; der Kaiser begehrt den Ruhm der Waffen oder vielmehr der Eroberungen [...]. Die Militärpolitik scheint die Politik des Kabinetts zu durchkreuzen; denn hier ist nur von Frieden die Rede, während dort nichts als Maßnahmen für den Krieg getroffen werden.« Am 24. Juli »erklärt sich die Kaiserin betrübt über den Charakter des Kaisers, der ihren Gefühlen widerstrebt [...]. Vor ein paar Tagen vergoss die Kaiserin Tränen und sagte: ›So verbringe ich meine Tage und meine Nächte, wenn ich allein bin. Ich werde nicht mehr angehört. Man weiß besser als ich, was für das Glück meiner Untertanen und den Ruhm der Monarchie erforderlich ist.‹« Ebd., fol. 91 v–92 r.

Achtes Kapitel

Bis zum letzten Tag …

Das letzte Jahrzehnt Maria Theresias war besonders stürmisch. Hin-und hergerissen zwischen ihren verschiedenen Rollen als Frau, Mut-ter und Herrscherin, ist sie schwerwiegenden persönlichen und poli-tischen Konflikten ausgesetzt. Die Unzulänglichkeiten des Alters machen sich unbarmherzig spürbar, und sie hält sich auch nicht zu-rück, darüber zu klagen. Doch darum zu glauben, sie sei aus dem Spiel, hieße, sie zu verkennen. Die Kaiserin, so viel wird klargewor-den sein, ist eine komplexere Persönlichkeit, als sie zu erkennen gibt. Bewusst oder unbewusst lässt sie Momente der Aufrichtigkeit und der Doppelzüngigkeit abwechseln oder ineinander verschwimmen. Man erinnere sich daran, dass ihr verstorbener Gatte, besser infor-miert als jeder andere, zu sagen pflegte, sie sei die beste Schauspie-lerin ihrer Zeit. Diese diplomatische Tugend hat sie mit fortschrei-tendem Alter nicht verlassen, so wenig wie eine klare Vision von den grundlegenden Interessen der Habsburgermonarchie. Zwar mag die Frau nicht mehr dieselbe sein wie früher, als Herrscherin hält sie doch Kurs bei den großen Entscheidungen, die ihr Land betreffen. Die Rolle, die sie aus der Fassung bringt, ist die der Mutter Josephs, aber auch ihrer Töchter Maria Antonia (Marie Antoinette) und Maria Amalia.[1] Nicht, dass sie ihren Kindern eine schlechte Mutter gewe-sen wäre, weit gefehlt. Doch verfügt sie über einen nüchternen Blick auf jedes von ihnen und besonders auf ihren Nachfolger. Mit zuneh-mendem Alter fürchtet sie immer mehr die Auseinandersetzungen, die in harten Szenen enden. Die Mutter gibt nach, doch die Herrscherin behält die Oberhand. Was zu einer unschlüssigen Regierungsweise führt, die im In- und Ausland nur schwer verstanden wird. Sie fürchtet ebenso sehr die Liebe ihres Sohnes zu verlieren – und vielleicht hat sie sie verloren –, wie sie befürchtet, ihr Reich könne einen anderen Weg nehmen als denjenigen, den sie vorgezeichnet hat.

Eine geschwächte Frau

Ab 1769 beklagt sich Maria Theresia bei Freundinnen über ihren körperlichen Zustand. Einer von ihnen gesteht sie: »Ich bin sehr fett, mehr als meine hochseligste Frau Mutter, auch roth, besonders seit den Blattern, aber die Füsse, Brust, Augen gehen zu Grunde; erstere sind sehr geschwollen; ich erwarte täglich das Aufbrechen. Die Augen sind schier gar hinweg; das Übelste ist, dass ich kein Glas noch Brillen brauchen kann. Die Brust fühlt, glaube ich, einen guten Anfang von Dampf, denn mit dem Athmen, auch ebenen Fusses und sogar im Liegen es schwer geht.«[2]

Die Fortbewegung ist für sie so beschwerlich, dass man sowohl in Schönbrunn – damit sie sich zur Kapelle begeben kann[3] – als auch

---

1 Trotz der Ratschläge und Ermahnungen ihrer Mutter taten die beiden eigensinnigen Prinzessinnen nach ihrer Heirat – die eine mit dem Thronfolger Frankreichs, die andere mit dem Infanten Ferdinand von Parma – immer nur, wonach ihnen der Kopf stand.

2 Brief an Gräfin Rosalie Edling, 7. August 1769. Alfred von Arneth (Hrsg.), *Briefe der Kaiserin Maria Theresia an ihre Kinder und Freunde*, a.a.O., Bd. 4, S. 521f. Siehe auch ihren Brief an die Gräfin von Enzenberg vom 11. August 1769: »Ich nehme gewaltig zu und werde unbeweglich, gleichzeitig nehmen die Fähigkeiten des Geistes im gleichen Maße ab. […]« Monika Czernin und Jean-Pierre Lavandier (Hrsg.), *Maria Theresia: »Liebet mich immer«*, a.a.O., Brief 51.

3 Johann Josef Khevenhüller-Metsch, *Aus der Zeit Maria Theresias. Tagebuch*, 10. Oktober 1767, a.a.O., Bd. 6, S. 272.

in der Kapuzinergruft – wo sie in stillem Gedenken das Grab ihres Mannes besucht – eine Art Lastenaufzug installieren muss. Ihr Befinden wird sich ständig verschlechtern, und zehn Jahre später beschreibt Leopold während seines Aufenthalts in Wien mit klinischer Nüchternheit die körperlichen, geistigen und seelischen Beeinträchtigungen seiner Mutter: »Sie atmet sofort sehr schwer, sobald sie geht oder sich bewegt, und da sie sich dessen schämt und sehr rasch zu gehen sucht, wird ihre Laune immer schlechter und ihre Stimmung niedergeschlagen. Ihr Gedächtnis hat sehr nachgelassen, sie erinnert sich an viele Dinge und gegebene Befehle nicht mehr, und häufig wiederholt sie sie, woraus viel Verwirrung entsteht. Sie beginnt etwas schwerhörig zu werden und hat durch den ständigen Verdruss ihren Mut und ihre Aktivität eingebüßt. [...] Sie freut sich nie über etwas und ist ständig allein und melancholisch, da sie nie Gesellschaft hat und über alles vergrämt ist.«[1]

Ihr schon erwähnter depressiver Zustand verschlimmert sich unaufhörlich infolge ihrer Einsamkeit und ihres Ärgers. Seit 1771 spricht sie oft von Abdankung und Tod. »Ich bin nicht an meinem Platz und mein Kummer wird jeden Tag größer [...]. Warum bin ich nicht an den Pocken gestorben? Wie wäre ich glücklich gewesen!«[2] Zwei Jahre später gesteht sie ihre Befürchtung, »den Kopf zu verlieren«.[3] »Die Welt wird mir unerträglich, und mein Verfall ist zu

1 Adam Wandruszka, *Leopold II. Erzherzog von Österreich, Großherzog von Toskana, König von Ungarn und Böhmen, Römischer Kaiser*, Bd. 1, Wien 1963, S. 334f. Dieser Bericht stammt aus der Zeit von Leopolds Aufenthalt in Wien von September 1778 bis März 1779.

2 An Sophie von Enzenberg, Februar 1771. Monika Czernin und Jean-Pierre Lavandier (Hrsg.), *Maria Theresia: »Liebet mich immer«*, a.a.O., Brief 56. Die gleichen Bekenntnisse an Madame de Herzelles, 1. März 1771. Joseph Kervyn de Lettenhove (Hrsg.), *Lettres inédites de Marie-Thérèse et de Joseph II*, a.a.O., S. 23.

3 An Madame de Herzelles, 30. Juni 1773. Ebd., S. 44.

groß, um nicht alles zu verderben.«[1] Es ist nicht unwichtig zu bemerken, dass ihre großen Anfälle von Schwermut zeitlich fast immer mit Konflikten mit Joseph einhergehen.

Ihr einziger Trost ist eine übersteigerte Frömmigkeit, die den Aberglauben nicht ausschließt und in eine beklagenswerte Bigotterie umschlägt. Sie sei ständig in Gebet und Andacht, sagt Leopold. »Sie geht fast nie mehr in die Öffentlichkeit, empfängt keine Fremden und zeigt sich nie und geht nur aus, um Kirchen und Klöster zu besuchen oder um bei den Kapuzinern an den entsprechenden Jahrestagen zu beten.«[2] Mit immer verbissenerer Tugendhaftigkeit verbietet sie den Hofdamen das Rouge und verfolgt gnadenlos jeden Versuch der Libertinage. Was ihr den Spott aller Reisenden und Ausländer einbringt. Nach der Beschreibung des Engländers William Wraxall, der sich 1779 in Wien aufhält und der ihr eher wohlgesinnt ist, ist sie »der bornierten Bigotterie einer Äbtissin näher als den aufgeklärten Prinzipien einer Herrscherin«.[3]

Ihr Charakter ist verbittert: »Fast ständig klagt sie über das Land und die Leute, die Sitten und die Erziehung, dass ihre guten Absichten nicht unterstützt werden, dass sie niemanden mehr hat, dem sie vertrauen kann, und dass sie so nichts mehr leisten und ihre Pflicht nicht mehr erfüllen kann und dass sie ihr Seelenheil verlieren wird und dass sie sich ganz zurückziehen und die Regierung ganz aufgeben will, da sie ja sieht, dass sie niedergeschlagen und allen lästig ist […].«[4] Trotzdem kommt Leopold, der sie nicht ohne Grausamkeit als fast senil beschreibt, zu dem Schluss, dass sie niemals bereit sein werde abzudanken.

1   An Sophie von Enzenberg, 29. April 1775. Archiv Tratzberg.
2   Adam Wandruszka, *Leopold II.*, a.a.O., Bd. 1, S. 335–338.
3   Nathanael William Wraxall, *Memoirs of the Courts of Berlin, Dresden, Warsaw and Vienna*, a.a.O., Bd. 2, S. 276.
4   Adam Wandruszka, *Leopold II.*, a.a.O., Bd. 1, S. 335.

In den zehn letzten Jahren ihrer Regierungszeit gehen immer wieder Gerüchte über ihre Abdankung um. Wofür sie zum großen Teil durch ihre eigenen Äußerungen verantwortlich ist.[1] Und sie ist auch nicht unschuldig an den Gerüchten über ihren Tod, die seit Beginn der 1770er Jahre kursieren. Beim geringsten Schnupfen, beim ersten Aderlass spricht man an den ausländischen Höfen von ihrem wahrscheinlichen Ende. Friedrich II. liegt misstrauisch auf der Lauer, so sehr fürchtet er den Eroberungsgeist Josephs, der eines Tages – davon ist er überzeugt – ganz Europa in Flammen setzen wird. Er verlangt von seinem Botschafter in Wien, ihn über die geringste Malaise der Kaiserin auf dem Laufenden zu halten. Unwahre Gerüchte zirkulieren ab 1774, insbesondere aus Frankreich und aus Wien. Hier oder da behauptet man – ohne die Andeutung eines glaubhaften Grundes –, sie werde den nächsten Frühling nicht erleben.[2] Der schlechten und falschen Nachrichten überdrüssig, wird Friedrich gegenüber seinem Bruder Heinrich etwas grob sagen: »Dame Therese wird mich ins Grab bringen […]. Man wird sie totschlagen müssen, wenn man will, dass sie zu ihrem verstorbenen Gatten zieht.«[3] Inzwischen hatte er begriffen, dass seine alte ewige Gegnerin geschwächt sein mochte, aber immer noch genügend Energie hatte, die Zügel der Macht in der Hand zu behalten. »Sie haben ganz recht zu glauben«, schreibt er an Prinz Heinrich, »dass die Kaiserin-Königin nicht abdanken wird. Der Wille zu herrschen wird sie erst verlassen, wenn sie nicht mehr ist.«[4]

---

1 Indem sie sich ständig beklagt, »am Ende ihrer Kräfte zu sein«.
2 7. und 11. Dezember 1774. *Politische Correspondenz Friedrich's des Großen*, a.a.O., Bd. 36, Briefe 23531, 23533 und 23544; 28. Januar 1777 und 2. Februar 1777, Bd. 39, Briefe 25283 und 25292.
3 28. September 1777. Ebd., Bd. 39, S. 352, Brief 25696.
4 16. September 1776. Ebd., Bd. 38, S. 322, Brief 25001.

Wenn es auch richtig ist, dass Maria Theresia nicht mehr die ist, die sie war, ist sie doch weit von der Senilität entfernt, die ihre beiden ältesten Söhne einander andeuten.[1] Zwischen der Teilung Polens 1772 und dem letzten Krieg gegen Friedrich 1778, den Joseph wollte und sie nicht, besteht sie verschiedene politische Prüfungen. Sie gibt ihre Zurückhaltung auf, findet ihre Autorität über Kaunitz wieder und zwingt ihren Willen dem Minister wie ihrem Sohn auf.

Der doppelte Konflikt der Herrscherin und der Mutter

Am Ende ihres Lebens muss Maria Theresia einen doppelten Kampf führen, der sie erschöpft und der die Stabilität und Glaubwürdigkeit Österreichs bedroht. Sie ist einem unlösbaren inneren Konflikt ausgesetzt und führt einen ständigen untergründigen Krieg gegen ihren Nachfolger, der es ihr dadurch vergilt, dass er sich von ihr entfernt. Was für sie das schlimmste aller Druckmittel ist.

Der innere Konflikt

Leopold, der jüngere Sohn, liefert Zeugnisse aus erster Hand für das mütterliche Dilemma. Er hat erhellende Notizen über die Ambivalenz Maria Theresias, den Charakter Josephs und die unmögliche Versöhnung hinterlassen.

»Sie liebt aufs Äußerste den Kaiser[2] und kennt keine größere Befriedigung, als wenn sie sieht, dass ihm Lob und Beifall gespendet wird; dennoch möchte sie ihm befehlen und ihn leiten und sein ganzes Verhalten kennen und all das, was er machen möchte. Besonders

1 Siehe die Briefe Josephs an Leopold und die Berichte Leopolds über seine Mutter.
2 Wie es scheint, hat sie Joseph Leopold vorgezogen.

beklagt sie sich und ist maßlos empfindlich wegen der Art, wie er sich ihr gegenüber benimmt und dass er öffentlich alles, was sie liebt, herabsetzen und schmähen möchte [...].« Doch wenn er »etwas tut, was ihm in den Augen des Publikums schadet, so ist sie darüber ganz niedergeschlagen, weil sie ihn in allem entschuldigen möchte [...].«[1]

Diese mütterlichen Gefühle kollidieren mit denen der Herrscherin, die nicht loslassen kann: »Wenn sie ihn aber dann loben hört, so ist sie sehr zufrieden, trotz ihrer Eifersucht auf ihn in den Staatsgeschäften, besonders da sie das große Ansehen sieht, das er beim Publikum genießt und weil viele Leute sich bei ihm über sie beklagen und ihr alle unangenehmen Dinge zuschreiben und sagen, dass, wenn er da sein wird, alles besser gehen wird. [...] In diesem Punkt hat sie eine äußerste Eifersucht gegen jeden, der mit dem Kaiser spricht, ihn lobt oder ihm schreibt, dass man mit ihm gegen sie im Einvernehmen steckt.«[2] Das ist nicht nur die Paranoia einer alten Frau. Es gibt durchaus zwei Cliquen am Hof: Die des Nachfolgers ist größer und mächtiger als die der Herrscherin. Alle jungen Ehrgeizigen sind auf der Seite des Sohnes, während Maria Theresia nur von alten Frauen, Priestern und ihren Ärzten umgeben ist.

Die Folgen dieser Ambivalenz wiegen schwer. Offiziell hat die Souveränin alle Machtbefugnisse inne und darf demnach als verantwortlich für die gesamte österreichische Politik gelten. Doch in Wahrheit, als Mutter, ist sie nicht mehr Herrin ihrer selbst. Ebendies gibt sie Madame de Herzelles deutlich zu verstehen, wenn sie über den Krieg in Polen stöhnt: »Sie könnten mir sagen: ›Warum schaffen Sie da nicht Abhilfe? Sie sind die Herrin.‹ Das ist genau der große Punkt, der mich zugrunde richtet.«[3] Sie hat weder die physische noch

1 Adam Wandruszka, *Leopold II.*, a.a.O., Bd. 1, S. 335.

2 Ebd., S. 336.

3 2. Juli 1772. Joseph Kervyn de Lettenhove (Hrsg.), *Lettres inédites de Marie-Thérèse et de Joseph II*, a.a.O., S. 32.

die psychische Kraft mehr, ihrem Sohn die Stirn zu bieten auf die Gefahr hin, ihn zu verlieren. Das Ergebnis ist, dass sie oft je nach den Launen Josephs herumjongliert, um dann womöglich in Widerspruch mit sich selbst und mit ihm in Streit zu geraten. Auf diese Weise kann der Eindruck entstehen, dass sie ein doppeltes Spiel spielt und dass ihr Wort nichts wert ist.

Das war lange Zeit der Eindruck, den Friedrich hatte. Als Prinz Heinrich behauptet, sie werde einem Krieg niemals zustimmen, antwortet der König: »Im vergangenen Winter [...] waren alle Vorbereitungen getroffen, um gegen mein Haus loszuschlagen; man wartete nur auf den Moment meines Todes, den man für bevorstehend hielt [...]. Man hätte gesehen, wie diese friedliebende Kaiserin es eilig gehabt hätte, in meine Länder einzufallen [...]. Sie ist das falscheste aller Weiber; sie hat so viel Komödie gespielt, dass ein Narr wäre, wer ihr vertraute.«[1] Misstrauen herrscht ständig zu Beginn des Bayerischen Erbfolgekriegs. Friedrich bewertet die Zurückhaltung Maria Theresias als »reines Getue«. »Wenn sie den Krieg verabscheut, warum zögert sie, ihn zu verhüten? In dem Augenblick, in dem das jugendliche Feuer des Kaisers, ihres Sohnes, die Oberhand gewinnt, müsste sich die Mutter als Herrscherin zeigen und befehlen, still und ruhig zu bleiben [...]. Weit davon entfernt, lockert sie dem leidenschaftlichen Ungestüm ihres Sohnes die Zügel.«[2] Erst am Ende des Lebens der Kaiserin begreift Friedrich ihr Dilemma. Bis dahin sah er in ihr nur die listige und allmächtige Herrscherin, die sich gegebenenfalls hinter dem Rücken ihres Sohnes verbirgt. Nun versteht er, dass sie auch Gefangene ihrer mütterlichen Gefühle ist: »Ich bin innerlich davon überzeugt, dass die Kaiserin-Königin, solange sie lebt, versuchen wird, den Frieden zu bewahren, und nur der krie-

---

1 Briefe vom 13. November und 25. Dezember 1776. *Politische Correspondenz Friedrich's des Großen*, a.a.O., Bd. 38, Briefe 25 127, S. 418, und 25 221, S. 491.

2 18. März 1778. Ebd., Bd. 40, S. 258, Brief 26 110.

gerische Elan des Kaisers könnte diese Fürstin in ihrem Labyrinth unversehens mitreißen [...]. Ihre Sohnesliebe könnte auf ganz natürliche Weise die Oberhand gewinnen bei einer Mutter, die sich nicht immer die Zeit lässt, all die gefährlichen Folgen der Unbesonnenheiten ihres Sohnes zu wägen und zu erwägen.«[1]

Der heimliche Krieg zwischen ihr und ihm

Ende der 1770er Jahre ist der Mitregent der Kaiserin nicht mehr der junge Mann, der seine Mutter zu verletzen fürchtet. Auch er hat sich verändert. Glaubt man seinem jüngeren Bruder, der damals erzürnt über ihn war[2], ist Joseph mit seinen siebenunddreißig Jahren zu einem abscheulichen Menschen geworden: »Der Kaiser hat sehr viel Talent, Fähigkeit und Lebhaftigkeit. [...] Er duldet [aber] keinen Widerspruch und ist voll willkürlicher, gewalttätiger Grundsätze und des stärksten, gewalttätigsten, härtesten Despotismus. Er liebt niemanden, macht ein fröhliches Gesicht denen, die er wegen ihrer Begabung braucht, aber dann macht er auch diese lächerlich. Er verachtet alles, was nicht seine Idee ist, und liebt und will keine anderen Leute als jene ohne Talent, die wie bloße Maschinen und nichts anderes gehorchen und die ihm die Ehre alles dessen lassen, was getan wird. Er hat keine Prinzipien und gar keinen Arbeitseifer, schreit, schilt und bedroht alle und entmutigt sie. Er glaubt, mit seinem Talent alle übervorteilen und beherrschen zu können, er verachtet alle, hält unglaubliche, despotische und äußerst unkluge Reden über das, was er machen möchte gegen Beamte, ganze Nationen, Ungarn, Niederländer und andere, dass er ihnen ihre Privilegien

---

1 5. Februar 1780. Ebd., Bd. 44, S. 65, Brief 27 809.
2 Zu der Zeit, als Leopold dieses schreckliche Bild Josephs zeichnete (1778/79), waren die beiden Brüder tödlich zerstritten. Leopold hatte für seine Mutter Partei ergriffen, gegen den bayerischen Krieg, was Joseph ihm nicht verzieh.

wegnehmen will und andere ähnliche Dinge, derentwegen er, da sie öffentlich sind, sehr gehasst, gefürchtet und kritisiert wird. [...] Er kritisiert und macht lächerlich alles, was die Minister machen, alles, was die Kaiserin macht, er widerspricht ihr in allem und ärgert sie ununterbrochen, verfolgt alle, deren sie sich bedient oder die sie auszeichnet. [...] Er ist eifersüchtig auf seine Autorität bedacht und fürchtet und beargwöhnt alle, und besonders macht es ihm Freude, die Kaiserin fühlen zu lassen, dass sie ihn braucht und dass sie ohne ihn nicht weiß, wie sie in den Geschäften weiterkommen soll, und er zeigt es oft, indem er sie eigens in Verlegenheit bringt, um es sie fühlen zu lassen. Dennoch widerspricht er ihr in allem und verfolgt alle, die ihr dienen, indem er sie öffentlich lächerlich macht. [...] und deshalb streiten und schreien sie immer miteinander, wobei er immer ärgerliche Dinge sagt und sie ärgert und ihr droht, weggehen zu wollen und einen Skandal heraufzubeschwören und die Mitregentschaft aufzugeben und ähnliche Dinge.«[1]

Wenn man auch nicht jedes Wort dieser Darstellung Josephs II. auf die Goldwaage legen darf, stimmt die Beschreibung der Beziehung zwischen Mutter und Sohn genau mit der überein, die sämtliche in Wien postierte Diplomaten liefern. An der Spitze des Staates steht ein infernalisches Paar.

Die Konflikte zwischen ihr und ihm betreffen alle Themen, seien sie privat oder öffentlich. Sie verachtet seine Lebensweise und die Werte, die er proklamiert. Sie missbilligt zutiefst seine unaufhörlichen Reisen, deren Hauptmotiv darin liegt, vor ihr zu fliehen, aber auch seine wohlbekannte Abneigung gegen Frauen. Hat er nicht die Unklugheit besessen, in einem ministeriellen Dokument zu schreiben, die Natur habe die Männer zum Regieren geschaffen, weil sie besser als Frauen geeignet seien, über Staatsangelegenheiten zu ur-

---

1 Adam Wandruszka, *Leopold II.*, a.a.O., Bd. 1, S. 342–345.

teilen und zu entscheiden?[1] Abgesehen davon wirft sie ihm vor, die Frauen nicht zu lieben und sie nur als Objekte zu seinem Vergnügen zu betrachten.[2]

Schwerwiegender noch ist ihre radikal unterschiedliche Auffassung von der Religionsausübung und der Haltung gegenüber nichtkatholischen Religionen. Trotz all seiner Mängel und seines Absolutismus ist Joseph ein Mann der Aufklärung, der von den Naturrechtstheoretikern beeinflusst ist, für die die Vernunft das höchste Prinzip der Regierung ist. Er verachtet die Bigotterie und den Aberglauben seiner Mutter. Zu deren großem Missfallen geht er selten zur Beichte und verweigert sich den traditionellen Ritualen der Habsburger: Prozessionen, Wallfahrten, religiösen Jubelfeiern und so weiter. Er ist ein Liberaler, der für die Rechte des Individuums und die Gedankenfreiheit offen ist und nur davon träumt, die Regierung seiner Länder rationell zu gestalten. Mit diesem Ziel vor Augen ist er bereit, die Normen der Moderne mit Zwang, ja mit Gewalt durchzusetzen. Alles Dinge, von denen Maria Theresia nichts hören will, trotz der Gefahr der Erstarrung im Status quo.

Drei Affären politischer und ideologischer Art zeigen in den letzten Jahren die Schärfe ihres Gegensatzes in Form und Inhalt. Die erste ist der Aufstand der böhmischen Bauern gegen die unerträglichen Frondienste, die ihnen die Grundherren auferlegen, und für

---

1 27. April 1773. Friedrich Walter, »Vom Sturz des Directoriums in Publicis et Cameralibus (1760–1761) bis zum Ausgang der Regierung Maria Theresias«, in: *Die Österreichische Zentralverwaltung. Von der Vereinigung der Österreichischen und Böhmischen Hofkanzlei bis zur Einrichtung der Ministerialverfassung (1749–1848)*, Wien 1934, S. 52.

2 An Madame de Herzelles, 2. Juli 1772. Joseph Kervyn de Lettenhove (Hrsg.), *Lettres inédites de Marie-Thérèse et de Joseph II*, a.a.O., S. 33: »Dieser Kaiser, der den Frauen so feindlich ist […], bedient sich ihrer nur zu seinem Amüsement.« Zwar frequentiert er den Salon einiger Damen des Hochadels, ganz ohne Hintergedanken natürlich, hat aber einen hohen Verbrauch an Prostituierten.

eine freie Ausübung ihrer (protestantischen) Religion. Wien schickt zunächst die Armee, um die Unruhen zu unterdrücken, doch der Aufruhr zieht immer weitere Kreise. Joseph ist für eine radikale Reform dieses Feudalstaats, während Maria Theresia mit den örtlichen Potentaten über eine gerechtere Verteilung der Steuern zu verhandeln versucht. Wie stets reagiert die Wiener Verwaltung träge, und trotz einer »Generalabsolution«, die die Kaiserin den Aufständischen erteilt, setzen sich die Unruhen fort. Joseph und Maria Theresia schieben sich gegenseitig die Verantwortung dafür zu. Er wirft ihr ungeschicktes Vorgehen in der Krisenbewältigung, Unentschlossenheit und Konfusion vor.[1] Sie bemängelt seine übertriebene Eile, seine Ansichten den Bauern zu verkünden, wodurch er »eine Unduldsamkeit gegen das Joch und einen Geist des Aufruhrs gegen die Grundherren erzeugt«.[2]

Joseph verflucht seinen Titel des Mitregenten, der ihm all das zuschiebt, was er als die »Absurditäten« seiner Mutter bezeichnet. Sie wiederum hält sich für derart entkräftet, dass sie einmal mehr mit ihrer Abdankung droht: »Durch meine bloße Anwesenheit verursache ich großen Schaden […]. Die Nachsicht, die Schwäche einer Mutter und alten Frau haben die Sache auf die Spitze getrieben; der Staat hat darunter nur allzu sehr gelitten, und ich muss ihn nicht mehr so leiden lassen. Wenn er allein die Verantwortung trägt, wird [Joseph] die Widrigkeiten sehen und sich nicht mehr hinter mir ver-

---

1 Brief Josephs an Leopold, 3. August 1775. ÖStA HHStA *HausA* SB 7 alt 17-1, fol. 59 r–v: »Das Übel ist größer denn je. Man hat bei Ihrer Majestät über all die unglücklichen böhmischen Angelegenheiten so viel Verwirrung erzeugt, dass man sich kaum retten kann, denn im selben Moment, in dem sie etwas unterzeichnet, in dem sie eine Sache löst, die man für abgemacht hält, redet ein kleiner Untergebener mit ihr, und schon gibt sie einen Gegenbefehl und wirft alles um. Unterdes wächst die Unordnung, und der Geist des Gehorsams geht ganz und gar verloren […]. Ich habe wirklich genug davon.«
2 8. April 1775. MAE *CP Autriche*, vol. 327, fol. 142 r.

stecken können; er hat zu viel Geist und sein Urteil ist noch nicht so geschwächt, dass er die Wahrheit auf lange Sicht nicht erkennen würde.«[1]

Natürlich wird sie nichts dergleichen tun.

Zwei Jahre später wird die Frage der Religionsfreiheit sie in noch härteren Gegensatz bringen. Maria Theresia hat den Protestantismus stets als Ketzerei betrachtet, die bekämpft werden muss. Joseph dagegen will den Protestanten volles Bürgerrecht geben und die Beschränkungen der anderen Religionen, der jüdischen und der orthodoxen, mildern. Als man im Mai 1777 entdeckt, dass Protestanten in Nordmähren kollektive öffentliche Gebete organisieren, sieht Maria Theresia rot und bereitet sich darauf vor, die Armee zu entsenden. Als Joseph, damals auf Reisen in Frankreich, über die Absichten seiner Mutter informiert wird, empört er sich. Worauf ein brieflicher Austausch zwischen ihnen folgt, der den Graben deutlich macht, der sie voneinander trennt.

Er plädiert zunächst für die Freiheit, zu glauben oder nicht zu glauben: »Halbheit passt nicht in meine Grundsätze. Die volle Kultfreiheit ist nötig oder die Macht, alle diejenigen außer Landes zu schaffen, die nicht glauben, was man selbst glaubt [...]. Welche Macht maßt man sich da an? Kann diese so weit gehen, sich ein Urteil über die göttliche Barmherzigkeit anzumaßen, die Leute gegen ihren Willen zu retten, kurz, dem Gewissen befehlen zu wollen [...]? Ihr weltlichen Herrscher, wenn nur der Staatsdienst besorgt wird, die Gesetze der Natur und der Gesellschaft beobachtet werden, wenn euer höchstes Wesen nicht entehrt wird, sondern Ehrfurcht und Anbetung findet, was habt ihr euch in anderes zu mengen?«[2]

1 An Mercy-Argenteau, 4. Mai 1775. Alfred von Arneth und Mathieu Auguste Geffroy (Hrsg.), *Correspondance secrète*, Bd. 2, S. 329 f.

2 Undatiert (Juni 1777). Alfred von Arneth (Hrsg.), *Maria Theresia und Joseph II. Ihre Correspondenz*, a.a.O., Bd. 2, S. 141 f.

Die empörte Antwort Maria Theresias: »Wenn Sie allen Ernstes auf dieser allgemeinen Toleranz zu bestehen gedenken, die, wie Sie sagen, Ihr unveränderliches Prinzip ist [...], will [ich] nicht aufhören, Gott zu bitten und würdigere Menschen, als ich bin, darum bitten zu lassen, dass er Sie vor diesem größten Übel bewahren möge, was je die Monarchie erlitten hätte [...], [und Sie] werden Ihren Staat zugrunde richten und die Ursache des Verlusts so vieler Seelen sein.«[1]

Joseph, der aus der Entfernung den Zorn seiner Mutter nicht richtig ermisst, glaubt, es handle sich um ein bloßes Missverständnis über den Begriff der Toleranz, und verbreitet sich ausführlich darüber.[2] Die Antwort der Mutter ist endgültig: »Ohne herrschende Religion? Die Toleranz, der Indifferentismus sind gerade die wahren Mittel, alles zu untergraben [...]. Ohne festen Kultus keine Unterordnung unter die Kirche. Was würde aus uns werden? [...] Eine solche Rede von Ihrer Seite kann das größte Unglück verursachen und Sie für Tausende von Seelen verantwortlich machen. Bedenken Sie, was ich von Ihnen erleiden muss unter diesen irrigen Prinzipien.«[3]

Im September wird Befehl gegeben, die mährischen Protestanten zu unterdrücken. Die Anführer werden verbannt, in die Armee zwangsrekrutiert oder in die Bergwerke geschickt. Joseph macht aus seinem Zorn keinen Hehl, ist unverschämt zu seiner Mutter: »Kann man sich etwas Absurderes vorstellen als das, was diese Befehle enthalten? [...] Das hat man nicht einmal zu der Zeit der Verfolgungen zu Beginn des Lutheranismus gesehen [...]. Ich sehe mich verpflichtet, ganz positiv zu erklären, und ich werde es beweisen, dass, wer auch immer die Idee zu diesem Erlass hatte, der unwürdigste seiner Diener ist und folglich ein Mensch, der nur meine Verachtung verdient, weil er ebenso töricht wie blind ist.« Er appelliert an seine

---

1 5. Juli 1777. Ebd., S.146.
2 20. Juli 1777. Ebd., S.152.
3 Undatiert (Juli 1777). Ebd., S.157f.

Mutter, diesen Erlass zurückzunehmen, denn »wenn solche Dinge sich während meiner Mitregentschaft ereignen müssen, wird sie es erlauben, dass ich den schon so ersehnten Beschluss fasse, indem ich mich von allen Staatsgeschäften löse, der ganzen Welt bekanntzumachen, dass ich daran keinerlei Anteil habe; mein Gewissen, meine Pflicht und all das, dem ich mein Ansehen schulde, erfordern es.«[1]

Maria Theresia beschränkt sich darauf zu antworten: »Wir haben niemandem Rechenschaft zu leisten außer Dem, der uns an diesen Platz gestellt hat, um Seine Völker nach Seinem heiligen Gesetz zu regieren, das wir ehren und gegen alle verteidigen müssen.«[2] Sie mildert einige Strafgesetze, ändert aber nichts am Wesentlichen.

Kaum war diese Krise (unglücklich) beendet, tauchte eine dritte von ungleich größerer Wichtigkeit für Österreich auf.

Die letzte Schlacht

Am 30. Dezember 1777 stirbt der Kurfürst von Bayern ohne Abkömmling. Joseph, der schon seit Jahren davon träumt, die Ländereien der Habsburger auf Niederbayern auszudehnen, beeilt sich, mit einem der Erben der Seitenlinie, dem pfälzischen Kurfürsten, eine Konvention zu unterzeichnen.[3] Trotz der Appelle Maria Theresias, die einen Krieg fürchtete, lässt Joseph sofort seine Truppen in Bayern

---

1 Turas, 23. September 1777. Ebd., S. 161. Die religiöse Toleranz lag Joseph II. so sehr am Herzen, dass er sie kaum ein Jahr nach Maria Theresias Tod durch ein Edikt durchsetzte. Zunächst für die Protestanten, indem er ihnen Zugang zu allen Berufen und Ämtern gab. Dann für die Juden, mit einer Einschränkung: Der Eintritt in den Staatsdienst blieb ihnen untersagt.

2 Schönbrunn, 25. September 1777. Ebd., S. 162.

3 Bereits am 3. Januar 1778 unterzeichnete Joseph eine Vereinbarung mit Karl Theodor von Bayern, der ihm Niederbayern im Tausch gegen die unangefochtene Nachfolge über den Rest des Kurfürstentums abtrat!

einrücken und glaubt, sämtliche deutsche Fürsten vor eine vollendete Tatsache gestellt zu haben. Damit aber verkannte er Friedrich wie auch die übrigen deutschen Fürsten, die die Vergrößerung des österreichischen Territoriums und damit die Verstärkung seiner Macht äußerst beargwöhnten. Friedrich II. lässt sofort wissen, dass er diese Annexion nicht dulden werde. Auf beiden Seiten bereitet man sich auf den Krieg vor. Im April begeben sich Joseph und Friedrich jeweils zu ihrer Armee, und Maria Theresia, die von Krieg nichts hören will, gibt ihre Zurückhaltung auf[1], denn Friedrich hat alle Vorschläge zu einer freundschaftlichen Regelung abgelehnt. Von April bis Juli 1778 findet ein kontinuierlicher Austausch von Briefen statt, in denen Maria Theresia ihren Sohn inständig bittet, den Krieg mit einem so gefährlichen Feind zu vermeiden, während er sich überzeugt gibt, Friedrich werde schließlich nachgeben. Wie sie befürchtet hatte, kommt ihnen Friedrich zuvor und fällt am 5. Juli in Böhmen ein. Das bedeutet Krieg.

Noch bevor der erste Schuss abgefeuert wurde, sendet Joseph seiner Mutter alarmierende Berichte, die Hilferufen ähneln. »Unsere Lage ist gewiss sehr kritisch; der Feind ist überall stärker als wir und damit sehr lautstark und kühn; wir werden viel Mühe haben, doch wenn wir uns hier nicht gut halten, wird man sich entscheiden müssen, ihn Böhmen besetzen zu lassen [...]. Wenn irgendein Mittel unter einigermaßen ehrenhaften Bedingungen zum Frieden führen könnte, wäre das ein großes Gut, doch sehe ich solche Mittel

---

1 Schon am 14. März 1778 hatte Maria Theresia Joseph gewarnt, sich nicht in einen Krieg hineinziehen zu lassen: »Es handelt sich um nichts weniger als den Untergang unseres Hauses und unserer Monarchie und sogar um eine totale Umwälzung in Europa [...]. Ich erkläre mich gern zu allem bereit, um dieses Unheil noch rechtzeitig zu verhindern, bis hin zur Entwürdigung meines Namens. Soll man mich für kindisch, schwach oder kleinmütig halten – nichts wird mich hindern, Europa aus dieser gefährlichen Situation zu ziehen.« Alfred von Arneth (Hrsg.), *Maria Theresia und Joseph II. Ihre Correspondenz*, a.a.O., Bd. 2, S. 187.

nicht.«[1] Er fordert, vierzigtausend Mann zusätzlich auszuheben, um welchen Preis auch immer.

Es ist offensichtlich: Joseph, der den Krieg nur theoretisch kennt, hat Angst. Nicht ohne Naivität vertraut er seinem Bruder Leopold an: »Der Krieg ist etwas Furchtbares.«[2] Maria Theresia wiederum ist zwischen zwei Gefühlen hin- und hergerissen. Einerseits fürchtet sie um das Leben ihrer Söhne, denn außer Joseph nehmen Maximilian, der Jüngste, und ihr angebeteter Schwiegersohn Albert von Sachsen-Teschen daran teil. Andererseits bewahrt sie eine ironische, fast verächtliche Hellsicht, wie ihr Brief an Mercy-Argenteau zeigt: »Seit einem Monat sind der Kaiser und seine vier Feldmarschälle [...] der Meinung [...], dass wir mit unseren Armeen von 180 000 Mann die Verteidigung nicht halten und den König [von Preußen] nicht daran hindern können, sich im Winter in Böhmen oder Mähren festzusetzen [...]. Wenn diese Herren im April oder noch im Mai dieser Meinung gewesen wären, hätte man die Dinge nicht so weit laufen lassen [...].« Gegenwärtig »denkt man an nicht weniger, als Prag und ganz Böhmen aufzugeben [...], und das, ohne die geringste Niederlage erlitten zu haben.«[3] Auch eine Art zu sagen, dass man früher mutiger war! Was sie nicht daran hindert, sehr zärtliche Briefe an Joseph zu schreiben, der darüber zu Tränen gerührt ist.[4] Sie erklärt sich zu allem bereit, um ihm zu Hilfe zu kommen.

---

1 11. Juli 1778. Ebd., S. 333f.
2 18. Juli 1778. Ebd., S. 351.
3 Schönbrunn, 31. Juli 1778. Alfred von Arneth und Auguste Mathieu Geffroy (Hrsg.), *Correspondance secrète*, a. a. O., Bd. 3, S. 231. Der gleiche Tenor in ihrem Brief an Kaunitz, undatiert (Juli 1778). ÖStA HHStA *StK Vorträge* 126, fol. 29 r.
4 Joseph an Maria Theresia, Ertina, 12. Juli 1778. Alfred von Arneth (Hrsg.), *Maria Theresia und Joseph II. Ihre Correspondenz*, a. a. O., Bd. 2, S. 335. Joseph, sehr bewegt, schlägt nun einen ganz anderen Ton an. Er versichert, dass seine »Bewunderung für ihre erhabene Denkweise [seiner] Dankbarkeit gleichkommt [...]«: »Ich sehe wieder die große, unvergleichliche Maria Theresia [...].«

Was Joseph nicht ahnt, ist der Weg, den seine Mutter wählt, um das angekündigte Desaster zu verhindern. Sie ist entschlossen, heimlich mit Friedrich über den Frieden zu verhandeln, wie viel Stolz es sie auch koste. Sie bittet Kaunitz, ihr für den folgenden Tag einen Brief vorzubereiten, denn sie fürchtet eine verlorene Schlacht. Sie fügt als Präzisierung hinzu: »Ich bitte Sie, keine Konvention, nichts, was nach einem Ministerbefehl aussieht, es muss den Eindruck machen, als wäre es meinem Kopf entsprungen.«[1] Sie hätte auch sagen können: »meinem Herzen«. In der Tat, der Ton, den sie anschlägt, um wieder mit dem König von Preußen Verbindung aufzunehmen, ist der einer Mutter in Bedrängnis, einer Bedrängnis, die ihr Vorgehen rechtfertigen soll. »Mein Mutterherz ist beunruhigt darüber, dass zwei meiner Söhne und ein geliebter Schwiegersohn in der Armee sind. Ich tue diesen Schritt, ohne den Kaiser, meinen Sohn, darüber in Kenntnis gesetzt zu haben, und ich bitte [Sie], das Geheimnis [zu wahren]. Meine Wünsche gehen dahin, die Verhandlungen fortzusetzen und abzuschließen, die vom Kaiser geführt und zu meinem größten Bedauern abgebrochen wurden [...]. Ich bitte [Ihre Majestät], meine lebhaften Wünsche, unser gutes Einvernehmen für immer wiederherzustellen, mit den gleichen Gefühlen zu erwidern, zum Wohle des Menschengeschlechts und auch unserer Familien.«[2]

Auf diesen Brief, der mit neuen Friedensvorschlägen einhergeht, antwortet Friedrich freundlich, aber nicht frei von Ironie: »Es war des Charakters Ihrer Kaiserlichen Majestät würdig, Zeichen der Großmut und der Mäßigung in einer strittigen Angelegenheit zu geben, nachdem sie die Erbfolge ihrer Väter mit heldenhafter Entschlossenheit verteidigt hat. Die zarte Anhänglichkeit, die Ihre Kaiserliche Majestät für den Kaiser, ihren Sohn, und verdienstvolle Fürsten zeigt,

---

1 ÖStA HHStA *StK Vorträge* 126, fol. 58 r.

2 12. Juli 1778. *Politische Correspondenz Friedrich's des Großen*, a.a.O., Bd. 41, S. 265, Brief 26 554.

muss ihr den Beifall aller empfindsamen Seelen einbringen […]. Ich werde mein Vorgehen so einrichten, dass Ihre Kaiserliche Majestät für ihr Blut nichts zu fürchten haben wird […].«[1]

Maria Theresia verkraftet es und setzt Joseph von ihrem Vorgehen in Kenntnis: »Gott sei Dank habe ich das alles im Januar und Februar vorhergesehen, weshalb ich zu dieser Stunde in der Lage bin, Schritte zu unternehmen, mein lieber Sohn, um Ihnen aus der Verlegenheit zu helfen. Wolle Gott nur, dass es rechtzeitig geschieht, bevor irgendein Unglück eingetreten ist […]. Ich wüsste nicht in Worte zu fassen, was mich dieser Schritt gekostet hat gegenüber diesem Ungeheuer und aus der Furcht heraus, dass Ihr diesen Schritt nicht für angemessen halten könntet.«[2]

Die Reaktion Josephs ist von einer seltenen Unbändigkeit, wie die beiden Briefe zeigen, die an zwei aufeinanderfolgenden Tagen an seine Mutter expediert werden. Unter dem Deckmantel der Verteidigung ihres Rufs und des Ansehens der Monarchie ist es vorrangig sein eigenes, an das er denkt: »Dieser Schritt beweist außerdem, dass Ihre Majestät mit meinem Vorgehen ganz unzufrieden sind, es missbilligen und verdammen. Welcher Entschluss bleibt mir, als alles hier stehen zu lassen und zu gehen, ich weiß nicht wohin, nach Italien […]. Nun bin ich in der schrecklichsten Lage. Die Ehre der Monarchie, Euer und mein Ansehen sind durch den Schritt kompromittiert. Wenn ich das eine und das andere retten will, bin ich in die traurige Notwendigkeit versetzt, unsern Meinungszwiespalt öffentlich kundzutun und die persönliche Schwäche Ihrer Majestät geltend zu machen, um die Festigkeit des Staates zu wahren.«[3] Tags

---

1 Im Feldlager vor Jaromirs, 17. Juli 1778. Ebd.

2 13. Juli 1778. Alfred von Arneth (Hrsg.), *Maria Theresia und Joseph II. Ihre Correspondenz*, a.a.O., Bd. 2, S. 336f.

3 Ertina, 15. Juli 1778. Ebd., S. 341f. Um Maria Theresias Handeln zu entschuldigen, müsste man es also ihrem Alter beziehungsweise ihrer Senilität anlasten.

darauf spricht er von »Entwürdigung« und von einem Schritt der »schlimmsten Bloßstellung, wie man sie sich nie hätte denken können [...]. Es ist ein Donnerschlag, auf den man unmöglich vorbereitet sein konnte und den ich mir niemals werde erklären können.«[1]

Maria Theresia antwortet sehr ruhig, dass sie ebenso ihn wie die Monarchie zu retten glaubte »und keineswegs Ihrem Ruhm schaden oder das, was Sie getan haben, für falsch erklären wollte«.[2] Sie erinnert ihn scheinheilig daran, dass er selbst ihr ja mitgeteilt habe, dass er Prag nicht verteidigen könne und dass er die Besetzung Böhmens hinnehmen müsse. Nach einigem Hin und Her wurde ein paar Monate später Frieden geschlossen[3], ohne dass – von ein paar Scharmützeln abgesehen – Joseph den Beweis für seine militärischen Talente hätte erbringen können. Im Gegenteil.

Die Kaiserin, ebenso klarsichtig wie energisch, hatte ihrem Sohn – der es ihr keineswegs dankte – ein Desaster erspart. Auch wenn er insgeheim erleichtert war, vor einem Fehltritt bewahrt worden zu sein, machte er sie weiterhin für seine Demütigung verantwortlich. Wie um sich zu rächen, beschloss er, ohne sie zu konsultieren, nach Russland zu gehen und ihrer schlimmsten Rivalin, Katharina II., schönzutun in der vergeblichen Hoffnung, sie von ihrem Bündnis mit Friedrich zu lösen. Maria Theresia, gekränkt, versuchte vergeblich, ihn davon abzubringen. Sie schreibt an Mercy: »Sie können sich wohl vorstellen, wie wenig ich ein solches Vorhaben zu goutieren vermochte, sowohl wegen des Eindrucks, den diese Begegnung bei den anderen Mächten hinterlassen würde, als auch wegen der Ab-

---

1 16. Juli 1778. Ebd., S. 345.

2 17. Juli 1778. Ebd., S. 346. In Wahrheit beschädigte sie durchaus seinen Ruhm, und in der Tat widersprach sie ihm deutlich.

3 Der Frieden wurde in Teschen am 13. Mai 1779 geschlossen. Österreich behielt einen kleinen Teil Bayerns, den es besetzt hatte, zurück, und Friedrich II. erhielt das Versprechen, Anspach und Bayreuth zu erben.

neigung und dem Schauder, den mir ein Charakter wie jener der Zarin Russlands stets einjagt.«[1] Während der Abwesenheit Josephs, die vier Monate dauern wird[2], gestand sie dem französischen Botschafter Breteuil, dass sie sich »gedemütigt« fühle.[3]

Und gedemütigt wurde sie noch viel mehr, als er aus Russland zurückkehrte. Er war Feuer und Flamme für alles, was er gesehen hatte. Das Schlimmste waren die dithyrambischen Lobreden auf ihre Rivalin, die er in alle Himmelsrichtungen posaunte: »Die Meinung Seiner Kaiserlichen Majestät übersteigt alle wahren und fabulösen Tatsachen in der Geschichte der Herrscher. Der Kaiser sagt allen Frauen, mit denen er plaudert, und ebenso vor Ausländern, dass er nach seinen langen Gesprächen mit Katharina II. sie nie anders denn mit dem Gefühl seelischer Erhebung verlassen habe; wenn er mit ihr ›gefachsimpelt‹ habe, habe er in ihr gleichsam sein Ebenbild gefunden.« Mit Breteuil beschwört er ausgiebig »die seltenen geistigen und seelischen Qualitäten [der Zarin], welche die Herrscher am meisten herausheben und ihnen den höchsten Rang im Ansehen ihrer Zeitgenossen sowie in der Bewunderung der Nachwelt sichern können«.[4]

Anders gesagt: Die größte Herrscherin des Jahrhunderts war Katharina.

Während dieser Zeit verfällt Maria Theresia zunehmend. Breteuil berichtet über ihre körperliche und seelische Verfassung: »Die Fülle ihres Körpers ist so üppig und das Blut schießt ihr so plötzlich in den

---

1 Wien, 3. März 1780. Alfred von Arneth und Mathieu Auguste Geffroy (Hrsg.), *Correspondance secrète*, a.a.O., Bd. 3, S. 404f. Die beiden Kaiserinnen verachteten einander. Katharina II. war eifersüchtig auf das Ansehen, das Maria Theresia in Europa genoss. Diese wiederum beurteilte die Zarin als »gefährlich und falsch« und verachtete die Ehebrecherin, die ihren Mann hatte umbringen lassen.

2 Er brach am 26. April 1780 auf und war am 20. August zurück in Wien.

3 24. Juni 1780. MAE *CP Autriche*, vol. 341, fol. 202 v.

4 5. Oktober 1780. Ebd., fol. 307 v und 311 v.

Kopf [...], dass man mehr als einen Anfall befürchten muss. Andererseits hat die Kaiserin häuslichen Kummer. Sie versteht sich nicht mit dem Kaiser. Es betrübt sie zu sehen, dass er, so oft und so lange er kann, vor ihr flieht [...]. Diese verschiedenen Motive lasten auf dem Gemüt der Kaiserin, und ihr Arzt ist über ihre Gesundheit besorgt.«[1]

Ein paar Monate später genügte ein einfacher Schnupfen, gefolgt von schwerer Atemnot, um ihr Herz zu besiegen. Sie starb am 29. November 1780 mit dreiundsechzig Jahren. Klaren Geistes bis zum letzten Augenblick, hatte sie ihrem Nachfolger als Vermächtnis den Rat hinterlassen: »Liebe zu Gott und Gottesfurcht zu beweisen, väterliche Liebe zu den Untertanen, Tugend und Gerechtigkeit.«[2]

Jeder konnte bemerken, dass in ihren allerletzten Tagen »der Kaiser sie nicht für einen Augenblick verließ, weder bei Tag noch bei Nacht«.[3]

1 15. März 1780. Ebd., fol. 89 v–90 r.
2 Zitiert nach Henry Vallotton, *Kaiserin Maria Theresia. Herrscherin und Mutter,* Hamburg 1968, S. 304.
3 29. November, 11 Uhr nachts. MAE *CP Autriche,* vol. 341, fol. 357 r.

Epilog

Die drei Körper der Königin

Maria Theresia von Österreich ist eine der wenigen Frauen in der Geschichte, die ihr Land vierzig Jahre lang regiert und verkörpert haben. Ebenso wie Elisabeth I. von England[1] oder Katharina II. von Russland[2] mit absoluter Macht versehen, musste sie – im Gegensatz zu Letzteren – während ihrer gesamten Regierungszeit mit ihrer Weiblichkeit zurechtkommen. Während Elisabeth und Katharina wie Männer lebten und regierten, räumte Maria Theresia von Österreich der verliebten Gemahlin sowie der liebenden und um ihre Kinder besorgten Mutter beträchtlichen Platz ein. All dies waren Rollen, die sie zu spielen hatte, und Imperative, die zwangsläufig in Konflikt miteinander geraten mussten.

Um die von Kantorowicz popularisierte Metapher aufzugreifen, müsste man mit Bezug auf Maria Theresia von drei Körpern der Königin sprechen. Dem natürlichen und sterblichen Körper der Frau, dem symbolischen und unsterblichen Körper der Herrscherin wäre der mütterliche Körper hinzuzufügen, der die Abstammungslinie fortführt. Jede dieser Seinsweisen ist Quelle von Pflichten und Ge-

---

1 Die »jungfräuliche Königin« regierte vierundvierzig Jahre, von 1558 bis 1603. Sie hatte weder Mann noch Kind.
2 Die Zarin aller Reußen regierte vierunddreißig Jahre lang, von 1762 bis 1796. Sie ließ ihren törichten Ehemann Peter III. töten und hatte nur einen männlichen Nachkommen, den sie sehr schlecht behandelte.

fühlen, die miteinander in Widerspruch geraten können. Mehrfach stößt man auf abschätzige Äußerungen der allmächtigen Herrscherin über die alte Frau, zu der sie geworden ist. Sie beschreibt sich selbst ohne jede Nachsicht, den dicklichen, fast bewegungsunfähigen Körper, die abnehmenden Kräfte und Fähigkeiten, die sie daran hindern, uneingeschränkt zu regieren. In ihren depressiven Momenten, die immer häufiger werden, träumt Maria Theresia davon, sich zurückzuziehen. Nichts wäre leichter gewesen, denn der Mitregent war ihr längst designierter Nachfolger. Trotzdem konnte sich die allmächtige Herrscherin zu einer Abdankung nicht entschließen. Wie für die meisten Machtmenschen wäre der Machtverzicht für sie ein symbolischer, vielleicht noch schmerzvollerer Tod gewesen. Die Geschichte zeigt, dass sie damit recht getan hatte, weil sie so zum zweiten Mal während ihrer Regierungszeit ihrem Land ein großes Desaster ersparen konnte. Das erste Mal hatte sie Österreich vor den Krallen Friedrichs II. und der europäischen Koalition gerettet, indem sie mutig einen Krieg führte, der von vornherein verloren schien. Vierzig Jahre später tat sie das Gleiche, doch diesmal, indem sie für die Rückkehr zum Frieden kämpfte. Das war ihre letzte große Handlung als Herrscherin. Bald nach der Unterzeichnung des Friedens von Teschen am 13. Mai 1779, an ihrem Geburtstag, hatte sie Kaunitz anvertraut: »Ich habe heute gloriose meine Carriere geendigt, mit einem Te Deum, was wegen der Ruhe meiner Landen mit Freuden übernommen, so schwer es mir gekostet, mit seiner Hülf geendigt, das übrige wird nicht mehr in Vielem bestehen.«[1]

Maria Theresia verschweigt freilich, dass dieser letzte Sieg der Kaiserin wahrscheinlich der schmerzlichste von allen war. Diesmal war weniger Friedrich der zu bekämpfende und zu besiegende Feind als vielmehr ihr eigener Sohn. Der Konflikt zwischen Mutter und

---

1 Alfred von Arneth (Hrsg.), *Maria Theresia und Joseph II. Ihre Correspondenz,* a.a.O., Bd. 3, S. 216, Anm. 1 zu dem Brief Josephs an Leopold, 24. Mai 1779.

Herrscherin muss herzzerreißend gewesen sein. Die mütterlichen »Bauchgefühle« sind ungerecht und lösen nicht unbedingt dieselben Empfindungen gegenüber Kindern aus. Mehrere Zeugnisse zeigen nun aber, dass Joseph, nachdem er das Erwachsenenalter erreicht hatte, einer ihrer Lieblinge war. Hat sie nicht selbst, obwohl wenig mitteilsam über ihre Kinder, geschrieben: »Ich bewundere ihn, obgleich er mich quält«?[1] Bestätigt werden diese Äußerungen von Leopold, dem Sohn, der ihr am fernsten steht und der seine Notizen über das Verhältnis zwischen seiner Mutter und Joseph mit den Worten beginnt: »Sie liebt aufs Äußerste den Kaiser und kennt keine größere Befriedigung, als wenn sie sieht, dass ihm Lob und Beifall gespendet wird [...].«[2] Und doch, wenn sie hinter seinem Rücken an den König von Preußen schreibt, den Feind seit vierzig Jahren, um ihn um Gnade zu bitten, war es nicht nur die Herrscherin, die sich erniedrigte, sondern es war vor allem Joseph, den sie damit traf. Ihr Vorgehen schädigte ernsthaft sein Ansehen, insofern er dadurch als verantwortungsloser und schlechter Soldat gelten musste. Indem sie den Ton der bekümmerten Mutter anschlug, degradierte sie ihren Nachfolger zu einem ängstlichen Kind. Ein schlimmerer Schaden für das Bild des Kaisers und sein Streben nach Ruhm – und folglich für ihren mütterlichen Narzissmus – war kaum denkbar. Im Namen des höheren Interesses ihrer Länder hatte diesmal die Herrscherin über die Mutter gesiegt.

Maria Theresia konnte nicht übersehen haben, dass sie auf diese Weise den Graben zwischen ihr und ihrem Sohn unüberbrückbar

---

1 Brief an Lacy, 18. August 1772, in dem sie ihn von Josephs Reitunfall in Kenntnis setzt; zitiert von Alfred von Arneth, *Geschichte Maria Theresias*, a.a.O., Bd. 9, S. 621, Anm. 823.

2 Adam Wandruszka, *Leopold II.*, a.a.O., Bd. 1, S. 335. Skepsis ist angebracht gegenüber der Rosenberg zugeschriebenen Äußerung, wonach sie ihn unter all ihren Kindern am meisten geliebt habe. Siehe Derek Beales, *Joseph II*, a.a.O., S. 489.

werden ließ. Der Kummer der Mutter war vielleicht der größte Ruhmestitel der Kaiserin-Königin. Bis zu ihrem letzten Tag, wird Friedrich anerkennend äußern, »hat sie dem Thron und ihrem Geschlecht Ehre gemacht«.[1]

1 An d'Alembert, 6. Januar 1781. Œuvres de Frédéric le Grand, hrsg. von Johann D. E. Preuss, Bd. 25, Berlin 1854, S. 191, Brief 228.

Anhang

Danksagung

Dieses Buch hätte nicht ohne die wertvolle Hilfe meines Kollegen Stephan Buchon entstehen können. Dieser unübertreffliche Forscher, der in seiner Wahlheimat Wien lebt, hat den größten Teil der außerhalb Frankreichs archivierten Dokumente gesammelt und zahlreiche deutsche Texte ins Französische übersetzt. Er hat die Entstehung des Buches mit seinen wertvollen Ratschlägen ständig begleitet. Ich möchte ihm hiermit meine tiefe Dankbarkeit und Freundschaft zum Ausdruck bringen.

Ebenso danke ich allen Mitarbeitern der *Archives du ministère des Affaires étrangères* (Archiv des Ministeriums für Auswärtiges) in La Courneuve, wo ich sechs höchst angenehme Jahre damit verbracht habe, die dort verborgenen Schätze zu heben, sowie den Mitarbeitern des Österreichischen Staatsarchivs in Wien, das den ausländischen Forschern jederzeit zugänglich war.

Weiterhin möchte ich Prinz Leopold von Arenberg sowie Marquis Olivier de Trazegnies meine Dankbarkeit aussprechen, die mir großzügig ihre Familienarchive in Belgien geöffnet haben. Dank auch an meine Freundin Valérie André, eine renommierte Spezialistin für das 18. Jahrhundert, an meine Kollegen Jean-Fred Warlin und Yoya Pigrau sowie an Micheline Amar, die mir während dieser langen Jahre immer wieder hilfreich zur Seite standen.

Das Haus
Habsburg-Lothringen

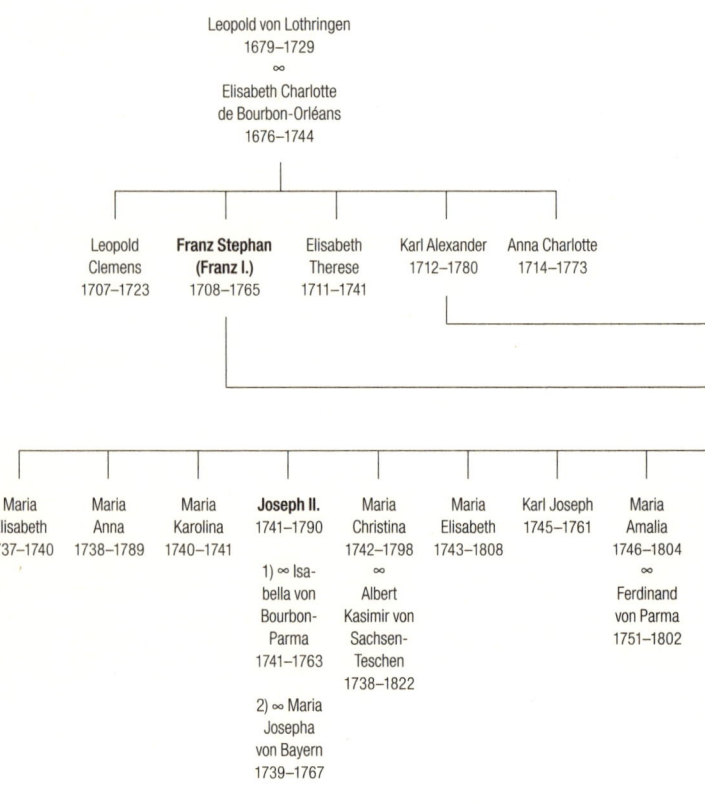

Leopold von Lothringen
1679–1729
∞
Elisabeth Charlotte
de Bourbon-Orléans
1676–1744

| Leopold Clemens 1707–1723 | **Franz Stephan (Franz I.)** 1708–1765 | Elisabeth Therese 1711–1741 | Karl Alexander 1712–1780 | Anna Charlotte 1714–1773 |

| Maria Elisabeth 1737–1740 | Maria Anna 1738–1789 | Maria Karolina 1740–1741 | **Joseph II.** 1741–1790 | Maria Christina 1742–1798 | Maria Elisabeth 1743–1808 | Karl Joseph 1745–1761 | Maria Amalia 1746–1804 |

Joseph II. 1741–1790

1) ∞ Isabella von Bourbon-Parma 1741–1763

2) ∞ Maria Josepha von Bayern 1739–1767

Maria Christina 1742–1798
∞
Albert Kasimir von Sachsen-Teschen 1738–1822

Maria Amalia 1746–1804
∞
Ferdinand von Parma 1751–1802

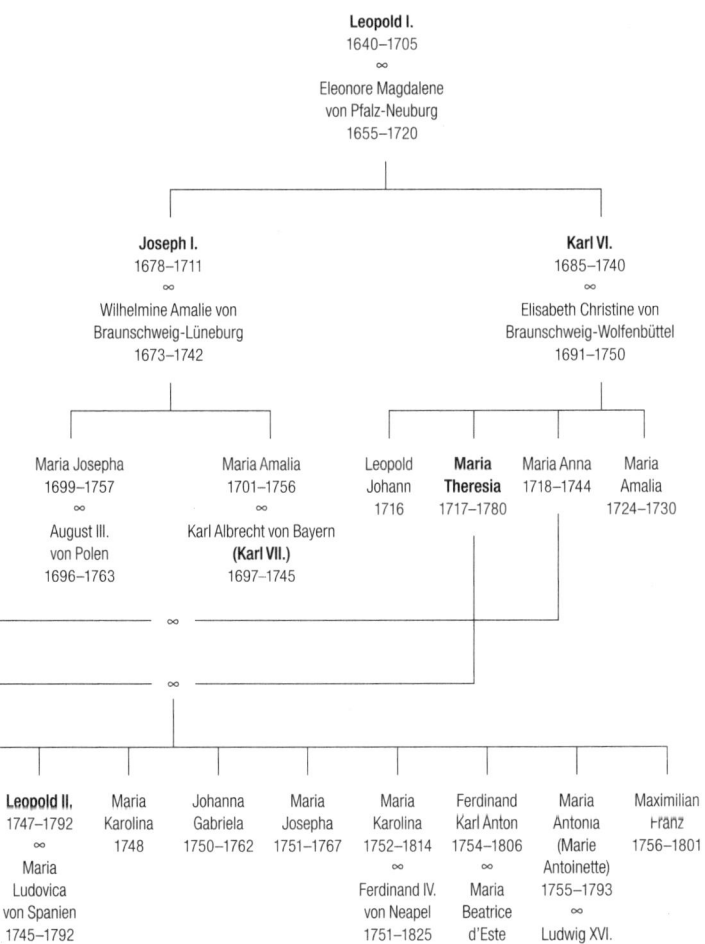

Leopold I.
1640–1705
∞
Eleonore Magdalene
von Pfalz-Neuburg
1655–1720

Joseph I.
1678–1711
∞
Wilhelmine Amalie von
Braunschweig-Lüneburg
1673–1742

Karl VI.
1685–1740
∞
Elisabeth Christine von
Braunschweig-Wolfenbüttel
1691–1750

Maria Josepha
1699–1757
∞
August III.
von Polen
1696–1763

Maria Amalia
1701–1756
∞
Karl Albrecht von Bayern
(Karl VII.)
1697–1745

Leopold
Johann
1716

**Maria
Theresia**
1717–1780

Maria Anna
1718–1744

Maria
Amalia
1724–1730

∞

∞

Leopold II.
1747–1792
∞
Maria
Ludovica
von Spanien
1745–1792

Maria
Karolina
1748

Johanna
Gabriela
1750–1762

Maria
Josepha
1751–1767

Maria
Karolina
1752–1814
∞
Ferdinand IV.
von Neapel
1751–1825

Ferdinand
Karl Anton
1754–1806
∞
Maria
Beatrice
d'Este
1750–1829

Maria
Antonia
(Marie
Antoinette)
1755–1793
∞
Ludwig XVI.
1754–1793

Maximilian
Franz
1756–1801

Die Länder des
Hauses Österreich
(1740–1780)

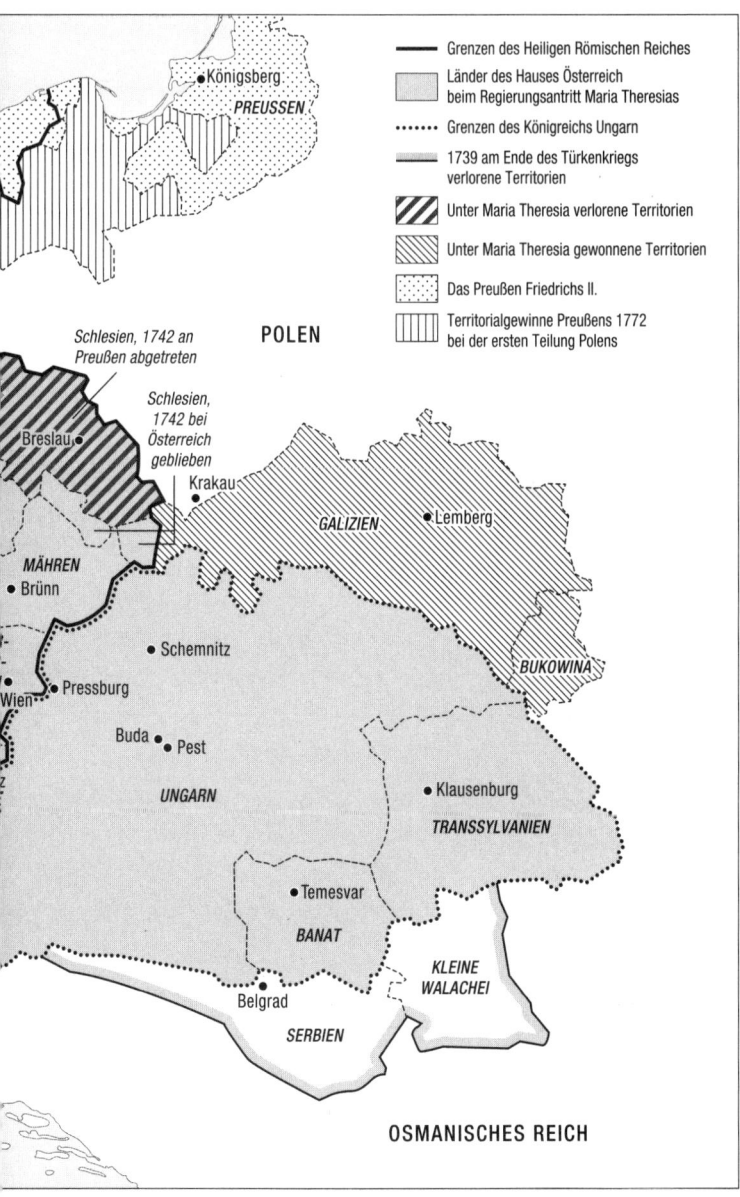

Grenzen des Heiligen Römischen Reiches

Länder des Hauses Österreich beim Regierungsantritt Maria Theresias

Grenzen des Königreichs Ungarn

1739 am Ende des Türkenkriegs verlorene Territorien

Unter Maria Theresia verlorene Territorien

Unter Maria Theresia gewonnene Territorien

Das Preußen Friedrichs II.

Territorialgewinne Preußens 1772 bei der ersten Teilung Polens

•Königsberg

PREUSSEN

POLEN

Schlesien, 1742 an Preußen abgetreten

Schlesien, 1742 bei Österreich geblieben

Breslau•

Krakau

GALIZIEN   •Lemberg

MÄHREN
• Brünn

• Schemnitz

BUKOWINA

•
Wien• •Pressburg

Buda • • Pest

UNGARN   • Klausenburg

TRANSSYLVANIEN

• Temesvar

BANAT   KLEINE
                WALACHEI

Belgrad

SERBIEN

OSMANISCHES REICH

Abkürzungen

Quellen

Deutschland

Berlin: Geheimes Staatsarchiv Preußischer Kulturbesitz (GStaPK)
I. HA Rep. 81 Gesandtschaft Wien (GW): 14, 14 a, 42
München: Bayerisches Hauptstaatsarchiv (BayHStA)
Geheimes Hausarchiv (GH): *Aktenkorrespondenz (AK):* 739, 741/1
Wolfenbüttel: Niedersächsisches Landesarchiv (NLA WO)
1 alt 23: 376; 1 alt 24: 269, 270, 271, 274, 276

Österreich

Jenbach/Tirol: Schloss Tratzberg: Archiv
Klagenfurt: Kärntner Landesarchiv (KLA)
Familienarchiv Orsini-Rosenberg: 76, Fasz. 64/353 c; 77,
Fasz. 65/355 a-1 und a-2
Wien: Österreichisches Staatsarchiv (ÖStA)
Haus-, Hof- und Staatsarchiv (HHStA)
Große Korrespondenz: 183
Hausarchiv (HausA)
Familienkorrespondenz A (FKA): 25, 34, 36, 37
Sammelbände (SB): 1, 7
Länderabteilungen (LA): Belgien DD-B blau: 1-2, 3-4, 5
Lothringisches Hausarchiv (LHA): 45, 79, 137, 189
Nachlaß Alfred von Arneth: 8 b-1
Staatenabteilungen (StAb): Russland I: 24; Russland II: 210
Staatskanzlei (StK): Diplomatische Korrespondenzen, Preußen
Hofkorresp.: 1
Vorträge: 126

Wien: Allgemeines Verwaltungsarchiv (AVA)
  Familienarchiv Harrach (FA Harrach): 526, 528, 534, 598, 641
  Familienarchiv Kinsky (FA Kinsky): 28

Frankreich

La Courneuve: Archives du ministère des Affaires étrangères (MAE)
  Correspondance Politique (CP)
    Angleterre: vol. 374, 411, 412, 414
    Autriche: vol. 21 (supplément), 86, 87, 88, 90, 92, 103, 104, 114, 115, 117,
      121, 133, 136, 140, 164, 170, 172, 173, 176, 183, 214, 221, 222, 225, 226,
      227, 228, 229, 231, 232, 234, 235, 237, 238, 253, 255, 281, 303, 304, 305,
      308, 312, 313, 319, 321, 327, 341
    Bavière: vol. 90, 92, 120, 126
    Hollande: vol. 439
    Lorraine: vol. 92, 110, 111, 121
    Pays-Bas: vol. 114
    Prusse: vol. 112, 115, 117, 118, 133
    Russie: vol. 40, 45
    Sardaigne: vol. 196
    Saxe: vol. 29, 54, 58
    Toscane: vol. 90
  Mémoires et Documents: vol. 7
Paris: Bibliothèque de l'Institut: Ms 1268

Italien

Parma: Staatsarchiv Parma: *Carteggio Borbonico Germania:* Nr. 99

Tschechische Republik

Brno (Brünn): Moravsky zemsky archivu v Brne
(Mährisches Landesarchiv, MLA)
  Rodinny Archiv Kounicu (Familienarchiv Kaunitz): G 436: 438, Nr. 4054
  Rodinny Archiv Sylva-Tarouccu (Familienarchiv Silva-Tarouca):
    G 445: 12, Nr. 82 23-A-1; 14, Nr. 86 23-B-3; 15, Nr. 87 23-B-4; 16,
    Nr. 89 23-C-2

Literatur

Arneth, Alfred von, *Geschichte Maria Theresia's*, 10 Bde., Wien: Wilhelm Braumüller 1863–1879.

– (Hrsg.), »Zwei Denkschriften der Kaiserin Maria Theresia«, in: *Archiv für österreichische Geschichte*, herausgegeben von der zur Pflege vaterländischer Geschichte aufgesattelten Commission der Kaiserlichen Akademie der Wissenschaften, Bd. 47, Wien: Karl Gerold's Sohn 1871.

– (Hrsg.), *Briefe der Kaiserin Maria Theresia an ihre Kinder und Freunde*, 4 Bde., Wien: Wilhelm Braumüller 1881; fotomechanischer Nachdruck Osnabrück: Biblio 1978.

– (Hrsg.), *Maria Theresia und Joseph II. Ihre Correspondenz sammt Briefen Joseph's an seinen Bruder Leopold*, 3 Bde., Wien: Carl Gerold's Sohn 1867–1868.

– und M. A. Geffroy (Hrsg.), *Correspondance secrète entre Marie-Thérèse et le comte de Mercy-Argenteau*, 2 Bde., Paris: Librairie de Firmin Didot Frères 1874.

Arnheim, Fritz, »Das Urtheil eines schwedischen Diplomaten über den Wiener Hof im Jahre 1765«, in: *Mittheilungen des Instituts für Österreichische Geschichtsforschung*, Bd. 10, Innsbruck: Verlag der Wagner'schen Universitäts-Buchhandlung 1889.

Asprey, Robert B., *Frédéric le Grand, 1712–1786*, Paris: Hachette 1986.

Barbier, Edmond Jean-François, *Chronique de la Régence et du règne de Louis XV (1718-1763) ou Journal de Barbier*, 8 Bde., Paris: G. Charpentier et Cie 1885.

Beales, Derek, *Joseph II*. Bd. 1: *In the Shadow of Maria Theresa 1741–1780*, Cambridge: Cambridge University Press 1987.

–, »Love and the Empire. Maria Theresa and her co-regents«, in: R. Oresko, G. C. Gibbs, H. M. Scott (Hrsg.), *Royal and Republican Sovereignty in Early Modern Europe*, Cambridge: Cambridge University Press 1997.

Beer, Adolf (Hrsg.), *Joseph II., Leopold II. und Kaunitz, ihr Briefwechsel,* Wien: Wilhelm Braumüller 1873.

Bicchieri, Emilio, »Lettere famigliari dell'Imperatore Giuseppe II a Don Filippo e Don Ferdinando (1760–1767)«, in: *Atti et Memorie delle R.R. Deputazioni di Storia Patria per le Province Modenesi et Parmensi,* Bd. 4, Modena: G.T. Vincenzi e nipoti 1868.

Bled, Jean-Paul, *Marie-Thérèse d'Autriche,* Paris: Fayard 2001.

Boucheron, Patrick, »*Les Deux Corps du Roi* d'Ernst Kantorowicz«, in: *L'Histoire,* Nr. 315, Dezember 2006.

Bourbon-Parme, Isabelle de, »*Je meurs d'amour pour toi …«. Lettres à l'archiduchesse Marie-Christine, 1760–1763,* hrsg. von Élisabeth Badinter, Paris: Editions Tallandier 2008.

Boutaric, Edgar, *Correspondance secrète inédite de Louis XV sur la politique étrangère avec le Comte de Broglie, Tercier, etc.,* Bd. 1, Paris: Henry Plon 1866.

Broglie, Albert de, »Études diplomatiques – La première lutte de Frédéric II et de Marie-Thérèse d'après des documents nouveaux«, in: *Revue des Deux Mondes,* Bd. 48, 1. Dezember 1881; Bd. 49, 15. Januar 1882; Bd. 61, 15. Februar 1884.

Casanova, Giacomo, *Histoire de ma vie,* Bd. I, Paris: Robert Laffont 1993.

Czernin, Monika, und Jean-Pierre Lavandier (Hrsg.), *Maria Theresia: »Liebet mich immer«. Briefe an ihre engste Freundin,* Wien: Ueberreuter 2017.

Collin, Hubert, »Cas de conscience dynastique, ambition personnelle et raison d'État: pourquoi le Duc François III dut se laisser arracher la Lorraine et l'échanger contre la Toscane«, in: Alessandra Contini und Maria Grazia Parri (Hrsg.), *Il Granducato di Toscana e di Lorena nel seculo XVIII,* Biblioteca storica Toscana, Nr. 26, Florenz: Olschki 1999.

Coxe, William, *History of the House of Austria, from the Foundation of the Monarchy by Rhodolph of Hapsburgh, to the Death of Leopold the Second: 1218 to 1792,* Bd. 3, London: Bell and Daldy 1873.

Cruysse, Dirk Van der (Hrsg.), *Madame Palatine. Lettres françaises,* Paris: Fayard 1989.

Folkmann, Josef E., *Die gefürstete Linie des uralten und edlen Geschlechtes Kinsky. Ein geschichtlicher Versuch,* Prag: Karl André 1861.

Friedrich II., *Politische Correspondenz Friedrich's des Großen,* hrsg. von Johann Gustav Droysen, 46 Bde., Berlin: Duncker und Humblot 1879–1939.

–, *Œuvres de Frédéric le Grand,* hrsg. von Johann D.E. Preuss, 30 Bde., Berlin: Rudolph Ludwig Decker 1846–1856.

Georgel, Jean-François, *Mémoires pour servir à l'histoire des événements de la fin du dix-huitième siècle, depuis 1760 jusqu'en 1806–1810,* Paris: A. Eymery 1820.

Goldsmith, Margaret, *Maria Theresa of Austria*, London: Arthur Barker 1936.

Gutierrez, H., und J. Houdailles, »La mortalité maternelle en France au XVIIIe siècle«, in: *Population*, Bd. 38, Nr. 6, Paris: 1983.

Hesse, Charles de, *Mémoires de mon temps dictés par S. A. le Landgrave Charles, prince de Hesse*, Kopenhagen 1861.

Hinrichs, Carl (Hrsg.), *Friedrich der Große und Maria Theresia. Diplomatische Berichte von Graf Otto Christoph von Podewils*, Berlin: Decker 1937.

Ingrao, Charles, »Empress Wilhelmine Amalia and The Pragmatic Sanction«, in: *Mitteilungen des Österreichischen Staatsarchivs*, Bd. 34, Horn: Ferdinand Berger 1981.

Kantorowicz, Ernst, *Die zwei Körper des Königs. Eine Studie zur politischen Theologie des Mittelalters*, übersetzt von Walter Theimer, Stuttgart: Klett-Cotta 1992.

Karajan, Theodor Georg von, *Maria Theresia und Graf Sylva-Tarouca*. Ein Vortrag gehalten in der feierlichen Sitzung der kaiserlichen Akademie der Wissenschaften am 30. Mai 1859, Wien, K. k. Hof- und Staatsdruckerei 1859.

Kervyn de Lettenhove, Josef (Hrsg.), *Lettres inédites de Marie-Thérèse et de Joseph II.* (Mémoires couronnés et autres mémoires, Bd. XX), Brüssel: M. Hayez 1868.

Khevenhüller-Metsch, Johann Josef, *Aus der Zeit Maria Theresias. Tagebuch des Fürsten Johann Josef Khevenhüller-Metsch, kaiserlichen Obersthofmeisters, 1742–1776*, 8 Bde., Wien: Adolf Holzhausen 1907–1982.

Klueting, Harm (Hrsg.), *Der Josephinismus. Ausgewählte Quellen zur Geschichte der theresianischen Reformen*, Darmstadt: Wiss. Buchgesellschaft 1995.

Leibniz, Gottfried Wilhelm, *Sämtliche Schriften und Briefe*. Transkriptionen des Briefwechsels 1715, www.gwlb.de/Leibniz/Leibnizarchiv/ Veroeffentlichungen/ Transkriptionen1715bearb.pdf (abgerufen November 2016).

Liechtenhan, Francine-Dominique, »La Russie d'Elisabeth vue par les diplomates prussiens«, in: *Cahiers du Monde russe*, Bd. 39, Nr. 3, Juli–September 1998, Paris: EHESS.

Ligne, Charles-Joseph, Prince de, *Mémoires, Lettres et Pensées*, hrsg. von Alexis Payne, Paris: Editions François Bourin 1989.

Lippert, Woldemar (Hrsg.), *Kaiserin Maria Theresia und Kurfürstin Maria Antonia von Sachsen. Briefwechsel 1747–1772*, Leipzig: B. G. Teubner 1809.

Mahan, J. Alexander, *Maria Theresa of Austria*, New York: Crowell 1932.

Montague, Mary Wortley, *Letters of Lady Mary Wortley Montague, written during her travels in Europe, Asia and Africa; to which are added poems by the same author*, Bordeaux: J. Pinard 1805.

Pilati di Tassulo, Carlo Antonio, *Voyages en différens pays de l'Europe en 1774, 1775 et 1776. Ou lettres écrites de l'Allemagne, de la Suisse, de l'Italie et de Paris*, Bd. I, Den Haag 1777.

Pöllnitz, Karl Ludwig, *Lettres et Mémoires du Baron de Pöllnitz contenant les observations qu'il a faites dans ses voyages, et le caractère des personnes qui composent les principales cours de l'Europe*, Bd. I, Lüttich 1734.

Recueil des instructions données aux ambassadeurs et ministres de France depuis les traités de Westphalie jusqu'à la Révolution française, »Autriche«, Einführung von Albert Sorel, Paris: Felix Alcan 1884.

Roze, Francine, »Les relations entre Elisabeth-Charlotte d'Orléans, régente de Lorraine, et son fils le duc François III, entre 1729 et 1737. Remarques d'après quelques documents de leur correspondance«, in: Renate Zedinger und Wolfgang Schmale (Hrsg.), *Franz Stephan von Lothringen und sein Kreis*. Jahrbuch der Österreichischen Gesellschaft zur Erforschung des achtzehnten Jahrhunderts, Bd. 23, Bochum 2009, S. 61–76.

Sauer, Benedikt, *Hofburg Innsbruck*, Wien/Bozen: Folio 2010.

Schrank, Josef, *Die Prostitution in Wien in historischer, administrativer und hygienischer Beziehung*, Bd. 1, Wien: Selbstverlag 1886.

Schulte, Regina (Hrsg.), *Der Körper der Königin. Geschlecht und Herrschaft in der höfischen Welt seit 1500*, Frankfurt am Main: Campus 2002.

Tapié, Victor Lucien, *Maria Theresia. Die Kaiserin und ihr Reich*, übersetzt von Uta Szyskowitz und Eugen Wacker, Graz/Wien/Köln: Styria 1980.

Vallotton, Henry, *Kaiserin Maria Theresia. Herrscherin und Mutter. Eine Biographie*, übersetzt von Ulla Leippe, Hamburg: Wegner 1968.

Vehse, Carl E., *Memoirs of the Court, Aristocracy and Diplomacy of Austria*, Bd. 2, London: Kessinger 1856.

Villermont, Antoine de, *Marie-Thérèse 1717–1780*, 2 Bde., Paris: Desclée de Brouwer et Cie 1895.

Voltaire, *Correspondence and Related Documents*, hrsg. von Theodore Besterman, Institut et Musée Voltaire, Bd. 92, Genf 1970.

Walter, Friedrich, »Vom Sturz des Directoriums in Publicis et Cameralibus (1760/1761) bis zum Ausgang der Regierung Maria Theresias«, in: *Die österreichische Zentralverwaltung*, II. Abt., 3. Bde., *Von der Vereinigung der Österreichischen und Böhmischen Hofkanzlei bis zur Einrichtung der Ministerialverfassung (1749–1848)*. Veröffentlichungen der Kommission für neuere Geschichte Österreichs, Wien: Adolf Holzhausens Nachfolger 1934.

Wandruszka, Adam, *Leopold II. Erzherzog von Österreich, Großherzog von Toskana, König von Ungarn und Böhmen, Römischer Kaiser*, 2 Bde., Wien/München: Herold 1963–1965.

Wheatcroft, Andrew, *The Habsburgs. Embodying Empire*, London: Viking 1995.

Wolf, Adam (Hrsg.), »Tableau de la Cour de Vienne en 1746, 1747, 1748. Relations diplomatiques du Comte de Podewils, ministre plénipotentiaire, au Roi de Prusse Frédéric II, lettres du Cabinet au Roi«, in: *Sitzungen der kaiserlichen Akademie der Wissenschaften. Philosophisch-historische Classe*, Sitzung vom 30. Oktober 1850, Bd. 5, Wien: Wilhelm Braumüller 1850, S. 467 ff.

Wraxall, Nathaniel William, *Memoirs of the Courts of Berlin, Dresden, Warsaw and Vienna in the years 1777, 1778, and 1779*, Bd. II[3], London 1806.

Zinzendorf, Ludwig, »Mémoire sur la Russie, sur l'impératrice Élisabeth, sur sa cour et son gouvernement«, in: Gustav B. Volz und Georg Küntzel (Hrsg.), *Preussische und Österreichische Acten zur Vorgeschichte des Siebenjährigen Krieges*, Leipzig: S. Hirzel 1899.

Register

»Das Leben ist
Zeichnen – ohne die
Korrekturmöglich-
keiten, die der
Radiergummi hat.«

Oskar Kokoschka

Rüdiger Görner stellt in seiner Biografie den Gesamtkünstler
Oskar Kokoschka in all seiner faszinierenden und widersprüchlichen Vielschichtigkeit dar. Dramen, Briefe und Essays zeugen
auch von den bedeutenden schriftstellerischen Qualitäten dieses
großen Malers. Die Musik war zentral für seine Arbeit. Und als
Pädagoge begründete Kokoschka 1953 schließlich die »Schule
des Sehens«. Oskar Kokoschka erreichte trotz schwerer Verletzungen im Ersten Weltkrieg ein biblisches Alter. Görner zeichnet
Kokoschkas Weg vom Bürgerschreck und Hungerkünstler zum
wohlhabenden Weltbürger und Jahrhundertkünstler ganz nah an
dessen Werk nach, denn Kokoschkas Leben erzählt man, in dem
man sein Werk erzählt – und umgekehrt.

352 Seiten. Gebunden. www.zsolnay.at